老王游记

卷一

王辉云

Asian American Publishing

关于作者

王辉云，北京人，1955年生。1985年毕业于中国社会科学院北京大学南亚研究所，获硕士学位；1987年毕业于美国普渡大学历史系，获硕士学位；1995年毕业于美国芝加哥大学政治系，获博士学位。曾在Emory & Henry College，Marian University和Purdue University执教。现为自由职业者。主要著作有"Discourses on Tradition and Modernization: Perspectives of Gandhi and Sun Yat-sen on Social Change"，《闲聊美国节日的历史和文化》，《茶余饭后聊闲篇儿》。

目　录

序

让一百个旅游者各写一部游记就如同请一百个厨师各做一桌菜肴，结果定会是百人百样，各有所异。既然作了这样的比喻，我就顺理成章且毫不犹豫地把王辉云的这部《老王游记》称作"大餐"，因为这部作品不但"丰盛"，而且读之令人回味无穷。

作为一种文学形式，《老王游记》涵盖了游记的各种次形式(sub-genre)。如，以记录行程为主的"记述游记"，以描写景观为主的"观景游记"，抒发触景所生之情的"抒情游记"，及通过"游和记"来说明某种有关人生、社会、自然及哲学道理的"论理游记"。除了文学形式的丰富多样之外，《老王游记》还有丰富多彩的地理、历史、人文和自然科学知识内容。游记的作者用既通俗易懂又生动有趣的语言讲述了许多所游之处涉及历史、宗教、神话及当代社会等方面的动人故事。所以说《老王游记》如大餐一样"丰盛"。

另一个高水平游记的标准是：阅读的过程，对于读者，应该是一种感受双重游(从足游到心游)的过程。随着书中的字里行间，读者是在倾听、观看、理解、组合、搭建，或者更确切地说，还原作者对所到之处亲眼所见的情、景、人、物以及事件的描写；同时，也在做一次深入书中旅游者(即游记作者)内心的旅游，因为，读者时刻在感受着作者的感受，激动着他的激动，感叹着他的感叹。是前者的震撼，震撼着后者的心，是他的审视(在沙漠、荒原之中对自然，在古迹之处对历史，在大街小巷对人文，在一个遥远的国度对自己的祖国 … 的审视）在刷新着读者的眼光及观念。这正是《老王游记》的特点：在游记中，老王不仅与读者分享他旅游之处的所见所闻，他尤其注重与他们交流景观和古迹带给他的所思所想。而耐人寻味的效果就产生于这相辅相成的双重之游。

再回到我之前所用的比喻：一品菜肴对食者的吸引首先是它的外观：形与色（即上面谈到的《老王游记》的文学形式）；接下来的赏识则来自于品'内涵'，即口感和味道。作为《老王游记》的先行读者，下面来说说我为什么认为老王的作品称得上是一部读之令人回味无穷的游记。

如同他本人的旅游经历一样，王辉云的语言丰富多彩。无论是介绍车水马龙的现代城市还是历史悠久的千年古都；也无论是描写荒无人烟的岛屿还是自然保护区的动物世界，他都能恰如其分地把真情实景跃然纸上。我觉得他的语言可以用"跌宕起伏"，层次丰富来形容。王博士既能用历史学家的词语谈古，也可操着地道北京胡同的腔调论今，他在有跨度的语言形式之间自如选择，无论哪种都信手拈来。阅读的过程中我有时有在听老朋友茶余饭后闲聊的感觉，有时又有读诗赏词般的激动。不时地，书中诗情画意的描写，让我不由得在段落中拾取美句，稍加编排便是个合辙押韵的小段子。下面这段在"尼罗河流域的古埃及文明"一章中的描写："骑着骆驼徜徉在金字塔下能给人一种时光倒流的感觉。曾经的商旅，历来的征战，往日的喧嚣，都伴随着驼铃在无垠的大漠中烟消云散。"岂不就是一首现成的五言诗：

商旅变曾经，

历来复战征。
往日喧嚣远，
烟消驼铃中。

再如，作者在"神秘的复活节岛"一章中对晚霞、游人及摩艾石像不无目的鲜明对照是一段有形有色、有动有静、有人又有神的美妙描写，其中既有"浓妆"，也有"淡抹"，但读起来感觉相宜无比："晚上，导游带我们在岛上的一处神坛看日落。当夕阳缓缓沉入大海，晚霞染红了半边天，岸上的人们纷纷抢拍这令人惊艳的场面时，唯有神坛上的一排摩艾，依然保持着冷峻的表情，无动于衷。"读毕，诗句已就：

夕阳沉海神坛观，
一抹红霞半边天。
游人惊艳纷纷喜，
唯有摩艾情依然。

老王对景和物的描写往往是画面纷呈，异彩大放，游人的"一步一景"在阅读过程中自然变成了读者的"目移景换"，令人目不暇接，叹为观止。

诙谐幽默无疑是王辉云制作"大餐"时所使用的重要"佐料"之一。他的幽默不仅来自出其不意的用词和对比（如："很多有钱人像候鸟一样冬天到美国南部避寒，夏天来阿拉斯加避暑。广大贫下中农呢，就只好猫在家里打升级、搓麻将自得其乐了。"），也形成于他所用的古今中外的文化现象对比中。此类对比不胜枚举，贯穿全书：如："表面上看梵蒂冈除了有一圈城墙围着，和罗马城的任何其他景点都没什么区别。从对着圣彼得广场的大街走过来，不知不觉地就会从意大利跨进梵蒂冈。没界标吗？还真没有！您说，还用得着界标吗？耸入云霄的圣彼得大教堂，再加上两边的环形柱廊像把张开口的巨钳，您往那一站，就会变得心无旁骛，唯见上帝向您招手，哪还有心思看界标啊？这就是建筑的魅力。就像太和殿一样，仅凭其巍峨庄严、气势凌人的架势就足令丹犀下的文武百官两腿发软，觉得跪下来舒服。"这里，除了对有形建筑所产生的无形效果进行的高超分析之外，王辉云的以古讽今，以今鞭古的手法总是运用得恰到好处，妙不可言，耐人寻味。

跟着老王的足迹旅游使人得到感官上的激动；随着他的心灵看历史事件、观世界发展才能觉出在灵魂深处的震撼。在阅读"樱花盛开的华盛顿"一章时，他在韩战纪念碑，面对美国大兵塑像时的思索对我的震撼是巨大的。此处，王博士并没有对参与韩战四方(韩、美、朝、中)中的任何一方进行对与错、是与非的评论，他的着眼点是人；是战争对人类的伤害。他目视大兵塑像凝固的表情时揣摩到的却是每个大兵背后、活着的"妻儿老母"对亲人之死活的揪心折磨；他准确地诠释了雕塑家的艺术构思。

我在这段文字中徘徊了许久，一是因为眼泪模糊了我的眼睛；更是因为老王的分析让我想起了十九世纪法国作家左拉(Emile Zola)的短篇小说《磨坊之役》(L'Attaque du moulin)。在这个短篇中，在你死我活的情景中及未婚妻弗朗索瓦丝的一再央求下，为了保全自己，多米尼格杀死了一个围攻磨坊的德国士兵。面对德国兵被杀的惨状，弗朗索瓦丝的第一反映不是"你罪有应得"；出人意料的是，她眼前的德国大兵的尸体在脑海中变成了自己的未婚夫多米尼格；她想到的是，也许这个大兵也有个未婚妻，和自己一样，正在家里盼他回来，等待与他成婚；正在憧憬着他们婚后的美满生活……。

虽然王辉云没有象左拉一样享誉世界文坛的名声，但他能和这位巨匠一样，让自己站立在既不是国家，也不是民族的高度上看待和描写战争。只有放眼人类的人才能不计仇恨，才能视对方和我方均为战争的牺牲品。为此，我用同样的眼光仰视他们。

作为老同事和老朋友，我在《老王游记》中再次感受到王辉云的人品：忠厚、实在、善良。几乎在每一章的游记中，老王都没有忘记表达他对导游、司机、警察、游艇员工，甚至素不相识之人的赞赏和谢意。从这些文字中，我感到"老王"没变，还是我当年熟悉的那个"小王"。

尊敬的读者，当您手捧《老王游记》时，请您如同品尝大餐一样"细品慢尝"，您定能从中体会到属于您个人的"回味无穷"。

张湘云

2021 年 1 月 4 日于弗吉尼亚

走进非洲——肯尼亚坦桑尼亚纪行

　　走进非洲是我多年的愿望，不仅因为人类起源于非洲大陆的"争议"，更由于梅姨主演的那部"走出非洲"的电影，使我很早就对撒哈拉以南的非洲大陆充满幻想。2017年8月，走进非洲，终于成行。

　　8月12日，我们一帮驴友从印地出发，取道芝加哥飞往心仪已久的非洲大陆。经过16小时的飞行，终于踏上遥远而神秘的非洲大地。

　　到达内罗毕，已是万家灯火。从机场乘车半小时左右，到达市中心下榻的旅店。在旅店安顿好了以后，已近午夜时分。由于肯尼亚刚刚举行完大选，而选举造成的政治动荡使内罗毕的治安令人担忧，因此，我们只好按捺住刚到一个陌生城市而产生的兴奋和好奇，打消了深夜逛街的念头，洗洗早点儿睡了。

内罗毕印象

　　第二天早晨起来，才看清这座城市的真面目。原来，市政厅、总统府、最高法院、议会大厦、国际会议中心等政府建筑，都在我们下榻的旅店附近。早饭后，在导游的带领下，到银行换了些肯尼亚货币，然后上街闲逛。每到一个城市，我喜欢看当地的建筑和人。与许多拉美原殖民地国家不同的是，这里殖民时期的欧式老建筑不多，除了市政府外貌像美国的白宫而最高法院又像市政府以外，市中心的大部分建筑都是上世纪六十年代以后的现代建筑。虽然有些年头，但缺少历史的沉淀。

市中心第二高的建筑是肯雅塔国际会议中心。我们买票入内，登上楼顶的观景台，鸟瞰全市。像许多城市一样，城的北部比南部富裕，高尚住宅区大都分布在城市北部，郁郁葱葱。铁路和工厂大多集中在城南。

漫步在内罗毕大街上，仿佛走在改革开放初期的北京和上海。街上车水马龙，一片繁忙，不愧是东非最大都市。满载乘客的公交车，生意火爆的小吃店，美国连锁店的招牌及各色商业广告，拿着手机边打电话边赶路的白领，打扫街道的清洁工人，荷枪实弹或携带棍棒的武警或士兵，像一幅非洲的清明上河图，使这个现代化都市显得繁忙、有序且充满活力。在这种熙熙攘攘的城市气氛中，我也注意到街上的闲人很多，草地上常能看到躺着休息的男男女女。据说，肯尼亚的失业率是很高的。

肯雅塔国际会议中心

在市中心的一个街角上，我们看到一个小公园，走近一看才发现，原来是美国大使馆原馆址。1998年8月7日，基地组织在美国驻肯尼亚和坦桑尼亚大使馆同时发动恐怖袭击，汽车炸弹将这里的美国大使馆炸得粉碎，死213人，伤数千人。因此，美国大使馆不得不迁移他处，后来，肯尼亚政府在此处建了一个纪念公园。公园里的纪念碑上铭刻着死难者的姓名。闹市之中，这里的一片净土象征着人们对和平生活的渴望。

逛街回来，小憩片刻便出发前往内罗毕市郊的闻名遐尔的餐馆——Carnivore，这个以烧烤各种动物肉而打出知名度的餐馆在全世界驴友中颇受好评。既然到了内罗毕，我们当然不能免俗，于是，带着二锅头，来这家餐馆品尝烧烤。餐馆规模很大，极富非洲风情，食客几乎都是来自世界各地的游客。酒酣耳热，话自然多。尤其是在异国他乡共饮二锅头，感觉不是一般二般的好。有个驴友说得好，这是咱们的"一带一路"，一带二锅头，一路上都会感觉无比幸福。

1998年被基地组织炸毁的美国大使馆旧址，现已辟为纪念公园

纳瓦沙湖、地狱之门、纳库鲁湖

8月15日，我们的野外旅行正式开始。这一天的旅行目的地是奈瓦沙湖国家公园，沿途可以看到东非大裂谷，并游览地狱之

门国家公园。早晨离开内罗毕时，阴云密布，刚出市区，便下起小雨，淅淅沥沥，远处的山朦朦胧胧，路边的村镇扑朔迷离。导游告诉我们，大约一小时左右，我们就能到达观看东非大裂谷的制高点，但今天的天气不遂人愿，怕是看不到大裂谷，只能等回来的路上再看了。同车的驴友们正在争论回来的路上是否还会碰到这样的天气时，只见车窗外面，雨霁天晴，云开日出，一道彩虹高挂，蓝天一碧如洗。您说，我们咋就这么走运呢！

不一会儿，车便停到了大裂谷观景台。观景台只不过是公路边能够鸟瞰大裂谷的一个停车场，几栋低矮简陋的房子是旅游纪念品商店和一家餐馆。一面大裂谷的示意图矗立在观景台中央，简明扼要地向游人介绍大裂谷的地理状况。

东非大裂谷（East African Great Rift Valley）是世界大陆上最大的断裂带，从非洲北部的死海贯穿到南部的莫桑比克海岸，全长六千公里。从观景台上看去，大裂谷并非像美国的大峡谷那样激流翻卷，壁立千仞，地形险峻，百态杂陈；相反，其底部却舒展平缓，一望无垠，洪荒广袤，莽莽苍苍。这时，迷茫的雾气已经消散，一道彩虹还挂在天空。居高临下，极目望远，感受到的那份震

东非大裂谷一瞥

撼，令人难忘。

拍完照，走进旅游纪念品商店，几乎都是当地的土特产，非洲黑檀制作的木雕比比皆是。有些木雕我很喜欢，但由于赶路的原因，没来得及仔细看看，颇觉遗憾。听导游说一路上有的是这类商店，也就释然了。

近午时分，抵达地狱之门（Hell's Gate National Park）国家公园（右图）。一路上，斑马、角马、羚羊、长颈鹿、疣猪、非洲野牛在荒山野岭中悠然自得地闲逛或觅食。我们的汽车虽然距离很近，它们并不惊恐，对来往的行人似乎早就习以为常。其实，野生动物只是这座公园的点缀，它更吸引人的地方是几条干涸的峡谷。

进入峡谷之前，不小心踩到一个像蓖麻一样的干果，外壳上长满了刺，其刺锋锐坚硬，一下子就穿透了我的鞋底，立马见血。这里真不愧是地狱之门啊！刚进来，就给你个下马威。这也让我长了记性，一路上，见了这种干果就躲得老远。

拖着受伤的脚，深入地狱，却感到不枉此行。峡谷蜿蜒曲折，两岸怪石嶙峋。置身其间，有寻幽探胜之趣。

地狱之门国家公园

　　刚过晌午，便到达今天的目的地---纳瓦沙湖（Lake Naivasha）。

泥马互掐

　　奈瓦沙湖是肯尼亚的旅游胜地，号称东非大裂谷中的一颗明珠。这里聚集了很多野生动物和鸟类，尤其是众多的河马和鱼鹰。这个湖的面积有139平方公里。如果您知道北京颐和园的昆明湖只有2平方公里的话，您就能想像得到这个湖的规模有多壮观。

　　午饭后，我们乘船在奈瓦沙湖观看野生动物。在湖的一个角落，一群河马聚在一起，脊背像一片起伏的土丘，对驾船来探访它们的游人置若罔闻，视而不见。只有一两只河马不时扬起硕大的脑袋做些无聊的动作。船沿湖岸缓慢行驶，各种叫不出名的鸟引起船上"鸟人"们的高度关注，长枪短炮，拍个不停。为了让我们看看鱼鹰捕鱼的场面，驾船的小伙子将船开到树上落满鱼鹰的岸边，往湖里给它们投放小鱼。不知是鱼鹰吃饱了还是不满意人们的打扰，一大群鱼鹰稳稳地站在树梢上，看着游人对它们肆意挑逗，却都无动于衷。大有那种"我的地盘我做主"的劲头儿，绝不听人摆布。

　　走进动物世界近距离观看动物固然令人兴奋，而我更欣赏这里的自然风光。尽管奈瓦沙湖从殖民时代起就成了肯尼亚的著名度假胜地，但它的美至今依然没有人为痕迹。

　　枯藤老树昏鸦，小船雾霭天涯，田园诗般的风格在自然天成的湖光山色中不露痕迹地显现出来，像诗，像画，更像想象中的世外桃源，让人流连忘返。要不是游湖时下起雨来，我宁愿坐在船上，什么都不做，望着远处的金合欢，迎接日落。

奈瓦沙湖畔的度假旅店星罗棋布，大都隐藏在湖畔的树林之中。从湖中往岸边看，几乎看不到任何建筑，使这个热门的度假胜地还能保持原始风貌。我不觉得这是肯尼亚基于经济原因疏于开发旅游资源造成的，相反，他们把保护环境看得比发展经济更为重要。怪不得联合国把环境规划署和人类住宅区规划署都设在内罗毕呢！

奈瓦沙湖

肯尼亚在保护环境方面走在了很多国家的前面。在我们刚刚回到美国的两天后，即8月28日，肯尼亚实施新法，禁止出售、生产或使用塑料袋，违者最高可罚款3.8万美元或监禁4年，堪称全球最严的"禁塑令"。正因为肯尼亚政府有这种保护环境的理念和严格执法的举措，这个国家的野生动物和自然环境才能够在"现代文明"的侵蚀下保持自己的本色。

奈瓦沙湖边度假村没有凶猛动物，因此，人们可以在湖畔随意散步。游完湖来到岸上，遇到一群猴子，一点儿都不怕人，还主动和我们逗哏。一种棕色黑面小猴，仿佛是这里的主要居民，成群结伙，上蹿下跳，看到哪个游客手里有吃的东西要喂他们，常常自己跑上前来，抢过来就吃，且还伺机扩大战果。尽管如此，比起峨眉山的猴子，它们还算比较老实本分，因而就更显得可爱。旅游胜地一旦商业化，即便是猴子，也会大煞风景。

因为要去附近的纳库鲁湖国家公园（Lake Nakuru National Park），我们在奈瓦沙湖湖畔度假村住了两宿。旅店的硬件设施，一如欧美国家，只是上网的速度，实在不敢恭维。第一个晚上，同行的驴友们都拍了不少好照片，急着上传微信和朋友们分享，无奈度假村的网络不争气，起初还能慢速上网，后来，度假村的网络索性停止了工作，让"网虫"们坐卧不安。

跑到非洲来度假，人们好像暂时回归了自然，但"现代文明"的牵扯却又无处不在。我常想，当人类已经义无反顾地投入了现代文明的怀抱，只能一条道走到黑，没有回头路。若要回归自然，不啻痴人说梦。

翌日清晨，早早地踏上了去纳库鲁湖的征程。纳库鲁湖是大裂谷

纳库鲁湖

14

中靠近火山带的湖泊，湖水盐碱度高，适宜作为火烈鸟食物的水
草的繁殖生长，因而，这里是火烈鸟的聚集地。

从奈瓦沙湖下榻的旅店到纳库鲁湖，大约两个小时的车程。
进入湖区后，看到一个中国摄影旅行团，正准备离开此地到别处
游览。来非洲没几天，我就发现来这里的中国游客很多，以至于
这里的导游和工作人员，甚至小商小贩，都会说几句中文。

纳库鲁湖区的野生动物明显比奈瓦沙湖区要多，成群结伙
的羚羊和斑马，随处可见，有时甚至看到它们在路上闲逛。号称
非洲五大猛兽的野牛和犀牛，也能与其他小动物友好相处。尽管
附近居民的生活环境略显落后，但这里的动物世界却一片祥和。

马赛马拉国家保护区

马赛马拉国家保护区（The Maasai Mara National Reserve）
是肯尼亚最大的国家公园，占地面积1800平方公里，与我们下一
站要去的坦桑尼亚塞伦盖蒂国家公园毗邻。举世闻名的动物大
迁徙就发生在这里。

每年七至九月，当大量食草动物把桑尼亚大草原的青草吃
得差不多了，持续的干旱造成的草场枯萎便会使它们面临食物
短缺的危机。为了解决温饱问题，每年此时，都有数百万角马、
斑马、羚羊等食草动物开始集体逃荒，北上肯尼亚，寻找食物。
它们携妻将雏，一路艰辛，还经常遭到大型食肉动物的袭击，成
为人家的口中餐。

进入十月份，塞伦盖蒂迎来雨季，草场返青后，这些角马、
斑马和羚羊再从马赛马拉迁回塞伦盖蒂大草原。这种一年一度
的轰轰烈烈的动物大迁徙惊天地，泣鬼神。能够亲眼看到这种场
面，是我们这次来非洲旅行的最大期盼之一。

旅店周围的马赛儿童

8月17日，我们离开奈瓦沙湖边度假村前往马赛马拉野生动物自然保护区。

导游告诉我们在马赛马拉能看到更多的动物，甚至是动物大迁徙，但住的是帐篷，且没有网络。

早餐后出发，经过近六个小时在坑坑洼洼的土路上摇晃，我们于午后时分抵达马赛马拉野生动物自然保护区，下榻于帐篷旅店。路途之艰辛，被导游用一句幽默的话就化解了，这就是"马赛式按摩"。有机会体验一下"马赛式按摩"也算是难得的经历。

下了车，我们才真正体会到什么是"马赛式按摩"，您要是长途坐车一个姿势容易导致腰痛或腿痛，那么，经过这种按摩，您的毛病就绝对不会再出现了。下了车，您会觉得全身像散了架一样，再也不会感到一个固定位置的疼痛了。

下车拿行李时，一群孩子围着我们看热闹。他们穿的是色彩鲜艳的民族服装，一看就是附近居民的孩子。我不禁在想，在这种荒无人烟野兽出没的地方，这些孩子过得是怎样一种生活呢？他们上学吗？又怎么上呢？不懂他们的语言，所以也没法儿跟他们交流。

下榻的帐篷旅店的条件好于预期。虽说是帐篷，实际上是一种帐篷建筑形式的旅店，房间里面卫生设施一应俱全，只是供水供电限时。旅店的餐厅设在院落中间，旅客可以在此为自己的手机相机随时充电。

在这家旅店安顿好后，我们马不停蹄地前往马赛马拉国家公园。我们旅店紧邻马赛人的村庄，离马赛马拉国家公园也就一公里左右，这段路，坑洼不平得很夸张，您要是没点儿耐心，甭打算顺利走完全程。

这个公园的大门，实际上就是设在路口的一座普通门楼，没有任何围墙。一群穿着民族服装的马赛妇女，见到旅游车经过，都卖力地向车上的游客兜售当地的手工艺品。趁同车的驴友买纪念品的时候，我仔细观察了这些马赛女人，个个身材苗条，衣着艳丽，尤其是她们镂空的耳垂，绝对与众不同，夸张的耳洞可以配带任何体积庞大的饰物，您甚至可以穿过耳洞看到远方的荒山野岭。

进入公园地界不久，峰回路转，但见一片辽阔的草原，一望无际；风吹见斑马，草低现羚羊；远处的群山，掩映在云朵中若隐若现，荒原上孤零零的金合欢，洋溢着典型的非洲风情。目睹此情此景，我想起梅姨主演的电影"走出非洲"。广袤的非洲大草原，凄美的爱情故事，空灵的电影插曲，顿时在脑海中浮现，与眼前的景象重叠。据说这部电影就是在肯尼亚拍摄的。

马赛马拉不愧是动物王国，

挡路的狮子

马赛马拉的热气球

还没来得及仔细欣赏这里的风景，就近距离看到了狮子。狮子的出现，大大激发了我们追逐动物的兴趣。在司机的努力配合下，同行的摄影发烧友们拍了不少满意的照片。直到落日的余晖泼洒在金色的草原上，大家才尽兴而归。路转峰回，不一会儿，见到路边的一群群牛羊，又回到了公园的大门。在这里，野生动物和人的距离似乎并不遥远。

翌日凌晨起床，依然是昨夜星空。经过近一小时的颠簸车程，我们到达马赛马拉国家公园的热气球升空之处。来马赛马拉一定要乘坐一次热气球，那绝对是一次终生难忘的体验。这里的热气球硕大无比，比我上一次在美国乘坐的热气球大了很多。

我们的热气球驾驶员是个英国口音浓重的中年白人妇女。肯尼亚独立后，有不少白人留在了这个国家。据她自己说，她从十八岁第一次乘坐热气球就迷上了这个行业。她对公园的地形，各种动物的习性了如指掌。更为难能可贵的是，热气球在她的掌控下，升降灵活，旋转自如，使我们能够居高临下地观看马赛马拉的地形地貌以及生活在这里的各种野生动物。

热气球之旅结束后，香槟庆祝会和早歺在马赛马拉大草原的荒野中举行。一个酷爱旅行走南闯北的刚刚和我们混成朋友的美国老教授告诉我们说，根据他的经验，马赛马拉的热气球应该是全世界最好的之一，与土耳其的热气球相比，各有千秋。

酒足饭饱之后，我们一行人乘车在马赛马拉大草原上狂奔。一路上，到处都能见到角马，斑马和羚羊。这三种动物是大草原的主要居民。为了让我们看到更多的动物，司机开车在草原上纵横驰骋，使我们得以闯入各种动物的领地：孤独的雄狮，早餐中的猎豹，阖家出行的大象，沉着稳重的非洲野牛，三五成群的长颈鹿，悠然自得的非洲鸵鸟，抢食斑马肉的土狼和秃鹫，形象丑陋的疣猪…，一个我们完全不熟悉的世界，却格外引人入胜。

角马横渡马拉河

虽然在热气球上看到了大批在草原上奔跑的角马，但我们最希望看到的还是角马过河的震撼场面。角马过河是东非旅游的一面金字招牌。这个季节来东非旅游的人大多都是为了看角马过河。但能否看到，全凭运气。

我们的运气相当好。午饭前，我们来到马拉河畔，只看到几匹河马泡在河里，几条超大的鳄鱼在岸边休息。河岸上，几只长颈鹿在安详地吃着树叶，不多的几只斑马和角马在低头吃草。等了些许时光，不见任何动静，连司机都觉得今天可能看不到角马过河了。于是，先找个地方吃午饭，等吃完饭看看情况再说。谁承想，午饭时便见到一群群角马向河边走去。一顿饭的功夫，河边的角马越聚越多。远处的角马也排成长长的队伍，快速向河边集结，大有一些战争片中部队急行军的架势。先期到达的角马，或原地不动，或在岸边逡巡，而后面的大部队依然马不停蹄地向河边挺进（上页图）。

我们的司机托尼经验丰富，看到这种情形，他一脚油门，将车开到了河边的最佳位置。这时，领头的角马已经跃入河中，其他角马像听到了冲锋号角，义无反顾地冲向前方。倏然，眼前出现一幅万马奔腾，雷霆万钧的壮美画面。不一会儿的功夫，上千只角马顺利过河，竟无一伤亡。不远处的鳄鱼呢？是被这阵势吓蒙了还是吃饱了懒得动？反正它们没有出现。

我衷心地祝愿这些角马在迁徙过程中一路平安。

塞伦盖蒂国家公园

离开马赛马拉，前往坦桑尼亚的塞伦盖蒂国家公园，用了一整天时间。大部分行程是在马赛马拉和塞伦盖蒂自然保护区之内的土路上颠簸，部分行程穿越肯尼亚和坦桑尼亚村庄。中途在肯尼亚和坦桑尼亚边境办理出境入境手续，换车换司机，导游继续全程陪同。

在自然保护区和边境的乡镇，很难看出两国之间有什么差别。肯尼亚和坦桑尼亚都是人类发源地，近代又都成为英国的殖民地或托管地，在上个世纪六十年代的非殖民化运动中，先后取得独立地位，建立了自己的国家。

　　肯尼亚现已发展成为东非国家经济发展的领头羊，其首都内罗毕是东非地区的交通枢纽，联合国的部分机构也设立在这里。而坦桑尼亚却被联合国列为世界上最不发达的国家之一。没来这里之前，对这两个国家的了解仅仅局限于肯尼亚是奥巴马的老家，中国曾经援助坦桑尼亚建成坦赞铁路。看来中国援建的坦赞铁路并未给坦桑尼亚的经济发展作出多大贡献，而奥巴马对自己老家的影响也没多大。

　　经过十一个小时的长途跋涉，终于在晚饭前到达我们入住的帐篷旅馆。总的来说，坦桑尼亚在旅游设施和管理方面比肯尼亚要高出一个档次。旅店的服务人员多，很专业也很敬业，让人感觉很舒服。

　　晚餐后，大地一片漆黑，伸手不见五指。个别驴友在当地导游的带领下观看昼伏夜出的动物，大多数人则选择回自己帐篷休息。旅店规定，天黑之后外出，必须要有武装警卫人员陪同。因此，我们从歺厅回各自帐篷的路上，也享受了一次拥有武装警卫的待遇。但我仔细看了看我的警卫的武器，只有一张弓，三支箭，且弓的质量非常原始。尽管如此，带着保镖，心里还是踏实多了。

　　塞伦盖蒂（The Serengati National Park）国家公园比马赛马拉自然保护区大多了，总面积有 25,063 平方公里。如果在马赛马拉还能隐约看到远处环绕的群山的话，那么，在塞伦盖蒂便是一望无垠。

　　"塞伦盖蒂"在马塞语中意为"无边的平原"。由于地域广阔，塞伦盖蒂的地貌也相当变化多样。有的地方一马平川，草浪翻滚，一片金黄，有的地方起伏跌宕，植被繁茂，郁郁葱葱，有的地方则是不毛之地，状似戈壁。由于面积大，又赶上动物迁徙的季节，塞伦盖蒂自然保护区的动物就不如马赛马拉密集，当然，等那些"移民"重返故乡的时候，可能会是另一番景象。

猎豹早餐

塞伦盖蒂的动物种类与马赛马拉基本相同。这里有号称"非洲五大"的凶猛动物……大象，狮子，非洲野牛，犀牛和花豹。前三种动物较多，时常与它们不期而遇，而犀牛和花豹数量较少，见到它们的机会就相对较少。我们在马赛马拉时，已经看到了其中的四种，唯独没有看到可以上树的花豹，尽管看到过其同类猎豹。因此，来到塞伦盖蒂后，寻找花豹就成了我们在塞伦盖蒂的一项任务。在导游和司机的帮助下，我们在塞伦盖蒂不但看到了花豹，而且还见到了罕见的猎狗。实在是非常幸运！

在这种地方游览，导游的作用很重要。我们的导游乔治，是个拥有大学师范本科文凭的年轻人，有理想，有知识，还很勤奋。他自己开了个旅行社，有几个得力的帮手，通过大旅行社的关系承包接团。他全程陪同，事必躬亲，为我们解决了不少燃眉之急。他不但熟悉东非的大多数动物和风土人情，还对历史人物了解颇多，像"中国人民"的老朋友坦桑尼亚总统尼雷尔，赞比亚总统卡翁达，苏丹的尼迈里主席和埃塞俄比亚的海尔·塞拉西皇帝，他都能给你说出点儿故事来。遇到知识丰富的导游，不但能在旅行中学到很多东西，还能使行程变得有趣，令人精神愉快。

恩戈罗恩戈罗自然保护区

从塞伦盖蒂自然保护区到恩戈罗恩戈罗自然保护区是一段艰苦的行程。

早晨七点出发，下午三点才到。其实，两个自然保护区是相邻的，出了这门进那门，却用了八个小时，这是因为自然保护区的面积大，路也不好走。所谓自然保护区，就是政府划定的"无人区"，目的是为了保护动物，保护自然。这种地方如果把路修得特好走，来的人多了，大自然的原始风貌还能保持不变吗？您看，当年武松打虎的地方，现在还能找到老虎吗？

据导游讲，肯尼亚和坦桑尼亚政府为了这些自然保护区做了不少有益的工作，比如说，保护区的所有制问题。有些自然保护区是"国家所有制"，里面没有居民，政府部门统一管理。而有些自然保护区则有人居住，人家是那里的原住民，世世代代在那里生活。你政府不能脑瓜子一热，为了保护动物，把人赶走吧？于是，有些自然保护区就成了集体所有制，政府在保护动物的同时，对这些原住民利益也给予保护。比如，我们前两天刚刚去过的马赛马拉自然保护区，就是集体所有制。当地的马赛人仍然生活在自然保护区内，但只能养牛养羊，不允许种庄稼。

这种规定还是比较合理的。我们常常看到，自然保护区内有人的地方，家养的牛群和斑马，角马和平相处，同在一块草地上吃草晒太阳。这种规定也比较人性化，它不会因为动物的利益而

恩戈罗恩戈罗自然保护区

让世代居住于此的人失去家园，因而也就不会出现野蛮拆迁的社会问题。

恩戈罗恩戈罗自然保护区以恩戈罗恩戈罗火山口为中心，面积约 8.1 万平方公里。恩戈罗恩戈罗是世界闻名的火山口，1979 年被列为联合国教科文组织世界遗产名录。两百多万年前，火山爆发，山体塌陷，形成一个高山环绕着的盆地。在地质学上，火山爆发或塌陷而成的火山口，称为破火山口。这个破火山口是世界上边缘保存最完整的众多破火山口中最大的一个，"盆沿"齐整，"盆壁"陡峭，远看像福建的围楼，直径约 18 公里，深 610 米，内部面积达 300 多平方公里，其中有草原，森林，丘陵，湖泊，沼泽，基本上与世隔绝。这种独特地貌，堪称大自然的奇迹，被誉为世界第八大奇观。

　　由于盆地内植被浓密，水源丰盛，适宜野生动物繁衍栖息，所有外面的动物品种这里都有。这里的角马，斑马和羚羊等食草动物也不必为了寻找水源和草场而每年迁徙。盆地中的动物明显比外面密集。这里的食草动物总是以一种大群体的形式出现，据说是因为谁落单谁就容易被食肉动物吃掉，但由于食草动物的数量大，即使少数被食肉动物吃了，它们的队伍还是会不断壮大。非洲的"五大"凶猛野兽在这里都能见到。因此，恩戈罗恩戈罗有非洲伊甸园之称，也是观看野生动物的最佳场所。

　　从旅馆乘车沿着陡峭的山路进入盆地，一路林木繁茂，猴子乱窜，让我想起当年在峨眉山的场景。不过这里有严格的规定，游人只能在规定的地区下车，不能与动物直接接触。

　　经过观景台时，还是雾锁楼台，下到盆地底部，已是阳光灿烂。虽然在顶部看这个盆地像个土围子，但真正置身其中，依然感觉到它的辽阔和自己的渺小。观看动物时，同车的驴友提出了要上厕所的要求，司机说，那得往回开二十分钟，可开了半小时还没见到厕所的影儿。望山跑死马，一点都不假。在自然保护区看动物，上厕所是个需要注意的问题。在马赛马拉自然保护区时，几个驴友要上厕所，司机找了个动物少的地方让驴友方便，没想到让保护区的巡警看到了，结果，三辆车罚了三百美元。因此，看动物时，最好的方法是，少喝水少上厕所。

　　从盆地底部返回旅店的途中，再次经过观景台，已是夕阳西下的时候，回望走过的路，像丝线一样断断续续，而火山口形成的大湖，还是那样静谧安详。

　　马尼亚拉湖是坦桑尼亚北部的内陆湖，面积325平方公里，有"飞禽乐园"之称，它最吸引人的就是湖边的红鹤、鹈鹕以及水里密密麻麻的河马。马尼亚拉国家公园 (Manyara National Park)

离我们住的旅店不远，而且路是柏油路，去的那天早上，免去一次屁股按摩程序，便顺利到达了这个公园。公园的门脸相当体面，看起来，管理得也相当不错。

进入园中，司机下车买门票，我们都在车中等候。但左等右等，司机就是不回来。于是，我们只好下车探寻究竟。到售票处一看才知道，这个公园的门票使用支付宝一样的机器付款，而机器却在这时候出了毛病。那就现金支付吧！可人家说了，为了防止腐败，一律不收现金。

司机只好耐下心来继续等，我们则在附近闲逛。但见公园办公区里有几栋被乱石埋没的房子。一问才知道，三年前这里下大雨，山洪爆发，泥石流将公园办公区的几所房子埋了多半截儿，只好换个地方重建。怪不得公园门口的设施都显得很新呢！付款机终于修好了。等待许久的游客纷纷入园。

临行前，导游说这个国家公园比我们先前去过的几个国家公园和自然保护区都要小，但这里有成群的火烈鸟和其他水鸟，因而，这个公园也是我们一直期待的。

进入公园后，但见古树参天，叫不上名来的花木比比皆是。忽然，前面的车都停下来了，探出头来一看，原来是大象和旅

全家出游的大象

游车争夺路权。一队大象按照步行者优先的规矩，从容不迫地在旅游车前穿行。等它们都过了马路，旅游车才一个个起步前行。

　　公园地势起伏，林木茂盛。进入园中不久，但见一片芦苇荡。水阔天空，远山朦胧，湖畔成千上万的鹈鹕，在荒原中成群的斑马和角马的衬托下，显得壮观灵动。忽然，一队角马来湖边饮水，部分鹈鹕集体起飞，顿时，鸟群若狂风暴雨，遮天蔽日。同行的摄影师们无不亮出长枪短炮，对着鸟群打连发。遇此精彩一幕，同行的驴友都大喜过望。

　　从马里亚拉湖观鸟回来，入住的旅店与我们前一天住过的旅店属于同一类型的茅舍旅店，也是我们这次旅行中住过的最有特色的旅店。其特色就是最具非洲风情，最接近

马尼亚拉湖的鹈鹕

大自然，最返朴归真。尤其是最后这家旅旅店，设在一个前不着村，后不着店的荒蛮之地。办理入住手续时，就看到斑马，角马，羚羊等动物在旅店大厅外闲逛。进入自己房间，发现和这些动物只隔着一层纱窗。室内所有家具，均为原木打制，质朴天然。

　　坐在阳台上整理照片，伴随着斑马粗重的喘息声，夕阳映红了远处的山峦，金色的余晖随意泼撒在广袤的草原。此情此景，

画里画外，美不胜收。

塔兰吉尔国家公园

塔兰吉尔国家公园（Tarangire National Park）是我们这次非洲之行游览的最后一个国家公园。在公园门口休息的时候，碰到一个会讲中文的法国小伙子，告诉我们，他刚刚在公园里看到六头狮子。看来，公园里的动物不会少。

果不其然，进入公园不久，就看到一汪水塘。一大一小长颈鹿向水塘走来，看似前来饮水。据说，饮水对长颈鹿来说是比较困难的事。为了低下高昂的头，它首先要劈叉卧倒，才能喝到水。由于身体上的局限，长颈鹿一般爱吃多汁的树叶以解决对水的需求。能够看到长颈鹿喝水，是很不容易的。于是，我们静静地等候在水塘边，等待长颈鹿喝水的一幕。令人遗憾的是，只有小长颈鹿喝了点儿水，大长颈鹿在水塘边转了转，没喝一口水，竟扬长而去。最近有新闻报道，这个公园发现了白色的长颈鹿，可惜，我们在那里时没能看到。

这个公园的另一特色是有众多上百年树龄的面包树，一种树干粗大，树冠较小的当地树种(baobab)。其树干之大，十几个人抱不拢。有些树干还有树洞，旱季缺水时，大象将鼻子伸进去吸水。因此，这种能储存水的树被当地人称为面包树。

从塔兰吉尔国家公园到坦桑尼亚西部城市阿鲁沙的路上，同导游商量，能否带我们去当地的市场去看看人。虽说这次来肯尼亚和坦桑尼亚主要是来看动物的，但也不能对人熟视无睹不是？更重要的是，我们也想买点儿当地的东西做纪念。

我们司机的家就在阿鲁沙，对这个城市很熟悉。了解了我们想买的东西后，将我们送到了阿鲁沙的"秀水街"。这里的店铺基本上都经营旅游纪念品或小商品，每个摊位都不大，一家挨一家，顾客大多是外国游客。一见顾客过来，摊主都热情地将顾客往自己的店里请，有些摊主的热情甚至让人无暇从容浏览其他商品。总之，为推销自己的商品，他们要抓住任何一次商机。他们很多人都会几句中国话。一看我们是中国人，纷纷拿中国话和我们套近乎。这让我想起九十年代初期的北京秀水街，想起那儿的很多小贩都能说几句外语的情形。

塔兰吉尔国家公园面包树

买完东西回到旅店，正赶上一家人在这个饭店举办婚礼。其实，在刚进城的路上，我们就遇到两起婚礼。婚礼车队披红挂绿，载着新郎新娘，在街上敲锣打鼓，迎面而来，绝尘而去。虽然知道是结婚的，但并未引起我们太多注意。有人在这家饭店举办婚礼，使我们有机会近距离观看他们的婚礼习俗。

身穿节日盛装的亲朋好友来了一大帮人，把这家饭店的庭院塞得满满当当，显得非常热闹。在这一点上，当地人和咱们中国人的风俗还真像。看到我们想拍照，他们都主动配合。这同肯尼亚人，多少还是有点儿不一样。记得我们在内罗毕时，在街上拍街景，都会有人出来制止，说不能拍照。甚至街上的一些建筑，也不能随便拍，给人的感觉是莫名其妙。

阿鲁沙的"秀水街"

旅行，总感觉时间过得飞快。两个星期的旅行倏然接近尾声，不得不收拾行囊准备回家。由于时间宽裕，与我们朝夕相处两个星期的导游邀我们到他在内罗毕机场附近的家中小坐，我们欣然接受。

内罗毕机场附近的市郊，一派欣欣向荣的景象，街上的汽车，首尾相连，崭新的别墅小区，遍地开花；街头的商店，鳞次栉比；五花八门的广告，争妍斗艳。到处都是繁忙的工地，到处都是行色匆匆的人，到处都能嗅到正在崛起的现代都市的气息。

两个星期的肯尼亚坦桑尼亚旅行，让人至今难以忘怀！

尼罗河流域的古埃及文明

埃及历史悠久，是四大文明古国之一，也是我一直神往的地方。几年前，参观伦敦的大英博物馆，在那里看到很多埃及文物，年龄都在三、五千年，且都异常精美，当时便产生一种强烈愿望，有机会一定探访这个文明古国。

今天终于来到这个有着古老文明的国家，心中的喜悦难以言表。

开罗一瞥

走出开罗机场，已近黄昏。出了机场大道，开罗的色彩渐趋暗淡。街上车水马龙，景象和印度的一些大城市颇为相像，只是总体色调泛黄。前方的路，街边的楼，都是土黄的颜色。虽然熙熙攘攘的人群，星星点点的热带树木，川流不息的车辆和杂乱无章的商业标识也为这座城市带来斑斓的色彩，但黄色压倒性地占据了我的印象。当然，意象中的开罗应该就是这样的色彩，高耸入云的金字塔，三毛笔下的撒哈拉和悬挂在开罗上空的烈日，意象中的开罗与现实的开罗重叠起来，加深了我对开罗的第一印象。

从机场到旅店的路不是很长，但车多路堵，进入开罗市区后，发现开罗的交通比较混乱，红绿灯不多，更看不见交通警察。大街上什么车都有，但主要还是丰田和现代品牌的私家车。三车道的路面上总是有四到五辆车齐头并进，彼此之间的距离显得亲密无间，却也时常让人感到惊心动魄。虽然堵车，但车总还在慢慢地向前挪，差不多用了一小时的功夫，我们终于来到位于尼罗河畔下榻的旅店。

开罗像新德里一样，给我的印象是传统与现代并存。机场附近的新区和市中心的商业区现代气息浓郁，老城显得杂乱无章。作为曾经的阿拉伯世界的一线城市，她往日的繁荣依稀可见。鳞次栉比的商铺，星罗棋布的清真寺，随处可见的外国游客，都展示着这座古城的文化底蕴，经久不衰。

埃及金字塔

来埃及最想看的是什么？当然是金字塔。到达开罗的第二天，我们便用一天的时间参观金字塔。为了使我们对金字塔的发展历史有更多的了解，导游先把我们带到孟菲斯，因为在孟菲斯可以看到最早建成的金字塔。

公元前 3200 年，上埃及国王统一上下埃及，在距今开罗城南约三十公里的孟菲斯建立都城，古埃及许多代王朝都以此为统治中心，并在附近修建金字塔和大批陵墓。而开罗成为政治中心，则是后来的事情。

埃及金字塔是古埃及的帝王陵墓，号称世界古代七大奇迹之一。埃及共发现 90 多座金字塔，主要分布在离开罗不远的古城孟菲斯（Memphis）一带，规模最大最具代表性的是开罗郊区吉萨（Giza）的三座金字塔。

我们的导游 Whael 是个受过大学旅游本科专业教育而且有着二十多年从业经验的开罗本地人，他给我们参观金字塔的行程安排得恰到好处，非常有利于我们了解金字塔的历史。

到达孟菲斯后，他先带我们参观了一个不大的博物馆——伊姆霍泰普博物馆。这个博物馆位于尼罗河沿岸的水浇地和沙漠的边沿，一面郁郁葱葱，一面黄沙弥漫。伊姆霍泰普是第三王朝法老左赛王（Djoser）身边的权臣，此人不但兢兢业业地为法老辅政，而且精通医学、天文学和建筑学，算得上是古埃及的一位圣人，相当于中国的扁鹊，更像欧洲的达芬奇。专门给他建个博物馆，也是顺理成章的。

这个博物馆虽小，但不许拍照。参观了这个博物馆后，你能多少了解一些当时埃及文明发展的水平以及有关金字塔的知识。在他之前，古埃及的坟墓一般是用泥砖砌成的巨大的长方形的坟堆，叫做"马斯塔巴"。到了伊姆霍泰普当政时，他对法老的坟墓进行了重大改革，将坟堆设计成重叠式的，用石块一层接一层地往上加建，逐层缩小，一直加至第六层。这就是我们看到的梯形金字塔。左塞尔死后就葬在这座金字塔下面。

这座阶梯金字塔是人类建造的第一座完全用石头构成的建筑物，在世界建筑史上有重大影响。因此，它的历史意义不容小觑。去埃及之前，我以为金字塔就是沙漠中突兀竖起的陵墓，这次实地观看后才知道，金字塔实际上是陵墓建筑群的一部分，金字塔周围还有附属建筑。在梯形金字塔旁，萨卡拉神庙巍然屹立，周边的断壁残垣，依然彰显着往日的辉煌。

我们来到梯形金字塔时，金字塔正在维修，密密麻麻的脚手架上，工人们在紧张地施工，铺开的作业面规模不小，但丝毫不影响梯形金字塔的高大形象。

离开梯形金字塔后，我们被导游带到一个所谓的地毯学校，实际上就是专门面向旅游者的地毯商店。当然，刚刚到达埃及，买旅游纪念品还没提到我们的议事日程，大家看了看工人如何

吉萨金字塔

织造地毯的表演，浏览了一下商店里陈列的地毯后便启程前往吉萨大金字塔群。

终于来到久已盼望的大金字塔，无比震撼！站在金字塔前沉思许久之后，感觉依然是震撼！

古代埃及人对神的虔诚信仰，是因为他们很早就形成了一个根深蒂固的来世观念：认为今生是短暂的，而身后的来世才是永恒的。受到这种观念影响，古埃及的有钱人和帝王在活着的时候，便一心一意地为死后做着准备。他们对于"人从哪里来"等形而上的问题，似乎并不感兴趣，因为迄今为止尚未发现他们在这方面给后人留下的值得称道的哲学著作；但他们对于"人死后要到哪里去"则是比较明确的。他们关心自己来世的幸福。为此，建造坟墓便成为他们人生的一项重要工作。他们花费几年甚至几十年的时间为自己建造坟墓。为了把自己的坟墓建得好一些，他们不惜重金，营造阴宅。金字塔便是法老的陵墓。因为相信金字塔是通向天堂的最佳途径，有权有势的法老们便以举国之力，为自己建造金字塔。因此，埃及的法老才给世人留下了至今令人百思不解的金字塔。

三座金字塔中胡夫金字塔最大，高 146 米，由 230 万块巨石建成。在四千五百多年前的古埃及，在没有任何机械设备的年代，当时的人们是怎么把这些巨大的石块严丝合缝地堆积起来的呢？关于金字塔建造的成因，有很多种解释，有人甚至认为金字塔是外星人的"杰作"，我对这种说法一直存疑。

骑着骆驼徜徉在金字塔下能给人一种时光倒流的感觉。曾经的商旅，历来的征战，往日的喧嚣，都伴随着驼铃声在无垠的大漠中烟消云散。

当落日的余晖泼洒在卡夫拉金字塔的时候，我们已坐在狮身人面像对面的餐馆中等待晚餐了。沙漠中的三座金字塔犹如三座大山，长幼有序地排列成一条直线矗立在眼前。望着面前的金字塔，令人感慨万千。时光如白驹过隙，历史若过眼云烟，四五千年的风风雨雨，恰似弹指一挥间。

坐在金字塔前发呆，你不仅能从容地享受到那种永恒的美感，同时也能参悟个人生命的仓促和短暂。

埃及璀璨的古代文明令人眼花缭乱，其历史之悠久让后人有望尘莫及之叹。当世界上其它民族还处于部落群居采摘狩猎的阶段，古埃及已经有了中央集权的国家和繁华的城市。如果说中国远古历史大都散布于虚无飘渺的传说中的话，那么，同时期埃及的历史则真实地记录在坚硬的石头上。要了解一些古埃及的历史，开罗的埃及国家博物馆是个好去处，不容错过。

埃及博物馆

埃及博物馆可以说是我去过的最好博物馆之一，因为它的收藏在世界上是独一无二的。位于开罗市中心解放广场的这座博物馆离我们下榻的旅店只有一箭之遥，因而，博物馆刚一开门，我们便赶来参观。

　　提起埃及博物馆的历史，就不得不提及法国著名考古学家马里埃特 (Auguste Mariette)。当年埃及被阿拉伯人占领之后，古埃及文明基本处于消亡状态，西方人来到埃及后，文物严重流失。于是，马里埃特于 1858 年提出建立埃及博物馆的建议，才一定程度上遏制了文物的流失，他也因此被称为"埃及博物馆之父"。

埃及博物馆

　　马里埃特的纪念雕像就耸立在博物馆外花园一旁。蓝天白云下，马里埃特站在自己的位置上看着潮水般的参观者每天涌入这座博物馆，他应该会感到自豪的。

　　排队入馆时我就在想，今天我们能够不远万里来欣赏古埃及的文物，是不是也应该重新评价西方殖民主义的历史作用呢？

　　这座博物馆收藏了 5000 年前古埃及法老时代至公元六世纪的历史文物 25 万件，其中大多数展品年代超过 3000 年。一进博物馆，我直奔罗塞塔石碑复制件，这是博物馆中唯一的赝品。几年前，我在大英博物馆曾经看到过原件，深知它的历史价值。

罗塞塔石碑为近代埃及学的创立和发展做出了划时代的贡献。

公元四世纪以后，尼罗河文明式微，埃及象形文字逐渐失传。虽然后来许多考古和历史学家费了九牛二虎之力，却一直未能破解。1799 年，拿破仑入侵埃及期间，法军一个上尉在尼罗河三角洲一个叫做罗塞塔的地方，意外挖到一块黑色的石碑，碑面上由上至下刻有同一段诏书的三种语言版本：上面是古埃及文字（Hieroglyphic），又称为圣书体；

埃及学之父商博良

中间是埃及草书（Demotic），又称埃及世俗体，下面是古希腊文，代表统治者的语言，这是因为当时的埃及已臣服于希腊的亚历山大帝国之下，来自希腊的统治者要求统治领地内所有的此类文书都需要添加希腊文的译版。正是由于这块石碑的出土，埃及象形文字终于在十九世纪二十年代被埃及学之父商博良（Champollion）破译出来，使现代人可以通过这些古埃及文字准确了解古埃及各王朝的历史。因此，罗塞塔石碑在埃及考古史上占有极其重要的地位。

尽管这块石碑的原件在英国，但埃及人仍把这块石碑的复制品和商博良塑像一起摆在大门进口右手边显眼的位置。

博物馆内文物之多，俨然像个仓库，展品拥挤程度不在梵蒂冈博物馆之下。馆中的许多文物，如巨大的法老石像、纯金制作

埃及博物馆内景

的宫廷御用珍品及重242磅的图坦卡蒙纯金面具和棺椁，其做工之精细，令人叹为观止。你甚至很难相信，四、五千年前的人怎么能做出如此精美的东西来呢？

前一天我在金字塔边上吃饭的时候买了几张沙草画，因而，参观博物馆时我对沙草画就多了一份关注。让人惊奇的是，很多历史悠久的莎草画，随着几千年的时光流逝，画上的颜色依旧光鲜动人。

埃及博物馆内有一个木乃伊馆，需要单独买票才能入内参观，但不能照相。一些活着时从来没见过面的法老相聚于此，其中就有大名鼎鼎的拉美西斯二世。看着这些木乃伊，我不禁想起了《红楼梦》里的"好了歌"，想起这些法老当年兴建陵墓的狂热。

参观开罗国家博物馆，即使走马观花一天也看不完。我们在匆忙中只看了三小时，说是蜻蜓点水，浮光掠影，一点儿也不为过。

古埃及人曾经创造了辉煌的古埃及文明，但后来先后被波斯人、希腊人、罗马人和穆斯林所征服。公元 640 年，埃及被阿拉伯人占领，至公元十二世纪，延绵数千年的古埃及文明终于被阿拉伯文明所取代。因而，现代埃及是一个阿拉伯人的国家。

开罗逛街

如果有时间的话，在开罗寻幽访古总会有意外的收获。游览了萨拉丁城堡后，我们又专门用了一天的时间在开罗逛街。

开罗一个很有意思的地方是卡普特区。卡普特人据说是信仰基督教的古埃及人的后代，他们是埃及的原住民，公元一世纪便开始接受基督教信仰。相传他们是使徒马可在公元 42 年所建立的教会的一支。在公元七世纪穆斯林入侵埃及前后几百年里，基督教在埃及还是主要的宗教信仰，直到十二世纪，才产生主客易位。尽管在伊斯兰教占统治地位后，卡普特人曾经沦为二等公民，卡普特语也逐渐被阿拉伯语所取代，但直到现在，卡普特人仍占埃及人口的百分之十到十五左右。

卡普特区最著名的景观是悬空教堂。这座教堂建在巴比伦要塞城墙南门的废墟之上，主殿悬挂在栈道上方，看似悬在空中，故名悬空教堂。在这个有 1500 多年历史的教堂入口处，张贴着历任埃及教皇和埃及总统的照片，我不清楚这是不是埃及基督徒在一个穆斯林占统治地位的国家中不得不采取的生存方式。

悬空教堂不远处有一个不起眼的小教堂，是耶稣基督在埃及避难时的落脚之处，现如今，也成了来自世界各地的基督徒的朝圣之地。

埃及毕竟是一个穆斯林国家。来到开罗，当然要看看开罗的老城区。1979 年被联合国教科文组织列为世界文化遗产的开罗

开罗老城

老城区位于今天开罗市区的东部，一千多年前建成的开罗老城墙依然健在，东西南北四座城门照常发挥职能。所不同的是，今非昔比，当年三万五千人的开罗城现今已发展成为拥有两千万人口的大城市，而开罗古城变成了一个著名的小商品市场。徜徉在铺着青石路面的曲径之中，与各种地摊商铺擦肩而过，感受当地穆斯林的现实生活，是一种美好的享受。同行的朋友都被老城的风情所吸引，乐不思归。

南方名城阿斯旺

阿斯旺（Aswan）是埃及南部著名古城，人口约 50 万，位于尼罗河第一瀑布以北，是埃及和努比亚（Nubia）之间的贸易重镇。早晨起了个大早，乘机飞往阿斯旺。

前苏联援助兴建的阿斯旺大坝于 1970 年在此建成，是当时世界上名列前茅的水坝。大坝的建成使阿斯旺名声大噪。埃及人为此非常自豪地向全世界宣布："如果说金字塔和神庙是古埃及的奇迹，阿斯旺大坝就是现代埃及的骄傲。"

从机场到下榻旅店的路上，汽车从大坝上穿越尼罗河。大坝左侧的河床上怪石嶙峋，而右面则是一派高峡出平湖的景象。入住旅馆后，导游带我们乘船游河。上午的尼罗河，两岸风光万千，或巨石高耸，或黄沙千仞。古冢神庙，居高临下，依山傍水，显示着往日的繁华。

突然岸边出现一片色彩艳丽的建筑，原来正是我们要去参观的努比亚人的村庄。船靠岸后，拾级而上，一个热闹的努比亚人的村庄豁然出现在眼前。

由于阿斯旺是尼罗河游船的起点，也是去阿布·辛贝尔神庙的必经之路，这里便成了旅游热点城市。生活在这里的努比亚人也改行做起了旅游生意，整个村子就像一个出售旅游纪念品的商场。努比亚人长得和阿拉伯人有明显区别，肤色较黑，更接近东非人，但他们招揽生意的热情和阿拉伯小商贩几无二致。转了几条街后，我们在一个当地人的家里吃了午餐，相当于中国的农家乐。脚踩黄沙，坐在茅草屋顶下的农舍吃饭，感觉非常新鲜。努比亚人的饭菜味道相当不错，挺对中国人的胃口。酒足饭饱之后，大家买了各自喜欢的纪念品，乘船返回旅店，准备迎接尼罗河的日落。

我们下榻的老瀑布酒店建在尼罗河岸边的一片花岗岩上，

阿斯旺大坝纪念碑

可以俯瞰风光旖旎的尼罗河及对面的大象岛，坐在露天平台上观看日落别有一番情调。

　　据说，这家酒店曾入选世界十大最漂亮酒店的名单。在酒店内转了转，果然觉得它名副其实。维多利亚风格的大厅古色古香，东方格调的装饰恰到好处，能让人产生一种真实的宾至如归的感觉。怪不得《尼罗河上的惨案》的作者阿加莎·克里斯蒂和丘吉尔以及埃及王室成员都愿意入住这家酒店呢！我们虽然不属于那种追星族，但这种老字号无疑具有它自身的魅力。

尼罗河风光

老瀑布酒店

拉美西斯二世神庙

　　位于埃及与苏丹边境的拉美西斯二世神庙在埃及旅游景点

中与金字塔同样重要。为了躲避高峰时参观的人潮，我们早晨天还没亮便从下榻的旅店出发，前往阿布·辛贝尔。还未到阿斯旺大坝，就见路上旅游车一辆接一辆，已然形成颇具规模的车队；前有警车开道，后有警车压阵，浩浩荡荡地奔向阿布·辛贝尔。不知是由于安全的原因，还是为了后半天的行程，参观拉美西斯二世神庙的游客几乎都是这时出发的。

清晨的沙漠显得格外安静，一轮红日在大漠中升起，将远近的沙丘都染成橘黄色，一点儿都不晃眼。日上三竿，天空一碧如洗，没有一片云彩。极目窗外，沙漠一望无垠。车像一叶小舟，在浩瀚的沙海中漂浮，挣扎着前行。经过三小时车程，穿过安详沉静的荒漠和若隐若现的海市蜃楼，抵达阿布·辛贝尔时，游客的喧嚣才打破纳赛尔湖清晨的宁静。

坐落于纳赛尔湖畔的两座雄伟壮观的神庙——和女神哈托

拉美西斯二世神庙

尔神庙豁然出现在眼前时，可能是因为以前多次看到过这两个神庙的照片，顿时产生一种久违的感觉。

这两座神庙当年盛极一时，但后来随着法老时代的结束，逐渐被黄沙埋没，最终从历史上彻底消失。西方探险家于 19 世纪早期在埃及探险时发现了这两座神庙，才使它们得以重见天日。

上世纪六十年代，由于建设阿斯旺水坝而形成的纳赛尔湖将淹没这两座神庙，于是，联合国教科文组织发动 50 多个国家捐资 4000 多万美元，动员了大批科学家和近 3000 多名工匠，把原神庙切割成上千块 9—30 吨的巨型石块，上移 65 米，在现有的地址上重新组装，历时五年之久。

拉美西斯二世神庙面朝东方，庙前四尊高大无比的拉美西斯二世摩崖雕像每天坐迎朝阳。四座雕像分别代表拉美西斯二世少年、青年、中年和老年，除第二尊雕像因地震倒塌摔毁外，其他都保存得基本完好。

拉美西斯二世（Ramesses II）是古埃及第 19 王朝的法老，活了 91 岁，在位长达 67 年。他有 8 个皇后、近 200 个嫔妃、60 多个儿子、60 多个女儿。最著名的皇后纳菲尔塔莉（Nefertari）被誉为埃及历史上最美丽的女人。他的统治时期是古埃及的黄金时代。他领导下的埃及与赫梯人（Hittite）进行的卡迭石（Kadesh）之战，以及公元前 1284 年与赫梯签订的和平条约，都对世界历史产生了很大影响。

几天前，我们在开罗的埃及博物馆还见到了他的木乃伊，3000 多岁的老头儿直挺挺地躺在玻璃柜里，与神庙前的威风凛凛的形象绝不能同日而语。他不但好大喜功，在埃及留下了 50 多块记功碑，而且极其自恋，要把自己的美好形象传之永远。

神庙内不允许照相。里面有拉美西斯从鹰神荷鲁斯那里获得加冕的壁画，还有他驾驶着战车驰骋疆场的巨型雕刻壁画。画面上驾着战车奔跑的战马都出现并排的多条马腿，你即可以想象这是画家用平面形式表达更多战马的存在，也可以理解成这匹马的奔跑速度快得在此刻定格，其穿越时代的画风令人惊叹！

拉美西斯二世神庙的设计师们对天文学的运用也同样令人敬佩。神庙每年有两天——2 月 22 日和 10 月 22 日，当太阳升起后，第一缕光线会穿过尼罗河，穿过神庙的大厅和门廊，直射到圣殿中拉·哈拉凯俤、拉美西斯二世和太阳神阿蒙的身上。神庙迁移后，因为计算有误，每天太阳直射的时间往前推了一天。

在拉美西斯二世神庙的隔壁，是女神哈托尔神庙，其实是拉美西斯二世为其最爱的妻子纳菲尔塔莉建的。在众多的妻子当中，唯有纳菲尔塔莉享有建神庙的地位。可惜的是，她未能活到神庙的建成之日，便香消玉殒。

女神哈托尔神庙建筑风格类似拉美西斯二世神庙，只是体量较小。神庙正面有六尊摩崖石刻雕像，其中四尊是拉美西斯二世本人，只有两尊是他的妻子纳菲尔塔莉，形象是头戴牛角和日轮

女神哈托尔神庙

的女神哈托尔的造型。说是为自己的爱妻造神庙，结果把自己的雕像放在突出的位置，您说这个法老是不是极端自恋呢？

尼罗河沿岸古迹

从阿布·辛贝尔返回阿斯旺已近中午时分，登上尼罗河游船，尽管游船要在第二天才正式启航。

午餐后，乘船前往菲莱岛。菲莱神庙是现在保存最好的三座古埃及托勒密王朝庙宇之一，因其修建在阿斯旺城南尼罗河中的小岛菲莱岛上而称之为菲莱神庙。

这座神庙供奉的是古埃及神话中的女神艾西斯（Isis）。艾西斯是天空之神（Nut）和大地之神盖布（Geb）的女儿，冥王奥西里斯（Osiris）之妻，荷鲁斯（Horus）之母，赛特（Seth）和他的妻子奈芙蒂斯（Nephthys）是她的兄妹。人物关系在古埃及神话中有点儿复杂。据传说，弟弟赛特为了篡位，谋杀了法老奥西里斯，并把他的尸体切

尼罗河沿岸的古迹

成很多块，丢在各地。艾西斯不屈不挠地寻找丈夫遗体，她在天空之神的帮助下，基本找全了丈夫的尸块，使之复活，成为冥神。艾西斯后来怀孕生了儿子荷鲁斯，含辛茹苦将儿子培养成人。这个儿子也争气，长大后找到赛特，报了杀父之仇。后来，荷鲁斯成了埃及法老的守护神。根据这个神话故事，艾西斯在埃及文化中像圣母一样占有重要地位。

这座建于托勒密时期的神庙比拉美西斯二世神庙显得更加精美，且有古希腊建筑艺术的元素融入其中。石壁上的浮雕工艺精湛，人物形象栩栩如生。然而，不少人象被刻意毁坏，许多珍贵的壁画被弄得面目全非。没听说这里也闹过文革"破四旧"呀！一问导游才知道，原来当年一部分基督徒受罗马帝国迫害，逃到菲莱岛上避难。他们看到这些壁画，认为都是异教徒的东西，非常不喜欢。为了消除异端，就把很多壁画铲掉了，给后人留下了很多遗憾。

在菲莱神庙东侧有一座神殿，里面没有关于艾西斯的壁画，看起来稍微有点儿特殊。原来这是后来的罗马皇帝图拉真为了凑热闹，在此为自己建的神殿，但建筑在保留罗马风格的同时，大量吸收古埃及元素，反映出这位罗马统治者还是很有文化自信的。

同阿布·辛贝尔的拉美西

菲莱神庙

斯二世神庙的命运一样，原位于阿斯旺大坝南面的尼罗河中的小岛上的菲莱神庙也因为建设阿斯旺大坝将被淹没，也受到了联合国教科文组织的眷顾，迁移到了现在这个较高的艾格里卡岛上，重新组装并还原其本来面目。因此，我对联合国教科文组织充满敬意。

参观完菲莱神庙，前往阿斯旺的另一个名胜——未完成的方尖碑。

未完成的方尖碑

方尖碑是古埃及崇拜太阳的纪念碑，也是除金字塔以外，最能代表古埃及文明的文化符号。梵蒂冈圣彼得广场和法国巴黎协和广场上树立的方尖碑便来自埃及。

据说阿斯旺这座未完成的方尖碑长约42米，重约1200吨，是埃及最大的方尖碑。只是由于开凿过程中发现了碑上出现裂纹，中止开凿，才使这块巨石成为后世历史学家和考古学家研究和猜测的对象。遗憾的是，我们到达这座采石场的时候，有点儿晚，刚过关门时间，未能入内。因此，我们观看未完成的方尖碑成了一次未完成的行动。

在阿斯旺住了三天，来回来去路过阿斯旺大坝多次，却没感觉出大坝有多宏伟壮观。导游讲解大坝时说，大坝的建立有利有弊。虽然可以利用尼罗河水发电，但它所带来的弊端也是显而易见的。以前，尼罗河两岸依赖每年河水泛滥带来的泥沙和有机肥料进行种植，稳产高产，还不需要施肥。现在，没有了河水带来的有机肥料，两岸土地肥力下降，需要使用大量化肥，改变了埃及农民过去靠天吃饭的状况。

很多事情往往都有两面性，现代文明驱使人们日益变得急功近利，却故意忽视大自然对人类破坏自然规律的惩罚。和修建三峡大坝一样，修建阿斯旺大坝也淹没了许多古迹，除阿布·辛贝尔神庙和菲莱神庙等闻名于世的古迹实现了搬迁重建，其他的都被尼罗河水淹没，不知何时才能重见天日。

古希腊历史学家希罗多德曾说："埃及是尼罗河的赠礼"。乘船在尼罗河上航行，更能感受到这话说得一点儿不假。尼罗河不但孕育了古埃及文明，而且至今仍然养育着几乎所有埃及人。

站在游船顶层的甲板上，可以看到尼罗河像一条苍莽的巨龙俯卧在漫天遍野的黄沙之中。两岸风光无限，排列整齐的甘蔗田，成片成片的香蕉树，星星点点的清真寺，捕鱼捉虾的小木船和无所事事的牛和羊，像幻灯片一样变换着岸边的风景。不知名的小镇上，车水马龙，大喇叭传出的诵经曲在空中飘荡，正所谓"一方水土养一方人"。

游船离开阿斯旺三小时左右，抵达科翁坡（Kom Ombo）神庙。座落在尼罗河边的科翁科神庙建造于 2300 年前的托勒密王朝时代，供奉鹰头神荷鲁斯（Horus）和鳄鱼神索贝克（Sobek）。因此，亦称"双神庙"。

荷鲁斯为父报仇杀了赛特的故事广为人知。他后来成为埃及法老的守护神，代表神圣的王权，其在埃及历史和神话中的地位至高无上，是善的化身。那么，埃及人为什么供奉鳄鱼呢？据说最早的原因是鳄鱼常吃人，老百姓既然惹不起它，那就只好供奉它，以求安宁。于是，便逐渐形成了供奉鳄鱼的风俗。

科翁坡神庙

科翁坡神庙中的索贝克是个鳄鱼头人身的神。在古埃及的神谱中，他是尼罗河三角洲天空女神努特（Nut）的儿子，曾帮助荷鲁斯消灭了篡位的塞特。据说，鳄鱼神索贝克对于朝拜者向他奉献的贡品十分苛刻，其他神蔬菜水果食品等贡品照单全收，而他却只收黄金，其他贡品一律不接受。因此，日久天长，这里便积累了大量黄金，故这座城市也被称为"金城"（Kom Ombo）。

晚霞已在天边浮现，上岸参观神庙，高耸的庙堂廊柱，斑驳的铭文壁画，巨大的残垣断壁，使黄昏中的科翁坡神庙愈显沧桑。

不知为什么，尼罗河游船都成群结伙地在河上航行。与我们的游船同时启航的游船有十来艘，同时到达双神庙，当然游客也都同时到同一地点参观。由于上千名游客几乎同时涌入神庙，神庙内外，人头攒动，人声鼎沸，人潮汹涌。我不由得猜想，当年古代的埃及人在这里逛庙会是不是也这么热闹？但从一个普通旅游者的角度来说，这种集中参观的形式并不可取，您想在这种熙攘的环境中静下心来欣赏一下古人的艺术作品，发发思古之幽情几乎是不可能的。

双神庙旁建有一座鳄鱼博物馆，数十条鳄鱼木乃伊陈列其中。古埃及人不但将人的尸体制成木乃伊，而且还有制作动物木乃伊的习俗。他们将一些被认为是神的化身的动物制成木乃伊加以供奉，鳄鱼就属于这类动物。

可能是由于人多时间紧的原因，我们在双神庙参观的脚步特别匆忙。从鳄鱼博物馆出来时，神庙庭院里已洒满似水的月光。在往回走的路上，看到很多人围着一口水井拍照。原来，这是双神庙里的一口古井，井口形似"生命之钥"，井底与尼罗河相通。这口井当年是用来观测尼罗河水位变化的，古埃及的税务官员根据水位高低，计算庄稼的收成，进而制定当年的税率。

翌日，晨曦中的尼罗河，水波不惊，凉风习习。早起，下船参观埃德芙（Edfu）神庙。

埃德芙神庙位于尼罗河边不远处的一块高地上。由于有近十艘游轮上的游客同时上岸换乘马车，一时间，小镇街上马蹄声声，车轮滚滚，热闹非凡。为我们赶车的是个努比亚小伙子，精瘦。在他的驾驭下，马不停蹄，不到十分钟功夫便抵达神庙。

由托勒密三世（Ptolemy III）于公元前 237 年开始建造

埃德芙神庙的浮雕

的这座神庙用了大约 180 年的时间，才由托勒密十二世（Ptolemy XII）——尼奥.狄奥尼索斯（Neos）最终建造完成。神庙供奉的是法老的守护神荷鲁斯。

埃德芙神庙比菲莱神庙和科翁坡神庙的体量都大，宏伟的塔墙高耸入云，大门两侧有描绘托勒密十二世与荷鲁斯的浮雕。进入廊柱环绕的庭院，便看到一对象征荷鲁斯的青色花岗岩神鹰雕像拱卫在大殿进口两旁，引来无数游人与之合影。神庙内几进大殿的墙壁上都刻着有关荷鲁斯的神话故事和反映当时人们生活场景的精美壁画，令人目不暇接。

由于时间关系和人多，未能在神庙久留，颇觉遗憾，更令人遗憾的是，不少精美的壁画被后来信奉基督教的入侵者破坏得面目全非。可惜之余，忽发奇想，人如果能对自己不认同的事物多一点儿宽容，这个世界可能会变得更加丰富多彩。

参观完埃德芙神庙，游船沿尼罗河顺流而下，驶向埃及古城卢克索。经过一个叫作伊斯纳（Esna）的小镇时，但见尼罗河被一条长龙拦腰锁住，但周围却见不到输电线路。原来这里是一座船闸。在这里设立船闸的目的并不是为了发电，而是为调节水量，以防尼罗河泛滥。

通过船闸时，游船必须放慢速度，缓缓驶进一条窄窄的航道，等待关闸放水。这时，许多人都来到游船顶层的甲板上观看游船通过闸门的情景。此时，河面上出现了几条小船，快速划到游船跟前。原来是当地的努比亚人来向游客兜售旅游纪念品，甚至连船闸的桥墩上，都站满了推销旅游纪念品的小贩。像当年北京秀水街摆地摊的商贩一样，他们都能说几句英文，见到中国人，还会直接用中文打招呼，与船上的游客讨价还价。如果谁对他们的商品感兴趣，他们一般都是先把商品套上塑料袋扔到游船上，让游客验货，然后交钱。如果看后不满意，就把货物直接扔回他们的小船。他们在小船上跳来跳去，看着都替他们揪心，也不知道他们一天能挣多少钱。据导游说，几年前一美元可以换七个埃及镑，现如今，十七个埃及镑才能换一美元。这种汇率的变化对于到埃及来旅游的人来说是好消息，但对这些靠向外国游客兜售小商品的人来说，无疑使他们的生活变得更加艰难。

千年古都卢克索

下午，游船抵达卢克索。蓝色的尼罗河上，游船如织，真不愧是个旅游城市。要不然埃及人总说，"没来过卢克索，就等于没来过埃及"。

卢克索相当于中国的西安，是座历史名城，曾经无比辉煌。这座城市古称底比斯，是当时世界上最大的城市之一，荷马史诗称之为"百门之都"，可见其宏伟之规模，繁华之盛况。

卢克索依山傍水，交通便利。基于地理优势，古王国时期第11 王朝首位法老门图霍特普一世决定建都于此。从那时算起，这个古城已有4000 多年的历史了。

卢克索不但历史悠久，且古迹极多。尼罗河东岸的卡纳克神庙和卢克索神庙，以及西岸的女神庙，都是古埃及建筑艺术的杰出代表。下了游船，我们直奔卡纳克神庙。

卡纳克神庙始建于3000 多年前的第17 王朝，之后，各个王朝不断扩建，发展成为当今埃及规模最大的神庙。我们的导游说它也是世界上最大的庙宇。然而，我在里面转了一圈后，不觉得它的面积能超过北京天坛，称其为世界最大庙宇有待进一步确认。但无论如何，卡纳克神庙作为古埃及文明的代表性建筑，则是无庸置疑的。著名电影《尼罗河上的惨案》曾在此拍摄。

　　穿过排列着狮身公羊雕像的神道后进入神庙，首先看到就是拉美西斯二世的巨型雕像。这位国王在树立个人最高权威，建立自己美好形象方面是不遗余力的。在这座城市的任何地方，似乎都能看到他的身影。

　　与先前看过的神庙相比，卡纳克神庙最突出的特点就是体量巨大，其柱廊大殿尤其广为人知。那里矗立着 134 根 15-23 米不等高度的刻有精美浮雕的巨型石柱，与高耸入云的大门相得益彰，造成一种王权至高无上，臣民感到震慑的建筑效果。

　　神庙里有两座方尖碑，较高的是为女法老哈西帕苏而建的。女法老死后，这座方尖碑遭到她丈夫的儿子的破坏。方尖碑引出的儿子与继母之间的矛盾，宫廷内部的权力斗争，至今为人津津乐道。

　　哈西帕苏是埃及历史上唯一的女法老，相当于中国的武则天。她年轻时嫁给了同父异母的哥哥图特摩斯二世，可这个哥哥兼丈夫羸弱无能，于是，她便参政揽权。没过多少年，二世驾崩，二世和她没有自己的儿子，于是，二世庶出的儿子继承了王位，世称图特摩斯三世，然而，此时的三世尚年幼，不能亲理政事，她就抓住机会以摄政王的身份辅佐不满十岁的三世。没过几年，她就觉得带这个孩子玩忒费劲，索性废黜了三世，让他到偏远的军队中去"挂职锻炼"，自己亲自登基当起了法老。她在位期间，埃及风调雨顺，经济发达，许多大型工程都是在她当政时完成的。她同时还要防着逐渐长大的三世回来夺权，千方百计地把他排斥在权力圈外。这当然引起了三世对这位继母的怨恨。

　　对这样一个看重权力的女法老，三世除了有年龄上的优势外，无法与其抗衡。女法老死后，三世重新掌权，多年的积怨全面爆发，于是，下令对所有宣传女法老丰功伟绩的碑刻进行大肆破坏，以解心头之恨。女法老虽然不是三世的亲妈，但好歹也是他丈母娘啊！女法老活着的时候，把自己的亲生女儿嫁给了三世，这不是亲上加亲嘛！然而，为了权力，人会变得六亲不认。

王室的权力斗争和宫闱秘事总能成为老百姓茶余饭后的谈资，但平民百姓更关心的却还是自己的日常生活。神庙里有一个甲壳虫雕像，传说是太阳神及幸运之神的化身，围着它逆时针转 3 圈会有好运，转 5 圈能实现求子的愿望。甭管灵不灵，我看到不少人都在那儿转圈。

卢克索神庙规模略小于卡纳克神庙，但保存得更加完好。我们天黑后才来到卢克索神庙，感觉与白天逛庙大不相同。夜幕中，卢克索神庙在灯光的照耀下，显得愈加雄伟壮观。

卢克索神庙

卢克索不但以神庙和王陵等众多古迹闻名于世，而且还以独具特色的热气球吸引了世界各国的大量游客。

清晨从游船上下来后，直奔热气球升空之处。在一片空地上，十几个热气球已全部铺开，做着升空前的准备。卢克索的热气球个头巨大，每个热气球可携带 32 人，比我在别处坐过的热气球大多了。站在热气球上，尼罗河西岸的景色平铺眼底。

热气球的升空动作非常平稳，以至于我们同行的有些恐高的朋友都没感觉任何不适。为我们驾驶热气球的是个阿拉伯小伙子，英语说得不错，对当地的历史文物了如指掌。热气球在他的操纵下，旋转有度，升降自如。从热气球上不但能看到王后谷、帝王谷、女王庙、拉美西斯二世神庙、孟农雕像等文物古迹，而且还能欣赏尼罗河畔的田园风光。

每天早晨，尼罗河上空飘荡的五颜六色的热气球为卢克索这座历史古城涂抹上浓重的现代色彩，使其变得更加绚丽夺目。

乘坐热气球从空中看到的尼罗河西岸的女王庙和帝王谷正是我们当天要参观的地方。

从热气球上看女神庙，看到的只是所在位置和大概轮廓，从地面上看才能感觉出其非凡之处。女神庙是3500年前埃及著名的女法老哈西帕苏为自己建立的神庙。这座三层建筑背靠大山，居高临下，面朝都城。神庙的结构相当现代，线条横平竖直，简洁大方。尽管有些雕像和壁画遭到了破坏，建筑的整体结构却保存完好，是古埃及建筑艺术的杰出代表。

帝王谷就在女神庙附近的山谷中，虽不张扬，但却是一座古埃及历史文化的巨大宝库。

埃及古王国时期的法老死后都被安葬于金字塔中，因为他们相信金字塔能使他们在距离上更加接近上天之神。结果，随着政治权力和经济能力的增强，金字塔便越建越高。然而，金字塔越高，越容易吸引盗墓者。法老们还发现，盗墓者并不在乎所谓的法老的诅咒，仍然猖獗盗窃金字塔中的随葬品，使金字塔中的法老难以得到安宁。于是，到新王国时期，法老们就开始就近在尼罗河西岸寻找形似金字塔的石头山，然后秘密开凿墓穴。而卢克索城对面的尼罗河西岸的一条山谷中，便有一座形似金字塔的石头山。因此，法老们便开始在这里修建陵墓。

帝王谷埋葬着第 18 王朝到第 20 王朝期间的 60 多位法老。在导游的推荐下，我们参观了拉美西斯六世、拉美西斯九世和拉美西斯三世的陵墓。这三座陵墓建筑形式大同小异，但一个比一个精彩。三个陵墓内的甬道都有精美的壁画浮雕，有些甬道的顶棚还有彩绘。这些历经三千多年的彩绘壁画，至今色彩鲜艳，令人称奇！

撒哈拉沙漠

埃及的自然景观除了尼罗河就是沙漠，整个国家都在撒哈拉沙漠之中。撒哈拉大沙漠中有凉州词，有边塞诗，有悠扬的驼铃，也有不朽的三毛。尼罗河的旖旎风光，红海地中海的风情万种，都不如撒哈拉对我们有吸引力。当然，远离城市的喧嚣，拥抱原始状态下的大自然，更是我们走进漫漫大漠的驱动力。

虽然撒哈拉大沙漠遍布沙滩、沙丘和沙海，但靠近尼罗河的地方还是有星星点点的绿洲，其中最大的绿洲为哈里杰绿洲（El Kharga），是埃及境内五个绿洲中最南部的一个。一般游客都选择北部离开罗较近的绿洲作为进入沙漠的落脚之地，而我们却选择了哈里杰，选择特立独行，远离游客。

从卢克索出发，我们在荒漠中向西南行驶了三、四个小时，便抵达哈里杰绿洲的边缘，一个叫作巴格达的检查站。这个坐落在路边只有几栋房子的检查站里只有几个警察，懒洋洋地坐在路口闲聊。由于有外国游客必须由警车护送的规定，而检查站又没有多余的警车，我们不得不在这里等候检查站上级派遣的警车。约摸半个时辰，才有两辆警车姗姗而来。在这期间，只有几辆当地人的汽车和一架驴车从路口通过。很显然，不但外国游客极少到这里来，而且本地人也不常进出这个绿洲。

其实，哈里杰是个颇具规模的小城市，居民主要是柏柏尔人（Berber）和贝都因人（Bedouin）的后裔。尽管处于沙漠之中，这里的基础设施比尼罗河畔的城镇并不落后，徜徉其间，根本不会有被沙漠包围的感觉。在警车的护送下，我们穿城而过，于中午时分抵达下榻的旅店——Qasr El Bagawat。这座位于城中心和机场之间的旅店平铺在一片开阔的沙滩上，有自己的菜园和果园，其建筑风格独特，有点儿像民间艺术家玩票的作品。虽然看起来各色，但不得不说它达到了相当的水准。

这家旅店的生意清淡，住宿的客人寥寥无几。我们这拨由警车护送过来的旅客使旅店顿时热闹起来。安排好房间后，旅店的经理和设计师亲自带我们在旅店内参观。那位颇有艺术家气质的设计师为我们讲解了他的设计理念。洋溢着撒哈拉风情的客房，凸显着哈里杰的地方特色。如果这座旅店开在大城市，一定是文艺青年趋之若鹜的朝圣之地。

午饭过后，当地导游带我们参观哈里杰绿洲的古迹。离我们下榻旅店不远的地方，有个叫作 Necropolis of Al Bagawat 的墓地，据说是世界上最早的且保存最为完好的基督教墓地之一。为什么这里会出现这么大一个基督教的墓地呢？原来在罗马帝国时期，哈里杰曾经是流放罪犯的荒蛮之地，一些基督教的神父和主教被驱逐到这里，于是，哈里杰便成了基督徒的避难所。

随着基督徒的增加，日久天长，一个基督教墓地也就在哈里杰逐渐形成了规模。进入墓地，但见在一片起伏的坡地上密密麻麻地排列着许多大小不一的土坯建造的墓室，经过上千年的风风雨雨，有些仅剩断壁残垣，有些则完好如初，甚至连内部的涂鸦还生动清晰。令人印象最为深刻的是一个叫作"出埃及"的墓室，穹顶上摩西带领以色列人出埃及的连环画面依然栩栩如生。

哈里杰绿洲最值得参观的古迹非赫比斯神庙（The Temple of Hibis）莫属。这座神庙建于公元前 6 世纪左右，供奉阿蒙神及其他埃及神祇，是哈里杰绿洲中规模最大的神庙。

公元前五世纪，埃及被波斯征服，新来的统治者也利用神庙为自己政权的合法性进行宣传。所以，神庙中至今还保存着波斯国王大流士一世的画像及题词，从神庙中的诸多壁画中可以看出，这个外来统治者对

撒哈拉沙漠中的古罗马城堡

埃及宗教还是非常尊重的。为我们介绍赫比斯神庙的恰好是这座神庙管理委员会的负责人，也是一位埃及学家，他对神庙的历史如数家珍。在他的带领下，我们得以登上神庙的顶端，在一片椰枣树的环绕下，赫比斯神庙宛若世外桃源。

入住哈里杰绿洲的第二天，我们一大早出发，进入撒哈拉大沙漠。在埃及，这里被称为西部沙漠。荷枪实弹的警车从我们入住的旅店一直护送到公路尽头，看我们进入沙漠方才离去。可能是为了我们的安全，一名佩枪的便衣警察带着卫星电话和我们一起进入沙漠。摆脱了警车，我们的越野车径自驶入沙漠腹地，

一路欢歌笑语。

虽然也曾领略过中国西北那种大漠孤烟的沙漠风情，但能进入撒哈拉沙漠仍然是我们这次旅行盼望已久的一种体验。车在沙漠中横冲直撞，黄沙，乱石，衰草，浩瀚无垠。太阳出来了，狂风依旧。撒哈拉的萧瑟肃穆，令人震撼。

突然，司机感觉车况异常，停车一看，原来是爆胎了。换上轮胎后，继续向撒哈拉深处挺进。

我们的司机兼导游穆哈黙德家住沙漠边缘，这个在开罗上完大学返回家乡工作的当地人，对这一带的地理状态非常熟悉。他是个性格开朗爱说爱笑的人。一路上，他带着我们穿山谷，过沙丘，如鱼得水。有一次，他甚至将车开到沙山上，下面是一面超过 45 度角的斜坡，松软的细沙踩一脚陷进去半条腿。他要把车开下去，问我们谁愿意呆在车上。同行的人纷纷下车，我和另一个朋友坚持坐在车上，跟他一起冒险。果然不负众望，他竟然平平稳稳地把车开了下来。

撒哈拉沙漠充满了神奇，也时常给人带来意外的惊喜。在渺无人烟的荒漠中，竟豁然出现一座古城堡。不会是海市蜃楼吧？一问才得知，这是古罗马时期的城堡，有两千年左右的历史。

原来这里曾是过往商旅的必经之路。上千年的古堡，断壁残垣，依然挺立。登上古堡，极目远眺，仿佛看到天边的驼队渐行渐远，唯有岁月的风在此迎来送往。我捡起一块表面被风吹得极为光滑的石头，留作纪念。

参观完古堡，在寻找休息站准备吃午饭的路上，又一次发生爆胎。这下子连备用胎都没了。环顾四周，杳无人烟。还好，警察有卫星电话，能够与外界联系。虽然与修车的取得了联系，但轮胎也不是一时半会儿就能修好的，原地等待也不是办法，导游建议我们步行前往休息站。

于是，我们一行人，包括那名警察，扛起各自的行李，弃车而去。说是十几里地的路程，但我们大步流星地走了一个多小时，愣是没看到休息站的影儿，心里不免犯起了嘀咕。这要是夜里困在沙漠里可咋办呢？好在我们有旅游警察陪同，而警察的主要职责是保护游客的安全，这让我们不必为在沙漠里孤立无援而担忧。跟随我们的警察大叔是个阿拉伯雷锋，一路上跟我们相处融洽，处处为我们着想。古堡不许攀登，他带我们爬上了古堡。步行前往休息站，他一路上抢着为我们扛行李。终于到了休息站，我们都累得不想动了，人家却悄悄下厨为我们准备饭菜。

虽然撒哈拉沙漠之行遇到两次爆胎，但在风沙中行走在大漠的体验是非常难得的。独自行走在沙漠中，更能切身体会到古代穿越沙漠的旅行者的艰辛。

历史名城亚历山大

位于地中海沿岸的亚历山大是埃及的最大海港，也是一座历史名城。很早以前就听说过亚历山大的灯塔与金字塔一起排在世界古代七大奇迹的名单里。所以，这次来埃及，感觉无论如何也要去看看这座灯塔的遗迹。

其实，从开罗到亚历山大也就三个小时的车程。但埃及旅游部门仍然认为这属于长途旅行，因而，给我们配了一名旅游警察，全程陪同。

当年亚历山大大帝占领这块地盘后，下令建造亚历山大城，并以自己的名字为这座新城命名。亚历山大早期曾为托勒密王朝的首都，后来发展成为古希腊文化圈中最大的城市，在古代西方，其规模和财富仅次于罗马。作为地中海和东方各国贸易和文化交流的中心，亚历山大城拥有藏书 70 万卷的图书馆。不幸的是，公元前 48 年，罗马统帅凯撒率兵占领亚历山大时，烧毁了图书馆，造成人类文化史上的一场浩劫。

自公元七世纪阿拉伯人进入这一地区后，亚历山大城日渐式微。十九世纪早期的穆罕默德·阿里和埃及独立后的纳赛尔，都为亚历山大的繁荣做出了重大贡献，使亚历山大成为埃及的第二大城市。

进入亚历山大城后，我们首先参观了孔·舒卡法（Kom el Shoqafa）古墓区。这是一座被驴发现的希腊古墓。1900 年，一头毛驴拉着车经过此地时，腿陷进深洞不能自拔，且越陷越深，人们这才意外地发现了地下的古墓。这座希腊古墓采用了希腊和埃及的混合风格，非常清晰地反映出希腊与埃及的文化联系和传承关系。

庞贝柱和人面狮身像

离古墓不远，便是著名的庞贝柱。这里是一座神庙的废墟。公元前 306 年，托勒密让埃及大祭司曼尼托（Manetho）和希腊神父提莫对斯（Timotheus）把两个宗教合并成一个新的宗教，并在此建立神庙。托勒密的想法不错，后世也有人效仿，但均告失败。托勒密的新宗教早已灰飞烟灭，神庙也变成一片废墟，唯有庞贝柱和托勒密四世的一对人面狮身雕像仍然屹立在神庙的废墟上供人凭吊。

自从阿拉伯人进入该地区后，伊斯兰教便逐渐成为亚历山大的主流文化。因而，在亚历山大可以看到很多在各个时期建立的清真寺。我们去的当天正好是星期五，做礼拜的人多。当我们来到莫西·阿布·阿巴斯清真寺时，正赶上人家做礼拜，不便进去打扰。于是，我们驱车前往盖贝依城堡（Qaitbay Fort），那里就是亚历山大灯塔的遗址。

亚历山大灯塔位于地中海畔的法罗斯岛（Pharos）上。据文献记载，这座相当于四十层楼房高的灯塔内部装有一面镜子，白天反射日光，晚上反射火盆中点燃的灯火，五十多公里以外的海上船只都可以看到。这座灯塔和胡夫金字塔一样属于当时的高层建筑，而且是实用性的非宗教建筑，入选世界古代七大奇迹是当之无愧的。

然而，公元十四世纪发生的两场地震对灯塔造成严重破坏，导致其沉入海底，现已踪迹全无。据说考古学家近年在灯塔沉没的海域捞出一些有关灯塔的文物，但灯塔往日的辉煌只能永远存在人们的记忆之中。盖贝依城堡则是 1477 年在倒塌的灯塔原址上修建的。现如今，盖贝依城堡取代了亚历山大灯塔的地位，也成了名胜古迹，游人如织。

滨海大道是亚历山大的一道靓丽的风景线。亚历山大的滨海大道与哈瓦那的滨海大道很相似，但更宽、更长、更为历史悠久。滨海大道东西长约二十六公里，东端是蒙塔扎宫（夏宫）花园，西端是拉斯埃丁宫（冬宫）。大道景色秀丽，历史古迹星罗棋布，著名的亚历山大图书馆就坐落在滨海大道上。由于时间关系，我们只在东端的夏宫花园里转了转，未能到亚历山大图书馆里坐坐，实为遗憾，但也为以后有机会重游此地找到了借口。

　　回开罗的路上，获悉西奈北部发生恐怖袭击，但街上车流如潮，开罗的节奏依然如故。

盖贝依城堡

古希腊文明的遗迹

2018 年 11 月 11 日是个重要日子。这一天是第一次世界大战结束 100 周年纪念日，全世界 70 多位国家和国际组织的领导人齐聚一次大战停战协议签署地所在国法国，铭记战争的惨痛教训。这一天也是希腊雅典马拉松比赛的日子，我的 7 个住在印地的朋友报名参加了这次比赛，顺便到希腊一游。我虽然不参加比赛，但对希腊的历史古迹一直心向往之，于是，便借这个机会，和这些朋友一起，再次去希腊一游。

10 月的最后一天，我们飞抵雅典机场，出关后，已是夜幕降临，灯光闪烁。

来接我们的车在机场附近的小道上勇猛穿行了近二十分钟，将我们送到即将下榻的家庭旅店。这是一家坐落在山坡上的装修颇为考究的民居，挺大的院子，宽敞的阳台，一水儿的大理石地面，做工精细的实木楼梯，让人感觉很有档次。而最吸引人的是主人的古董收藏。从老式电话、收音机、缝纫机到书籍、字画和摆件，无不显示出主人的文化素养和对古董的雅好。

希腊是西方文明的发源地。希腊人在和埃及人与波斯人的接触中，发展出了自己的文明体系。希腊后来被罗马征服，罗马人将希腊文明接受过来并发扬光大，更将其与基督教文明融为一体，使之成为西方文明。而希腊文明在希腊却逐渐衰落。后来东罗马帝国灭亡，希腊处于以伊斯兰文化为主导的奥斯曼帝国管辖下长达四个世纪，直到十九世纪初才摆脱了土耳其的统治，赢得民族独立。虽然在过去的两千多年里，希腊历经磨难，但希腊文化在民间仍世代相传。

在这样一个历史悠久的国家，遇到这样一家充满文化气息的家庭旅店，令我们感到万分惊喜，当然，这也并不出人意料。

爱琴海的名片——圣托里尼岛

第二天一大早，我们乘机飞往圣托里尼岛（Santorini）。虽然这个岛的面积不大，但有一个可以起降大飞机的机场，交通非常方便。近年来，圣托里尼岛的名声变得越来越大，彷佛成了飘荡着浪漫情调的爱琴海的名片，特别是对于那些充满小资情调的文青们来说，这里不但是爱琴海中最璀璨的一颗明珠，也是见证爱情的圣地。

飞机在圣托里尼岛降落时，岛上灰蒙蒙一片，不少山顶上好像还有雪，这与许多照片上的雪白和湛蓝的颜色差距也太大了吧！由于期望过高，眼前的景象难免不令人产生一丝失望。其实，圣托里尼是个火山岛。历史上，这里曾发生多次火山爆发，以公元前 1600 年那次最为严重，岛中心大面积塌陷，原来圆形的岛屿呈现出如今的月牙状。现在，整个岛看起来像一块巧克力蛋糕，碧蓝的爱琴海像个盘子，岛上的白房子则像蛋糕上面的一层奶油。我们即将入住的旅店就在那层奶油当中。这么一想，对眼前的颜色也就释然了。

11 月是圣托里尼岛的旅游淡季，汽车沿着盘山公路将我们带到下榻小镇时，但见街上游人寥寥。由于我们预定的房间过午才能入住，于是，上午便在小镇闲逛。

据说，圣托里尼岛成为旅游胜地，还是最近这些年的事儿。直到上世纪八十年代，岛上居民还以开采和输出火山浮石为生。

为防止破坏整个岛的生态环境，这个行业逐渐被政府取缔。从九十年代开始，圣托里尼才大力开发旅游业，岛上建了不少圣托里尼风格的高大上的旅游饭店，使该岛成为举世闻名的旅游胜地。

我们入住的旅店就是原来的民居，位于小镇中心地带。成片的白色小屋堆积在陡峭的山坡上，蓝顶教堂点缀其间。徜徉在曲径通幽的小巷中，时而面朝大海，时而鲜花盛开，再加上慵懒的流浪猫，使圣托里尼岛显得很

伊亚（Oia）小镇

有画面感。置身其中，如在画中游，令人流连忘返。

一对情侣正在伊亚古堡拍婚纱照，浪漫的气息扑面而来。圣托里尼岛也是年轻人拍婚纱照的不二之选。

伊亚古堡下面有一条二百多级台阶的驴道，蜿蜒直达岸边的码头。码头上是个观看日落的小酒馆，上午没什么客人，很安静。湛蓝的海水有节奏地拍打着码头的台阶，几块白色的火山浮石飘荡在水面，山顶上的风车懒洋洋地转动着，坐在岸边却感觉不到一丝的风。静静地坐在那里，让我想起了海子，想起他那广为传诵的诗句，"面朝大海，春暖花开"。

伊亚（Oia）被认为是世界上观看落日最美的地方。在伊亚看日落是圣托里尼游人的一种时尚。由于我们就住在伊亚，近水楼台。我们房子边上的一个小广场，是观看日落的极佳位置。傍晚无事，我们想在岛上多转转，便舍近求远，到小镇其他地方去迎接日落。

当多彩的晚霞泼洒在海面的时候，小镇上已经聚满了人。下午的游人明显比上午多了很多，狭窄的街巷中，快达到了人满为患的程度。这天的天气不给力，接近日落的时候，一片浓云遮住天边，迟迟不愿离去。好在我们要在圣托里尼岛住三天，总有机会看日落，于是，便怀着遗憾的心情告别晚霞，去追寻那让人垂涎的具有当地特色的羊肉串。

第二天上午，我们参加环岛一日游，参观了圣托里尼岛南部的阿科罗提利（Akrotiri）古代城镇遗址。

圣托里尼远景

据考古学家鉴定，这是一座四千年前的城镇，当时有一万左右的居民。挖掘出来的部分遗址已经像西安兵马俑一样，被保护起来，辟为博物馆。遗址中不仅有酒缸、家俱等生活用品，而且还发现了建在二楼的卫生间及一些精美的壁画，证明当时这一地区的文明发展已到达一定程度。

希腊的历史可一直上溯到地中海地区的史前文明：基克拉迪文明（3200 BC），米诺斯文明（2700 – 1500 BC），及迈锡尼文明（1900 – 1100BC）。之后希腊经历了一段黑暗时期，直到公元前 800 年新的希腊文明的诞生。而阿科罗提利属于米诺斯文明青铜时代的一个城镇。公元前 1600 年左右，这里发生的那次严重的火山爆发，给这个城镇造成灭顶之灾。

考古学家猜测，在火山喷发前，可能发生过一系列地震，警告了当地居民发生灾害的危险，迫使他们及时撤离了这一危险地区。因为在阿科罗提利遗址上没有发现任何火山喷发受害者的遗体，而仅有的尸体被证明属于一个先于火山喷发就已存在的墓葬。

参观完阿科罗提利古城遗址，我们来到附近的黑沙滩，即卡玛里海滩（Kamari Beach），并在此午餐。黑沙滩是一片火山喷发后的火山灰沉积下来形成的黑砂石，经高温岩浆遇海水迅速冷却形成的颗粒细小的黑沙，经过岁月和海浪的打磨，光滑细腻却不改其黑的本色。岸上酒吧餐馆鳞次栉比，坐在沙滩的草棚中，看着白色的浪花在黑色的沙滩上起舞，花花绿绿的比基尼和海水中嬉戏的儿童，感到这里祥和无比。

希腊是欧洲葡萄酒发源地并且有着悠久的酿酒历史。古希腊神话中的酒神狄奥尼索斯也像中国的杜康一样，至今仍被人们膜拜。圣托里尼特殊的地理环境很难让人相信这里是希腊最著名的葡萄酒产区之一。乍一看，圣托里尼岛的土地贫瘠干旱，在这种自然条件下怎么能长葡萄呢？然而，出乎意料的是，圣托里尼人培养了一种适合在本地生长的有着花环造型的葡萄，并在三四千年前就开始酿酒了，阿科罗提利遗址中的酒缸就足以证明其造酒历史源远流长。

　　一日游的压轴戏是参观岛上的一家葡萄酒庄。这家叫作 Koutsogiannopoulos 的酒庄（名字太长，不知如何发音）是个有一百四十多年历史的家族企业，不但种植葡萄，生产葡萄酒，而且还有一个颇具规模的酿酒博物馆，向人们展示这家酒庄的历史及圣托里尼的葡萄酒文化。从下车的那一刻起，便能听到希腊音乐在酒庄上空飘荡，随处可见的葡萄藤和古老的酿酒工具将酒庄的庭院装扮得很有文化气息。博物馆位于地下，馆内的文字图片介绍，各个时代的酿酒用具，真人大小的立体模型和墙壁上精美的壁画，无一不精。在这个博物馆转一圈，酿酒饮酒知识大涨。

酿酒博物馆

　　在酒庄品尝葡萄酒也是一种开心的体验。美味的葡萄酒，令人回味无穷！

　　圣托里尼岛，说大不大，说小不小。光靠走路，活动半径有限；随团参观，也只是几个固定的景点；乘坐公交车也不是很方便。于是，我们租了几辆四轮摩托，在岛上疯狂地转了一天。从南到北，想去哪儿去哪儿；根据路况，想开多快开多快。骑着电驴子，实实在在的自由行，真是其乐无穷。

雅典逛街

自圣托里尼岛返回雅典后，我们在希腊本土的旅行才正式开始。

上午回到雅典，入住旅店后还赶上了早餐。餐厅开在楼顶上，正前方不远处就是雅典卫城，巍峨的帕特农神庙屹立在眼前。

午饭后在雅典逛街，对我来说，算是故地重游。在雅典逛街，市场街是我的最爱。走在市场街上，能让我想起苏格拉底，想起当年他在市场街上找人辩论的情形。上次来雅典，正是2004年雅典奥运会之前，周末街上显得比较冷清。十几年过去了，感觉这个城市重新焕发了活力。沿步行街去议会大厦的路上，人山人海，商业兴旺，很像北京的王府井。

街头艺人在欧洲许多城市都大量存在，给这些城市增添了艺术色彩。雅典当然也不例外。走着走着，在一个小广场上，竟然出现一个乐队，一帮年轻人神情专注地演奏着听起来相当熟悉的乐曲。围观者众多，我们也停下来欣赏。甬说，真有水平！

到达议会大厦无名战士公墓前，正好赶上看卫兵换岗。这里的卫兵每小时的整点进行一次换岗。由于换岗的仪式感太强，遂成为来雅典的各国游客必看的节目。站岗士兵的礼服沿用了希腊独立战争时代的军服，雪白的荷叶袖，百褶裙，外加黑底绣金的马甲，红帽子上挂着黑色流苏，鞋上还缀着蓬松的绒球。光这身行头就已非常吸引眼球，更何况年轻的士兵人高马大，五官端正，换岗动作极为夸张。金鸡独立似有瑜伽之功，掀身探海如有太极之力。怀着看戏的心情看完换岗，几个中国大妈欲与士兵合影留念，未果。

奥林匹亚宙斯神庙

　　看完无名战士公墓的换岗仪式，漫步来到奥林匹亚宙斯神庙。这座神始建于公元前六世纪，但直到公元二世纪罗马帝国哈德良皇帝在位期间才得以完成。在罗马帝国时期，它是希腊最大的神庙。据说这座神庙有 104 根科林斯石柱，规模极为壮观。由于战乱，该庙从公元三世纪起，便屡遭洗劫，现如今，只有 15 根石柱立在神庙的遗址上向人们述说着当年的辉煌。

　　距宙斯神庙不远处的街边上，矗立着哈德良拱门，据说这位颇有人气的罗马皇帝为这座新建成的神庙特地访问雅典，这座拱门顺理成章地便成了哈德良的一座功德碑。

希腊经典四日游

　　返回雅典的第二天，我们参加了一个"希腊经典四日游"的

旅行团。在国外旅行，参加旅行
团比较省心。

　　早晨从雅典出发，坐在旅游
大巴上打了个盹儿，睁开眼已经
来到科林斯运河（Corinth
Canal）。这是一条将伊奥尼亚海
的科林斯湾与爱琴海的萨罗尼克
湾连接起来的运河，将两地的航
程缩短了 400 公里。开凿这一运
河的工程是公元 67 年罗马皇帝
尼禄统治期间启动的。然而，由
于罗马帝国出现了内忧外患和持
续动乱，尼禄死后，工程就变成
了烂尾。直到 1881 年，工程重新
启动；1893 年，这条运河终于完

科林斯运河

工通船。从破土动工到最后通航，前后经历了一千八百多年。

　　科林斯运河长 6.3 公里，宽 24 米，水深 8 米。河床笔直，
两岸陡峭，壁高 50 多米，站在桥上往下看，蔚为壮观！上次来
这里的时候，一条船正从这里通过，船身几乎塞满运河。今天看
运河，犹如一水劈山，直通大海，气势不凡。

　　科林斯在古希腊时是一人口众多，商业繁荣的城市。公元
146 年，古罗马军队打败了希腊联军，并将科林斯夷为平地。那
场战争决定了罗马对希腊的征服。

　　离开科林斯后，继续南行，不久便来到迈锡尼（Mycenae）的
一个古城堡遗迹。迈锡尼既没有令人心向往之的神庙，也没有让
人叹为观止的古代剧场，但它是古希腊文明之一，即迈锡尼文明

的发祥地，也是引起特洛伊战争的美女海伦的故乡。

迈锡尼古城最著名的狮子门是欧洲最古老的纪念性建筑。穿过此门时，我想到了荷马史诗，但以前几乎没人相信荷马史诗的真实性。近年对迈锡尼古迹的考古研究已证明，荷马史诗并非神话。

在迈锡尼吃了一顿非常地道的烤羊肉后，前往附近的古城埃皮达鲁斯（Epidaurus），参观其闻名于世的古庙和古代剧场。

埃皮达鲁斯古剧场

埃皮达鲁斯古剧场（Epidaurus Ancient Theater）是希腊保存最好的古剧场与古典建筑之一，是希腊医药之神阿斯克勒庇俄斯神庙的组成部分。参观完神庙博物馆，攀上一个缓坡，埃皮达罗斯古剧场赫然出现在眼前。这座建于公元前四世纪，能够容纳一万三千观众的剧场的音响设计令人拍案叫绝。据说，在场内的任何地点都能够清晰地听到乐池里演奏的乐曲。为此我特意爬到观众席的后排，试了试，果不其然，其音响效果极佳，比天坛的回音壁有过之而无不及。有个美国小姑娘，当场献唱，赢得全场热烈掌声。

当晚，下榻于伯罗奔尼撒半岛东北部的海港小城纳夫普利翁（Nafplio）。我们到达这里的时候，已近黄昏。入住旅店前，在海湾闲逛。岸边不远处的山顶上，有一座古堡，但由于时间关系，无缘攀登。海湾的岛上也有一座古堡，由于同样的原因，只能隔水相望。这座小城出奇的安静，沿着一条稍微热闹点儿的街巷信步走去，但见一个广场，四周建筑雄伟壮观，难怪这个小城能够在雅典之前成为刚刚独立的希腊第一共和国的首都呢！

纳夫普利翁是个历史名城，早在史前时期这里便有人居住。当年法国的十字军曾征服此城，后来又将此城卖给了威尼斯共和国。再后来，奥斯曼帝国也曾占领此地并将其作为重要据点，直至希腊独立战争期间，这个易守难攻的城市才被希腊军队夺回，并定都于此，直到 1834 年希腊政府迁都雅典。

第二天早餐后，前往奥林匹亚古城遗址。第一届古代奥林匹克运动会于公元前 776 年在这里举行。当初，有资格参加奥运会的只有男人，奴隶和女人不允许观看比赛。比赛项目包括跑步、摔跤、铁饼、标枪、跳远、拳击、赛马等。两千多年过去了，现代奥运会早已成为全世界人民关注的一项重大体育赛事，但追根溯源，奥林匹亚的发轫之功无论如何是不容抹杀的。

尽管这里如今只是一片破败的断壁残垣，但不难看出这里曾经有过难以想象的繁华。除了竞技运动场外，其它的辅助设施也一应俱全，有训练馆、宿舍、澡堂、等建筑，简直就是一个设施齐全的奥运村。更有甚者，这里还有两座巨大的神庙。一座是奥林匹亚山上的众神之神宙斯的神庙，古代世界七大奇迹之一的宙斯金像就供在这个庙神。另一座是宙斯夫人赫拉的神庙，规模与宙斯神庙不相上下。可惜的是，两座神庙及奥运村的所有建筑，都毁于地震，留给人们的只是一片废墟。幸好在各国考古学家的努力下，一些精美的雕塑作品得以复原，保存在奥林匹亚古城博物馆中供人参观。

我们的下一站是德尔菲（Delphi）。下午穿过 Rion-Antirion

桥，这座现代化桥梁是二十一世纪希腊的标志性建筑。黄昏过后，抵达灯火萦绕的德尔菲。

在希腊神话中有这样的说法，宙斯神为了确定"世界的中心"，放出两只老鹰让它们反向飞行，相会的地方就是"世界的中心"，结果，两只老鹰相会于德尔菲，因此，这里便成了世界中心。然后，宙斯委派他的儿子阿波罗管理这个世界的中心。阿波罗（Apollo）是个喜欢集中所有权力于一身的神，他既是太阳神，也是真理之神、预言之神、射手之神、医药之神、音乐，诗歌，及艺术之神，……等等，用这样一个似乎全能的神来管理这个世界中心，宙斯还有什么不放心的吗？按说他该放心了。但事实上他还真不怎么放心，于是，

药神

又赐他一块卵形石，（意指"大地肚脐"），使德尔菲成了"神谕"之地。

经过宙斯如此精心安排，德尔菲才一下子变得厉害了，成了希腊人民朝拜神仙的圣地。当然，后来基督教占领了这块地方后，德尔菲的命运就可想而知了，再加上地震，这个曾经的世界中心渐渐沦为一片废墟。上个月我去复活节岛时，在那里看到了几块石头，中间的一块被当地的拉帕努伊人称为"世界的肚脐眼儿"。拉帕努伊人也认为自己居住的那个小岛是世界中心，尽管

他们和古希腊人没有任何接触。妄自尊大是世界人民的一个共性，很多地方的人都把自己的居住地看作是世界的中心。仅仅在几十年前，咱们中国人不是也把北京当作世界革命的中心吗？不是也把天安门城楼子当成"世界中心"的标志加以顶礼膜拜吗？

现如今，阿波罗神殿只剩下 7 根长短不一的柱子，断柱残垣中，神殿的宏伟规模依然可见。沿着当年的之字形"圣路"，穿过马厩、财库、廊柱和祭坛等建筑废墟，再次见到山坡

德尔菲曾是古代希腊的"世界的中心"

上的半圆形露天剧场及运动场。十几年前我来这里时，还在运动场上和年轻的驴友赛跑，现在，运动场和露天剧场都不准游人入内了。这让我想起古希腊哲学家赫拉克里特的名言，"人不能两次踏进同一条河流"。如果世界的变化是个常态，那么，我这次所看到的德尔菲当然就不是同一个德尔菲了。

最大的变化就是德尔斐考古博物馆。上次我来到时候，德尔菲的考古博物馆外形像座仓库，尽管内容相当丰富。当时的印象就是希腊的文物太多了，多得到了没必要加以特别重视的程度。这次看到的德尔菲考古博物馆则面貌一新。原来，新博物馆

德尔斐考古博物馆

于 2004 年建成并投入使用。这个博物馆依山而建，在建筑风格上，与这个"世界中心"的废墟融为一体，足见设计师颇有匠心。新考古博物馆藏品丰富，是欣赏古希腊艺术品和文物的好去处，其馆藏珍宝"御者"（Charioteer）乃绝世之作，观后令人不忍离去。

"希腊经典四日游"的最后一天是参观迈泰奥拉（Meteora）修道院。Meteora 在希腊语中是"悬在空中"的意思。这里的修道院是希腊东正教最大和最重要的建筑群之一。现有六座对外开放的修道院鬼斧神工地建在高耸入云的峭壁上，位置之惊险，看着让人眩晕。

我们出发的时候，雨幕迷蒙。冬天的苦雨飘洒在北部山区，营造出一种参观修道院的自然和文化氛围，尽管留下一丝未能清晰拍摄修道院险峻全景的遗憾。

迈泰奥拉是个修道院集中的地区，坐落在险峻的岩石山顶上的修道院星罗棋布。它们的共同特点是紧挨着悬崖而建，与其盘踞的山峰浑然一体，令人叫绝。对一般游人来说，很自然地会问，修道院在哪儿建不好，干嘛非建在这种人迹罕至的地方，闹得跟深山古刹似的呢？这不是自讨苦吃吗？您还真说对了，最初的修士们就是一些自讨苦吃的苦行僧。

迈泰奥拉修道院

公元四世纪，君士坦丁大帝归皈基督教；后来，罗马帝国更把基督教奉为国教。一些虔诚的基督徒就认为教会的领导背叛了基督的教义，向迫害基督的罗马帝国投了降，受了招安。他们不愿意同流合污。于是，就用苦行僧的行为坚持自己的理念。这些意志坚定的基督徒离开主流社会，来到荒凉而让人生畏的深山老林，过着隐士生活。他们粗茶淡饭，仅够维持生命即可，睡觉甚至都保持站姿。他们用这种绝对属于自虐的苦修方式激励自己重新聆听耶稣基督的教诲。再后来，这些苦修的隐士们联合起来，就办起了修道院。

因此，迈泰奥拉的修道院建在这种险恶的生活环境中就不令人费解了。从十一世纪起，东正教的修士们就来到这个几乎都是巨石的地区，靠木梯和绳索攀上高耸的顶峰，离群索居，在天然岩洞里进行苦修。十一世纪中叶，这里修建了第一座教堂，并形成以此为中心的修道院。我们今天参观的第一座修道院，即圣斯德望（St Steven）修道院就是公元 1350 年开始修建的。

在随后的几个世纪中，这里逐渐发展成遐迩闻名的宗教中心，黄金时期有多达 24 座修道院和上千名修士在此传道授业，甚至在奥斯曼帝国占领希腊期间，这里的基督徒们都依仗其地理优势抵挡伊斯兰教的传播并顽强地坚持他们的基督信仰。

我们路过圣三一修道院时，正赶上雾锁山峦，修道院杳无踪影。因为 James Bond 电影 For Your Eyes Only 最后的高潮就是在这儿拍的，导游特意让我们下车拍照。就在这节骨眼儿上，它给你来个云遮雾罩，真是扫兴。谁承想，扫兴之余，忽见云开雾散，圣三一修道院显露真容。众尽兴而归。

迈泰奥拉修道院以其独特的人文景观，被联合国教科文组织列为自然和文化双重世界遗产。来这里参观的游客络绎不绝，修道院的文化氛围正在淡化，或者说正在被商业化。我注意到，利用传统技术制作宗教画的小作坊同时出售中国制造的小礼品，葡萄酒也上了圣巴巴拉修道院的货架。

雅典卫城

在希腊的海岛和山区转了一圈后，终于回到雅典。最后几天，我们将在雅典游荡并参加 11 月 11 日在这里举行的马拉松比赛。

在雅典寻幽访古，首屈一指的地方无疑是雅典卫城。位于雅典市中心山丘上的卫城，始建于公元前 580 年。最初，卫城是用于防范外敌入侵的城堡，后来，热衷于敬神的雅典人又在上面建起神庙，雅典娜神庙，帕特农神庙，伊瑞克提翁神庙，埃雷赫修神庙等都建在这里。因而，卫城不但是个军事重地，而且也成了宗教圣地。

古希腊人对戏剧的痴迷程度让北京城的票友都感到汗颜。甭说建于全国各地众多的古代剧场，单说卫城这个不大的小地方，就建了两座剧场，一座是可容纳大约 5000 千人的以天才演说家希罗德.阿提库（Odeon of Herodes Atticus）命名的剧场，一座是建于卫城南坡能容纳 1 万 7 千人的酒神剧场（Dionysus Theater）。据说，当时希腊所有著名的剧作家如埃斯库罗斯，索福克勒斯，欧里庇得斯，阿里斯托芬和米南德等人的作品都曾在此上演。罗马人征服希腊后，重修了这个剧场。因此，说卫城是当时雅典的娱乐中心，也不为过。但不得不承认的是，古希腊人的娱乐活动还是相当高大上的。当然，如今的卫城更多的是个旅游胜地，每天游人如织，联袂成荫。

古希腊建筑，早期曾受埃及影响，后来则自成风格，最大特点就是利用纪念性建筑物展现其和谐、完美、崇高的建筑风格。帕特农神庙就是古希腊建筑艺术的杰出代表，对欧洲及世界的建筑都产生了极为深远的影响。

帕特农神殿庙在卫城中显得鹤立鸡群。这座神庙大约在公元前490年后兴建，但未及完工便在前480 年波希战争时因波斯人入侵而与此地的其他建筑一起被夷为平地。战后，雅典人重建帕特农神庙，雕刻家菲迪亚斯，与建筑师伊克提诺斯和卡利克拉特一起负责此项重建计划。重建后的帕特农神庙在建筑和雕塑艺术发展史上，都达到了空前的高度，成为后世建筑的典范。

修复中的帕特农神庙

十几年后再次登上雅典卫城，感觉游人比以前多了许多。虽然人山人海，但站在山顶上看雅典还是一览无余。看了世界上不少丑陋的城市之后，我对雅典的市容依然耿耿于怀。在卫城古建筑的强烈对比下，雅典市区灰白色的房子密密匝匝，毫无变化地向远方蔓延，令人失望。收回目光，唯有帕特农神庙，还孤傲地耸立在卫城的高处，注视着这座城市的兴衰。

帕特农神庙的修愎工作有了明显进展。大部分廊柱已重新修补，横梁多已复位，整个建筑更显示出一种沧桑中表现出来的顽强力量。除了巍然屹立的帕特农神庙，苏格拉底经常出没的市场街，奥林匹克运动场，也都历历在目，站在卫城你会不由自主地想象这里往日的繁华。

雅典卫城考古博物馆、波塞冬神庙和希腊国家考古博物馆

希腊的辉煌主要是指从公元前八世纪的古风时期开始到公元前 146 年被罗马共和国征服之前的这段时间的希腊文明。在这个时期，古希腊人在宗教、哲学、科学、艺术、工艺等多个方面都很厉害。到底当时的希腊人有多厉害，我觉得要去卫城脚下的卫城考古博物馆和雅典城里的希腊国家考古博物馆去看看才能有直接的感受。

从卫城出来，我们就近参观了坐落于卫城山下的新卫城博物馆。这是一个极具现代感的建筑，占地约 2.5 万平方米，于 2007 年对外开放。其实，这个建在考古挖掘现场之上的博物馆本身就是一件精美的建筑艺术品，人们不但可以透过底层的玻璃地板清晰地看到裸露的古建筑遗迹，而且还能体验置身时空走廊，在古代与现代之间徘徊的感觉。

博物馆内最吸引人的当然是伊瑞克提翁神庙的少女柱。我们在卫城看到的六个少女柱都是复制品，这里展出的五个少女柱才是真品，其中一个最好的现保存在大英博物馆。博物馆内大多数地方不允许照相，唯有这里例外。因而，总有很多游人围在这里拍照。怎样解释博物馆的这种做法呢？我估摸着博物馆有这种考虑，他们想借助来自世界各国的参观者向英国施压，争取要回仍被英国扣留的那个少女柱。

自希腊建成这座新的卫城博物馆后，希腊加强了要英国归

还少女柱的呼声。以前英国总是以希腊保存文物的条件不好为借口，拖延归还；现在，新博物馆的条件一点儿都不差，您还有什么说的呢？至于以后的结局如何，我们只能拭目以待。

新卫城博物馆里的少女柱

博物馆三楼展厅的雅典娜胜利女神的浮雕以及帕特农神庙的浮雕，如果说这些展品是这个博物馆的镇馆之宝是很恰如其分的。尽管这些雕塑残缺不全，但整体规模宏大，能够真实反映出古希腊当时的艺术水准。在三楼的展厅还能透过玻璃窗清晰地看到卫城上的帕特农神庙。一窗之隔，内外呼应，历史和现实，高度融合。

下午参观雅典南部小镇枢纽（sounion）的波塞冬神庙（Temple of Poseidon）。这座祭祀古希腊神话海神波塞冬的神庙与帕特农神庙属于同时期的建筑，建于公元前 444—440，熬到今天，与帕特农神庙一样，只有寂寥的廊柱矗立在废墟上诉说着人间的沧桑。在希腊旅行，如果不做功课，不了解历史古迹的文化内涵，只是马不停蹄地看那些断壁残垣，多少会产生审美疲劳。

然而，我们的导游像个和蔼的中学老师，是个很会讲故事的人。夕阳中，她站在海神庙前，娓娓讲出爱琴海的故事，使我们对矗立在海边的海神庙多了一分眷恋。

在远古时代，有位国王叫米诺斯，统治着克里特岛。米诺斯的儿子在雅典被人杀害了。为了替儿子复仇，米诺斯向雅典宣战。当时雅典人正经历灾荒和瘟疫，只能向米诺斯王求和。米诺斯要求他们每隔9年送7对童男童女到克里特岛。

米诺斯在克里特岛建造了一座迷宫，宫中道路曲折，谁进去都甭想出来。他在迷宫养了一只人身牛头兽——米诺牛，雅典每次进贡的7对童男童女都是给米诺牛吃的。

又到了向米诺牛进贡童男童女的年头了，有童男童女的家长们都惶恐不安。雅典国王爱琴的儿子忒修斯看到人们遭受这样的不幸而深感不安。他决定和童男童女们一起去克里特岛，并发誓要杀死米诺牛。

雅典民众在一片悲泣声中，送别忒修斯和7对童男童女。

雅典南部小镇枢纽的波塞冬神庙

忒修斯与父亲约定，如果刺杀成功，船队挂白帆返航，如果刺杀失败，性命不保，船队则挂黑帆返航。

忒修斯领着童男童女登上克里特岛后，他的男神形象引起米诺斯的女儿——阿里阿德涅公主的注意。公主爱上了忒修斯，并偷偷和他约会。当她得知忒修斯的使命后，便送给他一把魔剑和一个线球，以免忒修斯受到米诺牛的伤害。

聪明而勇敢的忒修斯一进迷宫，就将线球的一端拴在迷宫的入口处，然后放开线团，沿着曲折复杂的通道，向迷宫深处走去。最后，他找到了米诺牛，用阿里阿德涅公主给他的剑，奋力杀死了米诺牛。然后，带着童男童女，顺着线路走出了迷宫。为了预防米诺斯国王的追击，他们凿穿了海边所有克里特船的船底。在阿里阿德涅公主的帮助下，他们最终一起逃出了克里特岛，启航回国。

经过几天的航行，终于又看到祖国雅典了。谁料到，被胜利冲昏了头脑的忒修斯王子忘了和父亲的约定，没把黑帆换成白帆。当翘首等待儿子归来的爱琴国王在海边看到归来的船挂的仍是黑帆时，以为儿子已被米诺牛吃了，悲痛欲绝，于是跳海自杀了。为了纪念爱琴国王，他跳入的那片海，从此就叫爱琴海。

她讲的爱琴海的凄美故事令人怦然心动，瑟瑟寒风中爱琴海在夕阳下显得更蓝。

我们在雅典的一项最重要的活动就是参观希腊国家考古博物馆。这家博物馆之所以重要，是因为其丰富的馆藏。它收藏了价值极高的文物近两万件，阿伽门农的黄金面具、海神波塞冬铜像、少年和马铜像等闻名世界的文物都保存在这里。

希腊国家考古博物馆坐落在雅典市区偏北的地方，离我们的住处也就几站车的距离。一大早来到博物馆时，馆内没什么人，这和几年前在卢浮宫遇到的情形大相径庭。博物馆的展厅分为两层，共有五十间展示室，主要分为5个单元，分别是"史前文物"、"雕塑"、"青铜器"、"花瓶与小型器物"和"埃及与近东文物"。我们这一天没安排任何其他活动，所以，参观博物馆感觉非常从容，学到了不少东西。

希腊国家考古博物馆

我对雕塑情有独钟，因而，参观博物馆的大部分时间都花在了雕塑展厅。博物馆的雕塑展厅以大理石雕塑为主，也包括个别陶器和青铜器的代表作品，比较完整地展示了公元前八世纪至公元四世纪这个时期的希腊雕塑作品。希腊雕塑是沿着几何主义—古朴主义—古典主义—希腊化风格的道路逐步发展演变的，而博物馆也是根据这一线索

阿伽门农黄金面具

来布置展品的。

由于展品太多，如果时间有限，参观时不妨抓住重点，忽略细节。这是我参观博物馆时使用的屡试不爽的策略。转了没多久，就看到了著名的阿伽门农黄金面具。这个面具是迈锡尼文明的象征，因德国业余考古学家海因里希·施里曼而名声遐迩。整个面具由黄金制成，是 3500 多年前的物件。阿伽门农是希腊迈锡尼国王，特洛伊战争的发动者。海因里希·施里曼根据古希腊传说中的阿伽门农而给这个面具命名为阿伽门农的面具。但很多学者否认这种说法，认为这件作品的年代要早于阿伽门农所处的时代。

另一个让我印象深刻的展品是《少年与马》（Horse and Jockey Of Aremision）。从这个雕像摆放的位置您就能猜出它是博物馆的镇馆之宝。在馆内一个四通八达的大厅中，一匹奔马驮着一个瘦小的男孩，孩子个头虽小，但一看就是个熟练的骑手。尽管他在马背上游刃有余，但从他的面部表情可以看出他一定遇到了什么急事，快马加鞭仍急不可待。这件大约创作于公元前 140 年的作品，是从希腊沿海的沉船里打捞出的碎片，直到 1971 年才组装复原成现在的样子。尽管在大海中沉睡了千百年，但醒来后，它的艺术光芒依然熠熠生辉。

在这个博物馆参观，绝对是一种享受。和许多世界著名的博物馆恰恰相反，它展出的珍品远远多于参观者，因而让人在欣赏文物时感到从容和随意。正因为此，美神阿芙罗狄特的打情骂俏，酒神迪奥尼索斯的疯疯癫癫，永远思考的哲学家柏拉图，深谋远虑的罗马皇帝奥古斯都和弘扬希腊文化的哈德良，都能让我在他们面前驻足良久。

希腊国家考古博物馆给我留下了极深的印象。

少年与马

雅典马拉松闭幕式

11 月 1 日，第 36 届正宗的马拉松比赛在希腊首都雅典举行，大约 18,750 名来自世界各国的人参加了这一历史性比赛。这次比赛之所称为"正宗的"马拉松比赛是因为它的起点就在雅典东北部的马拉松镇，全程 42 公里 195 米，终点是雅典的帕那辛纳克（Panathenaic）体育场。

马拉松运动的名称来源于公元前 490 年发生的马拉松战役。在这场史称"波希战争"的雅典人与波斯人的战役中，雅典人最终获胜。为了尽快向雅典民众传达胜利的消息，雅典军官派一个叫菲迪皮茨的士兵回雅典报捷。菲迪皮茨不辱使命，一路飞奔，跑到雅典完成了任务后竟当场力竭身亡。

为了纪念这一事件，在 1896 年举行的现代第一届奥林匹克运动会上，设立了马拉松赛跑这个项目，把当年菲迪皮茨送信跑的里程——42.193 公里作为赛跑的距离。雅典马拉松赛事的路径，就是当年雅典士兵菲迪皮茨由马拉松战场跑到雅典的路径。因此，称这次比赛为正宗马拉松比赛一点儿也不为过。

我们一行驴友，绝大多数人都参加这次马拉松比赛，他们一大早就乘车前往马拉松了。我们看热闹的睡了个懒觉，起来后赶到帕那辛纳克体育场（左图）已经人海如潮了。俗话说，看热闹的不嫌事大。我们这些看热闹的人，虽然没参加这次比赛，但能躬逢其盛，也不枉来希腊一游了。

上次我来雅典的时候，曾经来过这个体育场，但由于为雅典奥运会做准备，不对外开放。因此，无缘进入这个世界闻名的体育场。说它世界闻名，是因为它是 1896 年首届现代奥运会的主会场。这个体育场离我们的住处只有一箭之遥，是 1895 年为举办首届现代奥运会而在雅典古代运动场的废墟上重建的，是世界上唯一一座全部利用大理石兴建的大型体育场。

  城邦是古希腊文明的基本特征之一。古雅典是一个强大的城邦，是驰名世界的文化古城，是柏拉图学院和亚里士多德的讲学的场所。这座魅力无穷的古城不但历史悠久，而且故事极多，只可惜我们在这里逗留的时间有限，又不懂希腊语，未能深入了解这座古城，是为遗憾。

帕那辛纳克体育场

罗马寻幽探古

孩子放春假，想带她们出去玩玩，选了几个地方，最终选定了意大利。

中小学的春假只有一个星期的时间，要回国玩一趟，时间太短，感觉太仓促。不如找个欧洲国家转转，用不了多长时间，感觉会比较从容。另外，2004 年的雅典奥运会前，我们曾经去了趟希腊，看完希腊看罗马，从了解西方文明发展脉络的角度来说，也是顺理成章的。古希腊罗马文化是现代西方文明的源头之一，去过希腊之后，我也一直想去趟罗马。

听说要去意大利，最兴奋的是我的大女儿。这学期她的社会科学课正好讲到罗马帝国，所以，逮着这个机会，她非要让我们带她去看看罗马古城庞培。女儿还想把我们家的马尔基斯狗带上，因为它的老家就是意大利。我给了她两种选择：要么带狗回趟老家寻根，要么你跟着我们去旅游。女儿只好同意把狗留在姑姑家照看。

这段时间瞎忙，坐到飞机上，才想起看看旅行社发过来的有关这次旅行的资料。第一站是罗马，那咱就先看看有关罗马的介绍材料。

罗马不是一天建成的

据说，罗马城的创建人是战神的儿子罗慕洛(Romolo)和勒莫斯(Remus)。哥俩刚出生就成了政治斗争的牺牲品。他们的母亲是国王的女儿，在她的叔叔夺取王位后被迫成为不许婚嫁的女祭祀。她当然对这种安排很不满意，于是就悄悄地与战神谈恋爱，生下了双胞胎罗慕洛和勒莫斯。这事儿让她的叔叔发现了，一怒之下，把她的孩子投进了台伯河。说起来，这哥俩命大，没淹死，被河水冲到帕拉蒂诺山脚下，叫母狼叼走了。母狼不但没把他们吃了，反倒用自己的奶水把小哥俩喂活了。后来，这哥俩又由一对牧羊夫妇养大成人。长大后，他们杀死了仇人，帮助外祖父夺回王位，并回到他们成长的地方建立新城。新城建起来后。哥俩内讧，反目成仇，结果，罗慕洛杀死了弟弟，就用自己的名字命名新城为"罗马"。根据这段神话，罗马城徽采用的是"母狼育婴"的图案。

古罗马神多，神话丰富多彩，听起来有种亦真亦幻，真真假假的感觉。但是，罗马城历史悠久，始建于公元前八世纪，则是大多数历史学家和考古学家都承认的事。

罗马是西方文明发展的重镇，她继承了古希腊和基督教文化传统，成为现代西方文明的源头活水，在当今世界依然产生着深远影响。

一座城市，见证了两千多年的历史：帝国时代的辉煌，中世纪的黑暗，文艺复兴的曙光，法西斯运动的兴衰，都已烟消云散；凯撒、保罗、米开朗基罗、墨索里尼等显赫人物也已渐行渐远，只有罗马这座城市，永世长存。

罗马也是一座圣城，基督教世界的首都。坐落在罗马的教皇国梵蒂冈也是我多年来一直想看看的地方。

经过十个小时的飞行，我们到达罗马的时候正是当地时间早晨 8 点多钟。乘车二十多分钟，便进入罗马市区。在城市边缘，看到密密麻麻的居民住宅楼和底层临街的店铺，川流不息的汽车摩托车争抢道路，您会感到特别亲切，仿佛来到一个您没去过的中国某省的一座城市。然而，一进入市区，景象截然不同。

进了罗马城里，您才能确确实实地体会到西方人常说的"罗马不是一天建成的"这一谚语的真实性。各个时期的建筑，甭管有用没用，都在城里占有一席地位。即使是巴掌大的一片废墟，罗马人也用栏杆圈起来供着，汽车电车还得绕道走。

在这一点上，罗马人和咱北京人比起来就显得保守，缺乏敢于"创新"的精神。北京人嫌城墙妨碍交通，扒了就建地铁；觉着四合院住人少，平了便盖楼房。因此，现在的古都看起来才显得青春靓丽，再加上巨蛋鸟巢大裤衩，瞅着忒现代。

在罗马，您就找不着这景儿。就拿古罗马广场(Foro Romano)来说，那是一片罗马帝国时代的建筑遗址，当年曾是帝国的经济和政治中心，什么维纳斯神庙，提度凯旋门，罗慕洛神庙(Tempio di Romolo)，元老院(Curia)什么的，都集中在那儿，和咱们天安门广场差不多。虽说现在是一片废墟，但怎么说这地界儿在罗马市区也是寸金之地吧？可是，到目前为止，还没听说哪个房地产商打这片地的主意。

正是由于罗马人缺乏敢破敢立的革命精神，各个时期的建筑才得以在罗马城里保存下来，帝国时代的，文艺复兴时期的，近现代的各种各样的楼堂馆所，无不以自己的特殊方式给这座城市打上鲜明的时代烙印。古典主义的，基督教拜占庭的，哥特式的，巴洛克风格的和现代主义的建筑，和谐共处，争奇斗艳。如果说，建筑是凝固的音乐，那么，罗马就宛如一首雄浑的交响曲。

对旅游者来说，罗马更像一座历史博物馆。星罗棋布的废墟，色彩斑驳的古迹，令人目不暇接。要是有时间的话，去罗马旅游的时候最好多呆几天，否则，蜻蜓点水似的到此一游，回到家您一准儿后悔。

我们这次意大利之行只在罗马逗留了两天三宿，要想搞点儿什么深度游的话是绝对不可能的，只能走马观花。

时间不多，就不能随便浪费。在下榻的旅馆安顿下来之后，我们就迫不及待地上街了。步行十来分钟的功夫，便来到罗马火车站。这里是罗马市的交通枢纽，是市内多条公交车线路的始发站。当然，这里也是旅游观光汽车的售票处和始发车站。

斗兽场

为了节省时间，我们买了一天的旅游观光汽车票，这样，在集体游览活动的空隙，就能见缝插针地在市内坐车闲逛。

乘坐旅游观光车逛罗马，是个不错的选择。一个半小时转一圈，城里的不少景

君士坦丁凯旋门

点就可以先简单地扫一遍。《罗马假日》中的那些令人向往的场景扑面而来。斗兽场(Colosseo)，君士坦丁凯旋门(Arco di Costantino)，古罗马广场(Foro Romano)遗址，共和广场 (Pza Della Repubblica)，威尼斯广场(Piazza Venezia)，厄玛努埃尔二世纪念堂(Monumento a Vittorio Emanuele II)，天使古堡 (Castel Sant'Angelo)，梵蒂冈的圣彼得大教堂 (Basilica di S. Pietro) 等著名景点都在沿途经过。您要是对哪个景点特感兴趣，还可以下来细看，看够了等下班车来了接茬儿逛。

旅游车上还配有耳机，沿途解说。虽说带着耳机看西洋景，饱了眼福，耳朵却有点儿别扭。可您不用伸着脖子听导游给您摆乎，倒像有个小姐在您身边絮絮叨叨，一路风景名胜娓娓道来，也是一种享受。您要是在哪儿逛累了，往车上一坐，一边歇歇脚，坐车逛街，也还是挺惬意的。

到一个地方旅游，每个人要看的重点会不太一样。譬如说，到了北京，有人想在天安门前留个影，瞻仰毛主席纪念堂；有人则喜欢逛故宫，天坛，颐和园；还有人愿意爬长城，参观十三陵。除了这些旅游景点，不少老外还对坐着三轮车逛北京胡同很感兴趣。其实，您要想了解老北京的市井风情，花点功夫钻胡同倒是一个不错的选择。

罗马胡同游

这次到意大利，我们就特意参加了两个胡同游。一个在罗马，一个在威尼斯。

到罗马的第一天，白天乘坐旅游车闲逛，算是游览市容。晚饭后，我们参加了一家旅行社组织的旅游活动——黑心罗马之旅 (Dark Heart of Rome)，一个典型的胡同游项目。

实际上，这是个胡同夜游的旅游项目，由当地导游带着游览那些具有历史意义的犄角旮旯的地方。当然，三轮车是没有的，即使有，有些窄胡同可能连三轮车都骑不过去。这种地方，要是没人带着，一般的旅游者是不会去的。即使迷了路，误打误撞地来到这些地方，您也看不出什么名堂。然而，有人领着，外加解说，在这种地方转转倒是一种很难得的经历。

晚上九点，我们吃完晚饭来到集合地点————Largo di Torre Argentina，一座临街的大教堂。导游是个意大利帅小伙儿，瘦高的身材，身穿一件黑色风衣，一截儿米黄色的围脖儿挂在胸前摆来摆去，显得倍儿有风度。尤其是他带着我们一众人马在小胡同穿行的时候，感觉他特像阿尔巴尼亚的地下工作者，摸到意大利，干着"消灭法西斯，自由属于人民"的秘密工作。他英语讲得挺溜，尽管有点儿欧洲口音，但听起来让人感觉更有异国情调。再加上他的任务，不就是给旅游者找乐子吗？什么市井风情啊，名人轶事啊，神了鬼的，可劲儿招呼。俩小时转下来，没听见这伙人里有喊累的。

从 Largo di Torre Argentina 大教堂出发，拐了没两条胡同，就来到了罗马著名的鲜花广场。所谓广场，实际上就是几栋居民楼中间的一片空地，面积有个足球场那么大。广场里咖啡馆饭馆酒馆冰激凌店一家挨着一家，情景忒像中国的夜市。很多当地年轻人坐在露天的餐桌旁吃那种跟锅盖一样大的意大利皮萨饼，喝酒聊天。看他们一人抱着一个大饼，您别担心人家撑着，意大利的皮萨饼比美国必胜客的要薄得多。看起来不小，其实没多少东西。要不然，罗马满大街的帅哥美女，一个赛着一个苗条。不像美国人，虎背熊腰的一个比一个有分量，这种现象和饮食绝对有着千丝万缕的联系。

正琢磨着是不是明天晚上也来这吃顿饭，感受一下普通罗马人民的夜生活，导游已经把我们领到广场中间的一座铜像下。等大家围着铜像站好，才听导游说，这是布鲁诺的铜像。

罗马大街上名人塑像比比皆是，可没有几个咱们熟悉的，原因之一是那些塑像都没英文说明，更甭说中文了。要不是导游解说，今儿晚上和布鲁诺可能就失之交臂了。

鲜花广场上的布鲁诺铜像

中国人对布鲁诺还是很熟悉的。凡学过科学社会主义的，有几个不知道布鲁诺的呢？

作为文艺复兴时期的重要思想家，布鲁诺反对"地心说"，支持哥白尼的"日心说"，还发展了"宇宙无限说"，对当时罗马教廷所坚持的基本原则构成严重挑战，成为散布"异端邪说"的代表人物。为此，当时的教廷把他视为不共戴天的敌人，最终，把他烧死在鲜花广场上布鲁诺铜像矗立的地方。

布鲁诺是令人钦佩的。记得上大学的时候，几个同学在一起谈论社科院哲学所严家其发表在《光明日报》上的长文《宗教、理性、实践———访问三个时代的三个法庭》，无不慷慨抨击宗教裁判所，赞叹布鲁诺敢于坚持真理的勇气。前不久，看到资中筠先生比较方孝孺和布鲁诺之死的文章，更觉得布鲁诺选择死亡的意义是值得我们深思的。

本来，布鲁诺凭自己的出身、学历和牧师资格，在罗马上流社会可以混得不错。然而，布鲁诺却不稀罕这些。他信仰上帝，但不依附权威，盲从教会。他也不是个因循之人，当教会的意识形态与他所追求的科学真理发生冲突，他毫不犹豫地站在真理一边，宁愿为此付出生命的代价。

从 27 岁起，布鲁诺就开始过上了逃亡生活。先是在意大利境内东躲西藏，后来，不得不逃往国外，在瑞士、法国、英国、德国等国流亡。在这期间，他坚持不懈地著书立说，宣传日心说，希望为科学争得一席地位。结果，还是被教会诱捕，关进监狱。其实，宗教裁判所对他还是网开一面的。只要他宣布放弃"异端邪说"，教廷还会采取给出路政策的。但是，这个布鲁诺是个认死理儿的人，"火烧不要紧，只要主义真"，最后慷慨赴难。据导游说，布鲁诺是在 1600 年 2 月 17 日早晨人们还没睡醒的时候被刽子手悄悄烧死的，他们怕白天行刑，引发事端。

布鲁诺的死，多少有点儿像谭嗣同，他们不仅以死明志，还想籍此振聋发聩，唤醒世人。尽管这是不得已而为之的选择，但他们这种大无畏的精神，无疑为后世树立了光辉的榜样。

从宿命论的角度看，布鲁诺属于在劫难逃。用现代人的话说，谁让他生在意大利呢！您看人家马丁·路德牧师，也是个跟罗马教廷对着干的主儿。他"恶毒"攻击教皇和罗马教廷，真是惊世骇俗。当然，后果很严重，直接造成基督教的分裂，产生新教。时至今日，罗马天主教和新教的矛盾依然无法弥合。老马这种异端行为还早于布鲁诺几十年呢。

虽说教廷也把老马恨得牙根痒痒，宗教裁判所也要以"极端异端"的罪名审判他，却拿他无可奈何。人家老马挑战教廷不是在教皇的眼皮子底下，而是在天高皇帝远的德国。再说了，老马反对教会打着上帝旗号横征暴敛，为百姓鸣不平，当地老百姓也护着他。就连德国的统治者也对教皇阳奉阴违，暗中保护老马。老马要是在意大利，命运也就很难说了。

生活在当年的意大利，也还是可以干一番事业的。瞧人家拉斐尔、米开朗基罗等人，专业选得好，不涉及敏感的宗教哲学问题，闷头儿给教皇画画儿，在艺术上敢于创新，表面上和教廷保持一致。因而，人家生前都挺受重视，死后亦倍享哀荣。在这种社会里，您要想不招灾惹祸，最好远离意识形态领域。要不说，77 年恢复高考后，许多家长说什么都不让自己的孩子报考文科呢！

当然，没有布鲁诺等人的牺牲，人类社会也不会进步。看着鲜花广场的人们悠闲地享受着罗马之夜，听着此起彼伏的吉他和手风琴演奏的乐曲，我由衷地向布鲁诺同志的铜像表达了自己深深的敬意。

鲜花广场的一侧，有栋文艺复兴风格的建筑，与周围的楼房比起来，有鹤立鸡群之势。这就是著名的 the Palazzo Farnese，是 Farnese 家族的豪宅，现在则是法国驻意大利的大使馆。据导游讲，租这么好的房子，法国人每年只付一欧元的房租。当然，这和法意两国历史上的恩恩怨怨还是有牵连的。要说法国人是挺浪漫的，把大使馆建在这么一个闹市，多影响办公啊！可能人家不这么认为，人家喜欢的就是这栋房子的文化品位。您瞧，黑更半夜的，不少房间都开着灯，不挂窗帘，行人可以从容欣赏房间里的艺术品。

出了鲜花广场，途中经过几条小巷，就到了文艺复兴时期罗马的主要大街 Via Giulia，这条长有一公里左右青石块铺路的街道是雄心勃勃的教皇尤利乌斯二世（Pope Julius II）的形象工程之一，是十六世纪罗马的一条以新式建筑闻名的时尚大街。这里有 Farnese 家族的豪华别墅，有米开朗基罗为其设计的拱桥，有文艺复兴以降各个时期的建筑装饰，还有数不清的故事，像街边的台伯河一样缓缓流淌。

看到街边一个不起眼的喷泉，导游让我们停下来。罗马城里有数百个喷泉，有的出自大师手笔，举世闻名，如四河喷泉，许愿泉等等。那么，这个喷泉有什么特殊之处呢？

据导游说，这个喷泉的水有一天晚上突然变成了酒，当地人都喝得酩酊大醉。从此后，人们路过这个喷泉的时候，都习惯性地尝尝这个喷泉的水，看是不是又变成酒了。尽管这个传说听起来很滑稽，我还是没敢尝喷泉的水，主要是怕闹肚子。

黑心罗马之旅的最大特点就是老钻小胡同，几百年前显赫一时的衙门，如造币厂，监狱等政府机关，都潜伏在小胡同里。要是没人指点，您一准儿会把这些衙门当成民房。

胡同游的终点是在台伯河对岸的天使古堡。这座与梵蒂冈只有一箭之遥的古城堡也是罗马重要的标志性建筑。

这座古堡最早是罗马帝国哈德良皇帝的陵墓，始建于公元 135 年。据说，是由哈德良皇帝亲自选址设计的。哈德良在位的时期（公元 117——138 年）是罗马帝国相对安定的鼎盛时期，他对帝国的法学，文艺，建筑都有不少贡献。去世后，他和妻子都葬在这座陵墓。后来，帝国的其他一些皇帝及家属也葬在了这里。

哈德良陵墓到公元 139 年才正式完工。其地基为边长 86.3 米的正方形，地基的上面建造了一个直径 64 米、高度 21 米的圆柱体，上面是土质的巨大圆形陵墓。陵墓的顶端是驾驶着青铜四马战车的哈德良皇帝雕像。正对陵墓的五孔石拱大桥也是当时建造的，至今还在使用，比中国的赵州桥年头还早。现在桥上的十个天使雕像是文艺复兴时期的建筑大师贝尔尼尼和他的徒弟的作品，所以，这座桥现在叫作天使桥，而哈德良陵墓则被称作天使古堡。

天使古堡

为什么陵墓变成了古堡？这是罗马帝国盛极而衰的命运所造成的。随着罗马帝国的衰败，地势险要的陵墓就变成罗马人的防御工事了。公元五世纪，罗马先后遭到哥特人，汪达尔人和勃艮第人的入侵和劫掠，哈德良陵墓遭到破坏。"丕平献地"后，罗马处于教皇的统治之下，教皇干脆就把这里当成军事要塞，并且修建了联接梵蒂冈的通道。城堡的一部分还用来作为仓库和监狱，布鲁诺当年就被监禁在这里。

从中国的风水角度来看，哈德良皇帝犯了一个错误，就是阴宅离阳宅太近了。西方人不太讲究风水，尽管书店里有关风水的英文书日渐增多。美国城里居民区里有墓地的地方有的是，人家觉得没什么。而中国人买房子，贵贱不愿意买坟地边上的，这就是中西文化的区别。由此，我想到毛主席纪念堂，建筑采用古希腊庙堂形式，又选在北京城中心的位置，这说明纪念堂的设计者即使不是全盘西化，也是对中国文化没多少了解的人。

天使古堡现在是博物馆，白天开放。我们转到古堡的时候都快晚上十一点了。在紧闭的古堡门前，导游又给我们讲起几百年前毒杀酗酒父亲的美少女在他站脚的地方被砍头，布鲁诺拘于古堡数年矢志不移等许多故事，……听他侃侃而谈，还挺有意思。

胡同游结束时，环顾罗马，灯火辉煌，几个叫卖中国产 Prada 手提包的黑人青年，徜徉在天使桥上。历史和现实的场景，总是令人遐想。

教皇国梵蒂冈

在罗马逛梵蒂冈相当于在北京游紫禁城。梵蒂冈的面积比紫禁城小些，只有 0.44 平方公里。记得小时候背《新华字典》后面的各国面积、人口和首都，看到梵蒂冈的面积才这么小，没什么概念。问胡同里的大孩子，得到的回答是，梵蒂冈也就和高家庄马家河子一样大。这话其实不假。

坐落在罗马城内西北角台伯河西岸的梵蒂冈，尽管面积不大，国际知名度可是高家庄马家河子没法比的。事实上，它比紫禁城在西方的知名度都要高多了。如果说紫禁城仅仅是一座故宫，一座博物院的话，那么，梵蒂冈这个独立的国中之国却是全世界天主教组织的中央政府所在地，是基督教世界的圣地之一。作为面积最小人口最少的独立的主权国家，它拥有号称全世界最大的教堂和富藏稀世文物和艺术珍品的博物馆。因此，在罗马期间，我们专门腾出一天的时间来主攻梵蒂冈。

我在网上找到一张梵蒂冈的示意图，有助于了解梵蒂冈城内建筑的位置及其与整个国土面积的比例。全城主要建筑就是

圣彼得广场

圣彼得广场、圣彼得大教堂、西斯廷教堂、教皇官邸拉特兰宫和后花园。

表面上看，梵蒂冈除了有一圈城墙围着，和罗马城内的任何其他景点都没什么区别。从对着圣彼得广场的大街走过来，不知不觉地就会从意大利跨进梵蒂冈。没界标吗？还真没有！您说，还用得着界标吗？耸入云霄的圣彼得大教堂，再加上两边的环形柱廊像把张开口的巨钳，您往那一站，就会变得心无旁骛，唯见上帝向您招手，哪还有心思看界标啊？这就是建筑艺术的魅力。就像太和殿一样，仅凭其巍峨庄严、气势凌人的架势就足令丹犀下的文武百官们两腿发软，觉得跪下来舒服。

游览梵蒂冈最好事先通过旅行社买好票，不然的话，一准儿是起个大早，赶个晚集。光买票一项，至少排队俩仨钟头。我们在来之前早就买好了票，找好了导游，到梵蒂冈的时候，在门口找到旅行社的导游，没怎么等着，就进了大门。事先没买票的人呢，就得老老实实地去排队，找队尾，跟着人流，等着买票。等到买上票，还有多少时间和体力看里面的稀世珍宝呢？所以，我建议，以后您去梵蒂冈的时候，千万要事先买好票。虽然很多导游把您带进去就跟您说拜拜了，但他们确实能为您赢得宝贵的时间。

到梵蒂冈必看的是圣彼得大教堂和梵蒂冈博物馆。您要是只花一天的时间走马观花地看看，最好先去梵蒂冈博物馆（The Vatican Museum）。

据说，梵蒂冈博物馆的馆址是世界上博物馆中最早的，公元五世纪末就有了雏形，在十六世纪与圣彼得大教堂同时扩建。博物馆是欧洲宫廷式

梵蒂冈博物馆

建筑，其中的八角庭院、动物雕塑馆、缪斯厅、圆形大厅、马车厅、烛台陈列廊、壁毯陈列廊厅、地图陈列廊、圣母怀胎廊厅、拉斐尔画室、博尔戈大火厅、西斯廷教堂、梵蒂冈图书馆和画廊以回廊的形式连成一体，九曲十八弯，像迷宫一样。头一次去，保险叫您找不着北。

虽说来这里之前看了点儿介绍，但初来咋到，仍像刘姥姥进大观园似的，看什么都新鲜。不过，人家博物馆办事还是挺周到的，每个拐弯处都有路

标，重要展品也有说明，只不过很多展品介绍都是意大利文的。我建议，随着中国的崛起和中国游客日渐增多，梵蒂冈当局应提前考虑增加中文说明。不然，等到海内外华人爱国青年高举五星红旗前来示威游行后，再加以改进，就显得被动了。

和世界上其他大型博物馆不同的是，梵蒂冈博物馆的展品密度极大。据说，在每件展品前逗留四秒钟，您得用十年时间才能看完一遍。我对此言只是姑妄听之，但其展品之丰富，则确实是无出其右的。

梵蒂冈博物馆的另一个特点是宝物多于文物，更名为珍宝馆也不为过。以此推断，历代教皇对于收集宝物的兴趣可能远远大于收集文物的兴趣。这也难怪，人家教皇又不是考古学家历史学家。不过，人家借助遍布世界的天主教会，搜罗到的世界各地的宝物，集中保存，也挺不容易的。现如今，这些宝物也都自然而然地变成文物了。当然，这里见不到什么石刀石斧，铜锅陶罐，秦砖汉瓦一类年头久远承载大量文明发展信息的文物，却不乏享誉世界的艺术珍品。

西斯廷小教堂和拉斐尔画室是梵蒂冈博物馆的精华所在。文艺复兴时期的三大艺术巨匠中的两员大将——米开朗基罗和拉斐尔，都曾长期当过梵蒂冈的御用画师。西斯廷小教堂里世界名作穹顶画《创世纪》、巨幅壁画《最后的审判》便出自米开朗基罗一人的手笔。拉斐尔也曾于1508-1518年为梵蒂冈做壁画10年，还建立了他的画室。其中的《圣礼之辩》和《雅典学院》均为文艺复兴时期的峰巅之作。

在梵蒂冈博物馆里，这两处都是禁止拍照的。如果您对艺术大师的作品感兴趣的话，站那儿认认真真地读，细细体会才能产生出那种心灵的震撼。当我们走进西斯廷小教堂时，里面密密麻麻站了很多人，或仰首瞻望穹顶的组画《创世纪》，啧啧称奇；或伫立于《最后的审判》面前，反省自躬。大厅里鸦雀无声。对我们这些艺术门外汉来说，看也是瞎看，顶多也就是感受一下现场气氛。就跟看球赛似的，到体育馆看现场比赛，不见得比坐家里看电视转播看得真楚。外行看热闹，内行看门道。我估摸着，站在里面久久不带挪窝儿的人们，基本都是内行。于是，看了一会儿，赶紧带孩子溜了出来，生怕孩子闹起来打搅里面肃穆的气氛。

出了西斯廷小教堂，来到梵蒂冈图书馆，同样禁止

梵蒂冈博物馆

拍照。看着一望无际的室内长廊和整齐排列着的无数白色书柜，蓦然想起当年在中南海参观毛泽东卧室兼书房的情景。两种书房风格迥异。主席要想自己找本书看，不下床都能信手拈来；教

皇就不行了，闹不好，自己找本书得在图书馆里面走半个时辰。

参观梵蒂冈博物馆不仅需要点儿文化历史方面的知识，而且也需要大量体力。博物馆的展区有六公里之长，一圈儿走下来，要是没个好身子骨，还真顶不住。我们这伙人，有老有小，想在展区里囫囵转一圈，是不太可能的。看了几个主要展区后，我们便向圣彼得大教堂转移。没看到的东西，只好等下次来再看了，自我安慰是留个念想。既然这次到意大利来玩，主要是为了放松，景点看得全不全没关系，谁也不想玩得太累。

从梵蒂冈博物馆出来后，原路返回圣彼得广场，仍然能看到许多排队买票等着参观博物馆的人。

圣彼得大教堂

圣彼得广场被誉为世界上最美丽的广场，是著名建筑大师贝尔尼尼花了 11 年时间建成的杰作。广场呈椭圆形，长 340 米，宽 240 米，可容纳 50 多万人。广场两侧由半圆形大理石柱廊环抱，284 根圆柱和 88 根方柱，分排四列，形成三条走廊。从远处看，这两条柱廊宛如两把蟹钳，加上广场中央矗立着一座高 26 米的方尖石碑及广场两侧象征生命的跳动喷泉，与圣彼得大教堂恰到好处地融为一体，给人一种和谐的美感。

艺术家创造出来的和谐美感是宗教追求的理想境界，然而，人类社会能否达到这种理想境界，却是值得怀疑的。广场中央方尖碑顶端钉死耶稣的十字架造型以及柱廊石柱上的圣徒群像，警示着人们在追求理想境界过程中的执着精神和付出的代价。但是，人们为追求自以为是的真理过程中表现出的偏执傲慢狂妄自大以及由此产生的冲突、战争、诛杀异己、镇压异端也同样令人触目惊心。上帝是全能的至善的，灾难罪恶至今依然存在。

这个在逻辑上使人困惑的问题并未阻止人们对上帝的顶礼膜拜和虔诚信仰。

因此，我相信，人创造出来的东西对人的影响无论如何是不能低估的。走进圣彼得广场，尤其是跨进圣彼得大教堂，置身于一种高度浓烈的宗教氛围中，人们的心灵自然会受到强烈的冲击和洗礼，从而仰视造成这种冲击的来源。这时候，人们会把什么偷鸡摸狗，沾花惹草，争权夺利，包二奶，搞腐败，尔虞我诈……等等欲望，暂时抛到脑后，变得特别道貌岸然，甚至能在这种宗教气氛中，改恶从善，彻底皈依上帝。

在北美，教堂的门好像都不上锁。问过教会的朋友，说是上帝的大门永远向人们打开。多年前，为了验证教堂的门上不上锁，每每路过教堂，我都过去推门试试，基本都是推门就进。即使里面空无一人，门也是不上锁的。从此，深信朋友所言不虚。但是，这种说法在其他地方可能就应另当别论。在北京时，米市大街的基督教青年会，王府井的天主教堂，我都常常路过，但从来没进去过。印象中好像不是什么人都能随便进的。

在罗马这几天，发现有些教堂是上锁的。我们在罗马胡同游的集合地点——Largo di Torre Argentina，一座临街的大教堂，就是大门紧锁的。那天晚上在料峭的寒风中等人等了二十多分钟，我就总想进去避避风，顺便看看教堂的内装修，可就是进不去。

圣彼得大教堂（St. Peter's Basilica）也是晚上关门，白天从早晨 7 点到下午 6 点向公众开放，但不收门票。这座可容纳 6 万多人的全世界最大的天主教堂，东西长 187 米，南北宽 137 米，外形颇为传统，整座建筑呈现出十字架型结构，有十一个圆拱顶，每个圆拱顶上都有精美的穹顶画。

最大的圆拱顶大约有 120 米高，由四根巨大的石柱支撑，石柱上的壁龛里伫立着贝尔尼尼创作的圣象。教堂内部装饰，极尽奢华，仅雕像就有 440 多尊。奇石异宝，名家名作，俯拾皆是。

圣彼得大教堂

米开朗基罗 24 岁时的雕塑作品《圣殇》，贝尔尼尼雕制的青铜华盖及其亲自设计的圣彼得宝座，均为无价之宝。这些艺术珍品和稀世珍宝集中在这座教堂，能实行"上帝的大门永远向人们打开"的政策么？不但不能，而且还要加强警戒。

始建于 326 年的圣彼得教堂是罗马皇帝康斯坦丁为纪念基督的大弟子彼得而修建的。圣彼得在基督教历史上是个举足轻重的人物，他和圣保罗一起，在基督被处死，又复活，后升天的后基督时代，为基督教的发展壮大起到了重要作用，是教会早期的重要领导人。据说，彼得和保罗一样，都曾在罗马传教，且都以身殉道，为后来的基督徒树立了一不怕苦，二不怕死的光辉榜样。

对于这样一个教会历史上的圣徒，皈依基督教的康斯坦丁皇帝为他修建一座教堂也是理所应当的。最早的圣彼得教堂是在位于梵蒂冈的彼得墓地建造的，规模颇为宏大。然而，到十五世纪，由于修建楼堂馆所的奢靡风气传遍欧洲大陆，教皇尼古拉斯五世（Pope Nicholas V）就琢磨着把年久失修的圣彼得教堂加以重建，也风光风光。于是，他雇了不少当时的著名建筑师，进行规划，结果，还没动工，人就见上帝去了。

真正把圣彼得大教堂重建工作抓起来的是喜欢搞形象工程的教皇尤利乌斯二世（Pope Julius II）。当时，有人劝他，您瞧，教皇尼古拉斯五世对老教堂还没下手呢，就一命呜呼了，这可不是好兆头啊。可雄心勃勃的尤利乌斯二世哪听得进这话呢，坚持要把老教堂拆了，原地建一个全世界最大的新教堂。

重建圣彼得大教堂的工程于 1506 年春天正式开工，工程开始没几年，尤利乌斯二世便撒手人寰了。其后，经历了二十任教皇，直到 1626 年才告竣工。当时许多顶尖的建筑师和艺术家，如米开朗基罗，贝尔尼尼等，都参与了这个跨世纪工程的设计和建设。教堂中央的穹隆拱顶就是米开朗基罗设计的，双重结构，周长 71 米，为罗马全城的最高点，可以登顶俯瞰罗马全城。

圣彼得教堂不仅外形巍峨壮观，端庄典雅，其内部更是精雕细刻，富丽堂皇。在这座象征财富和权力的教堂里转上一圈，我的感觉是教廷忒奢侈张扬了。纪念教会的已故领导人，适当花点儿钱盖个教堂也无可厚非；为了举办宗教仪式，把教堂盖大点儿，装修得讲究点儿，也说得过去。然而，中世纪的欧洲离崛起还差一大截儿呢！广大贫下中农的生活水平还远未达到小康，在这种条件下，非要摆谱儿，建世界最大的教堂来抖威风，钱都从哪来的呀？

教皇喜欢摆谱儿，他必然有摆谱儿的物质基础。钱是不成问题的，有广大教民和贫下中农掏腰包，还愁没钱？中世纪的欧洲是罗马教廷的一统天下，教皇的话就是圣旨，老百姓连《圣经》都看不懂，可不啥事儿都听教皇的？！不听还不行。不听，抓住就当异教徒给你办了。在教廷的这些人，冠冕堂皇地打着基督的旗号，再加上遍布欧洲深入基层的教会组织，为所欲为，没人敢提反对意见。

在这种专制统治下，掌握绝对权力的教皇和教会的高层神职人员的腐败就不可避免了。他们卖官鬻爵，谁要想在教会组织中弄个一官半职的，请客吃饭送红包都不答应，得拿钱来买。他们糊弄百姓，欺压弱势人群，心安理得。甭管你在欧洲哪块地界儿，给教廷缴税一个子儿都不能少。教皇盖教堂需要银子，他们用展览圣物，出卖赎罪券的方式大量搜刮民财。您可能会问，玛丽亚的一根头发，基督马槽子里的一根干草，我不看还不行吗？不行。教会说了，看这些真正的圣物能增加得救的机会。信了一辈子上帝，谁不想得救？谁不想上天堂啊？且慢，你要想不进地狱，少在炼狱里受罪，就得买教廷颁发的赎罪券。这不是没完没了了吗？

要不说教廷不缺钱花呢！有权还愁钱？权力导致腐败，绝对权力导致绝对腐败。这话用在中世纪的罗马教廷，是非常恰如其分的。

马丁·路德挑战教廷

专制统治者及其所推行的意识形态，在一定时间之内，虽能蒙骗广大人民群众，但却无法蒙骗所有的人。马丁.路德就是一个向这种制度提出挑战，要求改变现状的带头人。他的行动引发了欧洲的宗教改革运动，为西方社会的现代化奠定了思想基础。

说实在的，马丁.路德的宗教改革和重建圣彼得大教堂有着挺直接的关系。

圣彼得大教堂重建工程开工后的 1510 年，爱国青年马丁.路德受修道院之命，到罗马上访，抗议教廷关于合并修道院的专制命令。在罗马，甫说亲眼所见教廷人员的腐败无能和骄奢淫逸，就单说圣彼得大教堂这一项面子工程，就足以令路德瞧着眼晕了。此时，路德还没有公开挑战这种腐败的专制制度，但回德国攻读神学博士期间，他对这种制度能否自我改善的信念就彻底动摇了。

教廷为重建圣彼得大教堂抓紧了在民间筹款的工作，其中的一个主要方式就是卖赎罪券。对于这种走街串巷吆喝着卖赎罪券的行为，路德一向持反对态度。当卖赎罪券成了教廷骗取穷苦百姓财物的主要手段时，路德便愤而感到是可忍，孰不可忍了。

1517 年 10 月 31 日，路德教授在自己任教的威腾堡大学教堂的大门上，贴出了著名的《九十五条论纲》的小字报，公开抨击出卖赎罪券的行为。由于印刷技术的普及，路德的小字报很快风靡德国，从而掀开了宗教改革的风暴……

马丁·路德是个对基督教神学很有研究的人。他不仅带头反对教廷滥用特权搜刮民脂民膏的劣行，还从理论上对罗马教廷实施的专制制度展开了拆砖卸瓦的工作，动摇了教廷一统西欧的根基。他从基督教体制内向教廷宣战，提出只有信仰是唯一的，《圣经》是最高权威，人人都可以和上帝直接交流对话的神学主张。他认为，教廷作为二道贩子不但阻碍人们和上帝的交流，还打着上帝的旗号贩卖假冒伪劣商品。因而，这种二道贩子存在的合法性就值得怀疑了。

对于教廷来说，路德的这种"异端邪说"比布鲁诺的"日心说"不知要危险多少倍，它从根本上否定了教皇领导权的合法性。教皇统治是天经地义的，哪能容得你来怀疑？！此等异端分子，若不及时镇压，则教无宁日。

一场镇压异端的运动黑云压城般地席卷了威腾堡。然而，群众的眼睛是雪亮的，谁是谁非，他们心里有杆秤。路德挑战教廷的言论充分表达了当时德意志人民要求摆脱罗马教庭控制的强烈愿望。虽然当地教会的一些保皇派们秉承罗马教廷的旨意对老路展开大批判活动，但老路在群众的掩护下，特别是德国君主的保护下，终于逃脱了教廷的缉拿，躲起来翻译德文版《圣经》去了。

教廷统治的欧洲中世纪一去不返了。看着眼前这座宏伟的教堂，无论如何也难以忘记人类历史上这段黑暗时期。

从圣彼得大教堂出来，已近黄昏，圣彼得广场上的落日，把人影拉得很长很长。

在圣彼得广场排队的人们

巴西阿根廷智利复活节岛纪行

南美的巴西阿根廷智利三国虽不如世界文明古国中国、印度、埃及、古巴比伦历史悠久，但那里的旖旎风光，浪漫多姿的人文景观却一直令我神往。2018 年 10 月，同一众朋友到南美三国旅行，终于踏上这片神奇的土地。

里约热内卢

我们南美之行的第一站便是巴西的里约热内卢。

巴西人的浪漫是举世公认的。刚到里约机场，就感受到了巴西人这种浪漫的气质。下了飞机到进海关入口的路上，一堆绿色的葡萄牙字母像积木一样摆在一个显眼的位置（右图），很多人都停下来在那里照相。

我虽然不懂葡萄牙文，但用脚后跟也能猜出来，那几个字母是"欢迎来到里约"或"里约欢迎您"。这类的标语在世界各国的许多机场都能见到，但想不起来哪个机场的标语能这么吸引人的

眼球，以至于也经不住诱惑，拍了张照留作纪念。您说遇到这种场合，谁不愿意凑个热闹寻开心呢？没听说过人家巴西人自夸"厉害了，我的国"，但人家就能想到让你们大老远的刚到里约就拍个美照发到朋友圈让人点赞。就凭这点，您不服不行。

里约热内卢是巴西的名片。十六世纪初，葡萄牙探险家 Rio de Janeiro"（里约热内卢），意即"一月的河"，简称里约(Rio)。随后，法国人也曾在此建过殖民据点。拿破仑入侵葡萄牙时，葡萄牙王室曾逃亡到里约，缓过神来一看，这地儿风景不错，又远离战火纷飞的欧洲大陆，索性将葡萄牙首都迁到了这里。巴西建国后这里一直是巴西首都，直到 1960 年巴西将首都迁到巴西利亚为止。

为什么人们都钟情里约热内卢呢？很大程度上是因为这座城市依山傍水，风景优美，气候宜人，是块风水宝地。在巴西流传着一句话："上帝用六天时间创造了世界，第七天创造了里约热内卢"。这里的基督山，面包山，尼特罗伊大桥，马拉卡纳体育场，都是风靡世界的风景名片。这里到处都有阳光、美女、海滩、足球、桑巴、狂欢，是一座名副其实的梦幻之城。2016 年的夏季奥运会就在这里举行。

我们上午抵达里约时，整座城市好像才刚刚从睡梦中醒来。从机场到下榻的旅店，路途并不算远。海滨大道上跑步的人三三两两，街上缓缓移动的车流显得有些拥堵，但无喧嚣之扰。虽然美国中西部这时已秋风萧瑟，但里约正值春暖花开的季节。我们坐在车上都能感觉到这个城市特有的那种温暖潮湿的气息，因而笑称里约热内卢是"里约热又堵"。

里约的贫民窟也是举世闻名的。这里的贫民窟颇具规模，大多簇拥在面朝大海的山坡上，与周围的高楼大厦形成鲜明对比，但所处位置，风景奇佳，因而，让人感到一种不对称的和谐。不一会儿，峰回路转，车已开到著名的"科帕卡巴纳"（Copacabana）海滩，停在我们下榻的旅馆。

科帕卡巴纳海滩沙白水洁，呈新月形，我们的旅店就位于新月的上弦，面朝大海，背后是居民区。海滩上很多年轻人在踢足球，滨海大街的人行道上有人在遛狗，有人在遛弯儿，也有人聚在一起闲聊。一幅世俗气息颇浓的旅游胜地的画面，让人感到很接地气。

我们来到旅店时，还是上午，不由得想起前不久发生在瑞典斯德哥尔摩的中国游客因过早到达旅店无法入住而大闹以至于造成外交风波的事，不禁有些忐忑。然而，人家前台的工作人员还是非常专业且训练有素的，我们没遇到任何麻烦，便顺利入住。

里约植物园的菠萝蜜

由于办理手续而错过旅店的早饭时间，我们只得安顿好行李就到旅店附近的街上寻找饭馆，没走几步，便遇到了一家超市。进去一看，热闹非凡。很多中国人喜欢的食物这里都有，那还费哪门子劲去找餐馆呢？每个人买了些自己喜欢吃的东西，一顿饭就这么轻轻松松地给打发了。

到一个人生地不熟的国家旅行，事先做些功课，了解一些当地的风土人情，都是必不可少的。虽然我们这次旅行是委托旅行社安排的，但整个行程于当日晚上才算正式开始。因而，我们在里约有半天的自由活动时间。行前对这次旅行做了大量研究的一位朋友提议到里约植物园一游，得到大家一致赞同。于是，一行人挤进三辆出租车，不一会儿就来到了里约植物园。

里约植物园

里约植物园已有两百多年的历史，现已被联合国教科文组织确定为生物圈保护区。植物园位于基督山南麓，离我们下榻的旅店不算很远。车停在大门口的时候，我还以为没到，门脸儿太不起眼了！沿着林荫道进入园内，才发现这个颇有规模的植物园独具特色，许多具有历史性、艺术性和考古学意义的雕塑和纪念碑在园中星罗棋布。一群穿着校服的小学生聚拢在一座雕像下，好像在听老师讲解植物园的历史。

等候买门票的时候读了读植物园的简介。1808 年，葡萄牙摄政王若奥六世为培植印度香料作物在此创建了这么一座皇家园林。经过两个世纪的发展，今天的里约植物园已种满了各种来自世界各地的珍稀植物。植物园布局讲究，法式园林风格，纵横的道路分隔出一个个不同的植物园区，足见设计者的匠心。高大整齐的棕榈大道，非常壮观；长满青苔的林间小溪，缓缓流淌；婀娜多姿的竹林，为园子平添了一份东方情调。尽管远处也能隐约看到现代建筑，但徜徉园中，还是能体验到一种远离尘世，贴近自然的感觉。在喧嚣的大城市里能够找到这么一处又有花团锦簇，又有茂林修竹的静谧之地，实在难得。

由于旅行社为我们安排了晚上的活动，不能在植物园盘桓太久，其中的兰花馆，仙人掌园等园中之园，也就来不及仔细参观了。即便如此，漫无目的地在园中闲逛，风景也足够赏心悦目了。园中有一人造瀑布，循声往访，但见一股清流来自密林深处，继续前行，别有洞天。原来这里是一片波罗蜜林。

早就听说里约植物园的波罗蜜园驰名遐迩，但亲临其境仍然令人震惊。我们一行人看到那些橙黄的、楞青的、有大有小的波罗蜜密密麻麻地挂在树干上，比看到挂满枝头的苹果梨桃显得兴奋得多，因为波罗蜜不像一般的水果，挂在树干上的果实显得更有个性因而愈加可爱。同行的大妈们纷纷与硕大的波罗蜜拍照留念。

当晚，旅行社为我们举办欢迎晚宴。每次跟随旅行社外出旅行，我都把一切的一切交给旅行社，不再做事前应做的功课，图的是自己省心。因此，旅行社举办的欢迎晚宴就非常重要。在这种欢迎宴会上，旅行社的导游会详细介绍该次旅行的景点和注意事项。一般来说，您要是不想对您要去的地方做深入研究，碰上一个比较负责的导游，就万事大吉了。我们的导游是个阿根廷人，家住布宜诺斯艾利斯，从业多年，经验丰富，且说话幽默。听了一会儿他的介绍，我就断定了这次旅行自己不用费心，这回碰上了一个好导游。

基督山

据导游讲，2012 年，联合国教科文组织将里约热内卢市作为一个整体列为世界文化景观遗产，成为第一个被授予这一名号的城市。为什么里约能获此殊荣呢？这是因为里约是个"自然和人类的共同作品"。里约在山与海之间诞生，这里的人发挥了他们的创造性，将这座海滨城市的山水风光与人文景观融为一

里约基督像

体。登上基督山，才能真正领略到里约的美！这话说的，让人心里痒痒。

第二天一大早，我们便乘车来到科尔科瓦多山脚下的小火车站，从这里乘车上山参观基督塑像。首先映入眼帘的是一座缩小了不知多少倍的铁质基督像，矗立在小火车站台入口。我对巨型塑像常常会产生莫名的敬畏，更甭说马上要看的是基督了。这座基督像让我感到无比亲切。小火车站也很有特色，一众驴友在开车前拍照留念，而我则期盼着尽快登上科尔科瓦多山的顶峰。

小火车终于缓缓启动了，车窗外的风景追随着小火车在不断变换。当小火车将郁郁葱葱的热带密林甩在身后，爬上科尔科瓦多山的脊背时，顿时感到海阔天空。大海就在脚下，连绵的山峰漂浮在海中，宛若太虚幻境。

下了小火车，已能清晰地看到基督像的背影。拾级而上，清风拂面，放眼眺望，青山碧海，彷佛一幅水墨山水在眼前展现。一尊巨大的基督塑像矗立在山顶。基督身躯直立，两臂展开，像一个巨大的十字架。仰望低头俯视的基督，在湛蓝的天空衬托下，面目分外安详。几只小鸟站在他伸展的双臂上，显得异常渺

120

小。基督脚下，挤满了来自世界各地的游客和朝圣者，或忙着拍照，或向基督顶礼膜拜。

基督像的位置绝佳，矗立在科尔科瓦多山的顶峰，俯视整个里约城。里约海滨的山峰，虽无巍峨雄伟之势，但都婀娜多姿，如出水芙蓉。科尔科瓦多山鹤立鸡群，因而就更加烘托出基督塑像的高大和伟岸。据说，建造这座基督塑像的提议是由里约大主教在 1921 年提出的，由波兰裔法国雕塑家朗多夫斯基（Paul Landovsky）所设计。他于 1926 到 1931 年间先在法国造好雕像部件，再运到巴西，由当地工程师海托·席尔瓦·科斯卡监督建造。这座 38 米高的基督塑像很快成了里约的名片，也被评为新的世界七大奇迹之一。

里约的海滩

里约的海滩是迷人的。从基督山下来后，我们乘旅游大巴来到著名的伊帕内玛（Ipanema）海滩。这里离我们下榻的科帕卡巴纳（Copacabana）海滩相距不远。因此，吃完午饭，我们选择自由活动，沿着舒展的海滩走回了旅店，为的就是一睹里约海滩的万种风情。

和名牌店鳞次栉比，一看就是高档社区的伊帕内玛海滩相比，我更喜欢科帕卡巴纳海滩。这个呈半月形的巨大海滩，平坦舒展开阔，充满内在活力，人气旺，接地气，且美女如云。

阳光下，走在海滩上，踩着细软的沙子，沐浴着习习海风，感到难以言说的爽。海滩上散步的，踢球的，戏水冲浪的，享受日光浴的，随处可见。色彩缤纷的阳伞，五颜六色的比基尼，为蔚蓝色的大海和白色的海滩平添了亮丽的色彩。一条具有葡萄牙特色的用黑白两色小石块拼镶成波浪形图案的宽阔的海滨大道平铺在海滩上。海滨大道的另一侧，各式建筑鳞次栉比，既有高档饭店，也有普通居民楼，但都与美丽的海边风光和谐地融为一体。脚踩欢快的音乐，一路行走，一路说笑，里约让人特别放松。

这条海滨大道上，有不少卖椰子的小摊，价格很便宜，喝起来又解渴又爽口。走累了，我们每个人买了一个椰子，坐在凉伞下慢慢享用，看着身边飘然而过的比基尼美女，如清风送爽，沁人心脾。见我们是外国人，一帮姑娘小伙子们凑过来和我们聊天，原来，他们都是附近的学生，经常来海滩上打排球。

由于地理优势，科帕卡巴纳海滩也是里约人集会的最大场所。每年元旦的除夕之夜以及狂欢节期间，数百万人聚集在此，昼夜狂欢，其热闹场面，不亲身经历，很难想象！晚饭后，坐在旅馆顶层的阳台上，科帕卡巴纳海滩像一弯明月。面向大海，思绪万千。

如果说登基督山是为了"朝圣"，那登面包山（下图）就纯粹是为了看景了。里约的面包山比基督山略矮，但观景的位置极佳。不同于登上基督山产生的那种虚无缥缈的感觉，站在这座离里约市区很近的山巅上，好像并未远离人间烟火。

面包山

登基督山的翌日，我们乘索道车登上面包山。起初，天阴雾薄，山水之间，好似一幅泼墨，令人遐想无限。继而，云开日出，里约市容一览无遗：海湾里，白色的游艇像棋子一样安放在蔚蓝色的水面上，海滨大道旁层层叠叠错落有致的高楼大厦为这座城市平添妩媚。放眼远望，一桥飞架海湾两岸。全长14公里的尼特罗伊大桥将里约与对岸的尼特罗伊市连结在一起；再往远看，科帕卡巴纳海滩像一弯新月，横卧在大西洋边，我们下榻的旅店依稀可见。山顶上面积不大，却像个颇有品味的公园，园中摆放的参与建造索道的工程师的雕像及早期使用的索道车像历史博物馆的展品，引来游人纷纷拍照留念。

里约老城

每到一个陌生的城市，我都喜欢到老城区逛逛，一般来说，老城都承载着这座城市的历史和文化传统。里约的老城有不少葡萄牙殖民时期留下的建筑，在现代建筑的裹挟中顽强地显示着它承载的传统。老城里的巴西总督官邸、城市大剧院、拉帕石拱渡槽和里约大教堂等等，都是很有看头儿的地标式建筑。只是由于我们不是自由行，只能跟团在老城区走马观花，需要在哪儿停下来全听导游的安排。

坐在旅游大巴上在老城穿街走巷，导游不厌其烦地讲解窗外的建筑和景观，也给了我另一种文化体验。尽管你不能置身于当地的市井文化之中，但在有限的时间里观看更多的街区和建筑，也是一种不错的选择。这种逛街方式好像更能看清一个城市历史发展的宏观轮廓。

其实，这天下午导游为我们安排的重点游览项目是里约大教堂（ Rio de Janeiro Cathedral ）和塞勒隆台阶（Escadaria

Selaron）。经各种旅游书籍的大力推荐，这两个景点早已遐迩闻名，也是我们盼望已久的要亲眼看看的地方。

里约大教堂位于高楼林立的金融中心和拉帕石拱渡槽之间，是为了纪念圣塞巴斯蒂昂而建的。这座建于二十世纪七十年代的教堂外观极为新颖，颇似玛雅金字塔。由于其建筑风格现代，亦有"新教堂"之誉。教堂前有保罗二世的铜像。站在教堂门前的广场上，我体会到了建筑师选址的用心。这座气势恢宏的教堂既现代，又独特，把传统的老城与现代化的金融区不动声色地连成一片。

走进教堂，彷佛进入一座高耸的室内广场。教堂呈圆锥

里约天梯教堂

形，高 75 米，底径 106 米，整个框架结构由规则的方框构成，好像天梯，所以又被称作"天梯大教堂"。透过白色的巨大十字架型棚顶，教堂内光线柔和明亮，四道彩色玻璃幕墙像擎天巨柱烘托着棚顶的十字架，引导人们将目光转向天堂。像许多传统教堂的建筑效果一样，走进这座教堂，您会立马感到自己的渺小。尽管讲台上方悬挂着巨大的耶稣受难的木刻雕像，教堂的色彩还是让人内心充满更多的阳光。虽然这座教堂内的文物没有欧洲那些著名教堂多，但它的与众不同给我留下了深刻印象。

离里约大教堂不远，便是享有国际声誉的塞勒隆台阶。走进

街巷，感觉像是到了北京的七九八艺术区。还没到那组令人向往的台阶，街上的艺术气氛就逐渐浓烈起来。从零星的涂鸦到满街筒子色彩缤纷的壁画，好像一步步走进艺术殿堂。到了塞勒隆台阶，您绝对已经被这种艺术氛围沁润得通体舒畅青春焕发了。

塞勒隆台阶是智利艺术家塞勒隆"歪打正着"的杰作。这里原本是里约一个再普通不过的居民区，坐落在老城区的一块坡地上。居住在这片儿的人肯定都是无车族，因此，街道上修建起一级级台阶，蜿蜒延伸到坡上的深巷之中。这位智利艺术家曾客居巴西多年，也没混出多大的名声，只好在这里穷居陋巷。

有一年，他门前的台阶破败不堪需要修缮，请人来修还得花钱不是？于是，这位艺术家就自己动手修理台阶。但艺术家毕竟是艺术家，干活儿也能别出心裁，他用了蓝、绿、黄三色瓷砖东补西填，恰好是巴西国旗的颜色。没想到他干的这活儿，颇受邻居好评，大家一劲儿叫好。于是乎，都争相效仿。从此，这股为穷街陋巷增添色彩的风气竟一发不可收拾，以至于没过多少年，整条街巷就变得花里胡哨了。

无心插柳柳成荫，艺术家也没想到随便修个台阶却造成了轰动效果。外边的人见着这种台阶也觉着新鲜，一传十，十传百，都想来一览究竟，后来，经过媒体的推介，这里就成了一个著名的旅游景点。再后来，来自世界许多国家的游客，来此参观都带着瓷砖，用实际行动来支持他的"艺术工程"。绚丽多彩的瓷砖覆盖了整条街巷，使之成为里约一景，也成为各国文青的朝圣之地。

世界上许多国家都有狂欢节，但论规模，论狂野，恐怕没有哪个国家能和巴西相比。巴西狂欢节被称为世界上最大的狂欢节，每年二月的中旬或下旬举行三天，实际上狂欢活动要持续两

里约塞勒隆台阶

三个月之久。每年的狂欢节都有数百万人参加，尤以里约的狂欢活动规模最为盛大。狂欢节游行活动中，桑巴舞游行是一项重头戏。您要是心里有点儿不痛快，想发泄，我建议您在狂欢节时去里约。

桑巴舞在巴西文化中的地位绝对比京剧在中国文化中的地位要高得多。

在里约的最后一天，我们参观了一所桑巴舞学校。这所学校的学员为我们介绍了巴西狂欢节的历史及桑巴舞在狂欢节中扮演的吃重角色。仅在里约就有多所桑巴舞学校。我们参观的这所学校更像一个很有规模的彩车道具制作车间，有的工人正在按照明年狂欢节游行的主题打造彩车骨架，有的则在缝制希奇古怪花枝招展的狂欢节行头。一名学校的学生还为我们现场表演了桑巴舞。在欢快的音乐伴奏下，她翩然起舞，狂野妖娆，把当天的参观活动引向一个高潮。

伊瓜苏瀑布

去南美旅行，一定要去伊瓜苏瀑布看看，那是一处世所罕见的大自然奇观！

伊瓜苏瀑布

我们从里约乘机飞到伊瓜苏已近中午时分。伊瓜苏市位于巴西、巴拉圭、阿根延三国交界的巴拉那河与伊瓜苏河汇合处。"伊瓜苏"在印第安瓜拉尼语中意为"大水"的意思，城市的名字起得恰如其分。虽然这座城市只有区区 20 多万人口，但它是巴西第二大旅游中心，人们无疑都是冲着伊瓜苏瀑布来的。其实，这里还有一个曾经是世界最大的水电站——伊泰普水电站。只是由于时间关系，我们未去这个水电站参观，从机场直奔巴西一侧的大瀑布国家公园。

坐在车上查看有关伊瓜苏的资料，看后对这一自然奇观敬畏有加。

伊瓜苏瀑布与非洲维多利亚瀑布及北美的尼加拉瀑布并称世界三大瀑布。伊瓜苏瀑布实为一组瀑布群，由 275 股大小瀑布或急流组成，总宽度 4 公里，比尼亚加拉瀑布宽 4 倍，落差由平均 60 公尺至最高 82 公尺。年均流量 1,750 立方米/秒，雨季时瀑布最大流量为 12,750 立方米/秒，这时大小飞瀑也汇合成一个马蹄形大瀑布。1984 年，伊瓜苏瀑布被联合国教科文组织列为世界自然遗产，2011 年入榜"世界新七大自然奇观"。

旅途中，导游的一个主要任务就是介绍当地景点的风土人情，碰到好的导游，你还能听到许多有关当地的民间故事和文化知识。我们的导游是个口齿伶俐爱说爱笑的人，讲一些关于伊瓜苏瀑布民间故事，以提高大家的兴致是他的拿手好戏。

第一个故事是这样的：当地酋长的女儿爱上了聪明英俊的青年，却得不到酋长的同意，于是挥泪投进伊瓜苏河以示对爱情的忠贞不渝，而她洒下的眼泪也化作终年飞流的瀑布。

还有另外一个故事，说是一位女孩与一个男孩相爱，女孩美丽异常，在祭神典上，招来当地水神的窥视，欲图谋不轨。男孩发现后，划船带着女孩在巴拉那河上逃命，水神为之大怒，追赶之中化作大瀑布，使小舟从高空跌下，男孩化身为悬崖上的一棵树，女孩则成为悬崖下的一块石头，只有在彩虹出现时二人方得相聚。有趣的是大瀑布水流湍急凶猛，几乎天天都能见到彩虹。

据导游讲，大瀑布在阿根廷与巴西边境两边都能观赏，但是景色与观感截然不同。在巴西观瀑是居高临下，在阿根廷观瀑如身在其中。

我期待着看到两边不同的风景，不知不觉就来到了巴西一边的伊瓜苏大瀑布国家公园。

进入公园景区，轰鸣的水声便不绝于耳，顿觉空气湿润清新。漫长的观瀑路上，我总想找到一处能够将伊瓜苏瀑布尽收眼底的制高点，但这是徒劳的。伊瓜苏瀑布真是太大了，大得像一个瀑布王国。怪不得当年美国总统富兰克林·罗斯福的夫人在看到它时曾感叹说，尼亚加拉瀑布真可怜！如果身临其境，您也难免会有这样的感叹。我去过几次尼亚加拉瀑布，其瀑布的区域和伊瓜苏瀑布相比，绝对是小巫见大巫。

尽管在巴西这边观瀑有许多地方可以远距离欣赏瀑布，但也决不缺少惊心动魄，尤其是站在观瀑栈桥时，但见飞流从天而降，瀑声滚滚而来，如万马奔腾，一泻万里；若山崩海啸，地动山摇。

从巴西一边看完瀑布，再来阿根廷一侧，是个不错的选择。阿根廷一侧可以接近"魔鬼喉"——伊瓜苏瀑布最令人惊心动魄的景点。

第二天上午乘小火车抵达魔鬼喉近观瀑布，下了火车，又走过一段很长的栈桥，才来到"魔鬼喉"跟前近矩离观瀑。

观景台上，雾缠云绕，凉气袭人。穿着雨衣的游人一拨拨照相。我站在瀑布前，感觉除了震撼，还是震撼！狂野无羁的河水从天而降，一路狂奔，势若雷霆。观瀑台上，震耳欲聋。迷漫的雾气中，人们接受着大自然的洗礼。汹涌澎湃的河水，无情地冲击着嶙峋的怪石，冲刷着我脑瓜子中残存的"人定胜天"的理想，夺路砸向谷底，留给游人的是一片惊叹！

能如此近距离直面大自然，亲身感受那种无法用语言来形容的磅礴气势，来伊瓜苏瀑布绝对不虚此行。

伊瓜苏不但有惊心动魄，也有恬淡安详。我们下榻的旅馆就坐落在瀑布下游阿根廷一侧的河畔。离开伊瓜苏前的整个上午，我们在小镇上闲逛。热带雨林中的各种树木将小镇装扮得郁郁葱葱，湿润的空气包裹着街道的每一个角落，连街边的小商贩也显得特别友善。

伊瓜苏三国分界碑

信步来到三国交界处的河边，巴拉那河和伊瓜苏河在这里汇合形成一个丁字河口，两条河流的中线是巴西、阿根廷和巴拉圭三国的交界处。由于河水来自不同的地方，一条河水清，一条河水浊，两河交汇之处，出现泾渭分明的自然景观。这里还建有一座三国交界处的界碑，但当地的老百姓均可自由来往。

布宜诺斯艾利斯

布宜诺斯艾利斯是我们这次南美旅行中的第二个大城市。小时候跟同学比赛背世界各国首都名字，布宜诺斯艾利斯因为字数多，给我留下了深刻印象，那时就盼望着有朝一日能够到这个城市来看看。后来，随着对阿根廷有了一些了解，对布宜诺斯艾利斯的好感日增。

我们的导游是个阿根廷人，家住布宜诺斯艾利斯。给我们介绍这座城市，对他来说，当然是如数家珍。布宜诺斯艾利斯在西班牙语中为"好空气"之意，城市的空气的确名符其实。出了机场，面朝大海，春暖花开！当车驶上"海滨大道"，人们都在欣赏"海景"的时候，导游开始向我们介绍起布宜诺斯艾利斯。

为了活跃气氛，导游问大家，"世界上最宽的街道在哪儿"？

"布宜诺斯艾利斯"！似乎车上的人都知道。

"世界上最宽的河流在哪儿"？这回就没人搭茬儿了。

"也在布宜诺斯艾利斯"！

世界最宽的河流怎么会在这儿呢？

见许多人都感到迷茫，导游得意地说，远在天边，近在眼前。你们眼前的不是海，而是一条河，即拉普拉塔河。

拉普拉塔河还真是布宜诺斯艾利斯的一道风景线。一望无际的水面，烟波浩淼，还有货运巨轮点缀其间。眼前的景观，彻底颠覆了我对河的印象。上网查了查才得知，拉普拉塔河是南美洲巴拉那河和乌拉圭河汇集后形成的一个河口，其名在西班牙语中是"银子"的意思。拉普拉塔河位于南美洲东南部阿根廷和乌拉圭之间，呈现喇叭形，其宽度从西端两河汇集处的 48 公里逐渐扩大至东部与大西洋相交处的 220 公里，最宽处约达 290 公里，是世界上最宽的河口。

车行不久，便进入市区，整个一个现代大都市的气派。高楼密集，道路拥堵，但显得干净有序。原来，大布宜诺斯艾利斯地区居住着一千七百多万人口。不一会儿，进入那条世界最宽的街道——七月九日大道。这条拥有十八车道的大街果然名不虚传，我目测了一下，步行过马路的话，一个红绿灯的时间您甭打算过去。大道中间有两条宽大的隔离带，长满绿油油的棕榈和木棉，树下是龙舌兰等各种灌木和花草及星罗棋布的城市雕塑。隔离带的两边和花草树木的中间都设有人行道，人们横过马路的时候可以在这里打个歇，也可以在这里散步，人行道有点儿像改造后的北京皇城根的街心花园。

七月九日大街

　　七月九日大道是布宜诺斯艾利斯的中心，相当于北京的长安街，连接着许多地标性建筑。这么一条市内交通主干线干嘛非得叫这么个名字呢？七月九日大道的命名是为纪念 1816 年 7 月 9 日阿根廷国家独立这个日子。我们下榻旅店附近的方尖碑，也被称为独立碑，都是国家地标性建筑。

　　导游把我们安排好旅店房间后就迫不及待地回家了。晚饭后，出来逛街。围着旅店附近的几条街转了转，还挺热闹。小街上有不少摆摊儿的，还有一家华人开的皮货店。东西都不贵，好像比巴西还便宜。街边小贩也有黑人和印第安血统的人，但不多，大街上走的基本都是白人。不同于其他拉美国家，阿根廷的人口百分之九十以上都是欧洲裔，因此，看着过往的行人，感觉像到了欧洲。

　　如果把巴西的里约和布宜诺斯艾利斯相比，前者显得更平民化，而后者则保留着一种没落贵族的风范。两座城市都有着面积不小的贫民窟，里约的贫民窟是一片片拥挤的海景房，与海边的高档饭店连成一体，而布宜诺斯艾利斯的贫民窟则龟缩在城市郊区的铁路两旁，中间隔着李玉和的粥棚与鸠山宪兵司令部一样的距离。

　　早歺后登上旅馆楼顶，与在里约住过的旅店一样，也是一个游泳池，只不过面积大多了。站在这里凭栏远眺，七月九日大道尽收眼底。这条世界最宽的城市大街车水马龙，但空气仍然相当清新。不远处的方尖碑正在维修，城市的建筑与欧洲大城市无异，怪不得人们称布宜诺斯艾利斯为"南美洲的巴黎"呢！

　　上午随团游览布宜诺斯艾利斯市容。首先经过一个景点是我们旅馆对面的哥伦布剧院。导游说这座歌剧院在世界上排名第三，著名歌唱家帕瓦罗蒂、多明戈等都曾在此演出。咱虽然不知他使用的什么方法给歌剧院排名，但能感觉出这座歌剧院在阿根廷人心目中的地位无疑是非常高的。好在下午要进去参观，到时便可一窥究竟。

五月广场

在前往五月广场的路上，导游为我们简单介绍了阿根廷历史，他对贝隆夫人的感情溢于言表。

七月九日大道由北向南横穿城市，下了大道没多远，便来到总统府所在的五月广场（Plaza de Mayo）。这座广场虽然不很大，但在文化意义上却颇似中国的天安门广场，是阿根廷的神经中枢。从 1810 年起，这里成为阿根廷举办所有重大政治活动的场所，因而，被阿根廷人视为共和国的政治中心。

阿根廷总统府

粉红色的总统府面对广场的阳台就是贝隆夫妇经常向公众讲话的地方，贝隆夫人曾在这里发表"阿根廷不要为我哭泣"（Don't Cry for Me, Argentina）的演说。电影 Evita 也在此拍摄。

导游特地为我们讲述了上世纪七、八十年代在这里发生的悲剧。在军政府统治期间，平民百姓的示威游行曾遭到军队的残酷镇压，估计有高达三万人"被消失"。至今他们的亲人仍在为寻找他们的下落而努力。广场周围的建筑物上

还刻意保留着当年军队开枪留下的弹痕，一个类似于"天安门母亲"的阿根廷民间组织在广场地面上印制了无数个戴着头巾的妇女头像，引起游人的好奇。当导游讲述了这段悲壮的历史后，我对这些寻找失去孩子的母亲们坚持不懈的精神顿生敬意。

寻找孩子的母亲

博卡区

离开五月广场后，不一会儿便来到博卡区（La Boca）。这里是布宜诺斯艾利斯最早的港口，十九世纪末二十世纪初，大量欧洲移民来到阿根廷后便在这里定居。这个以蓝领为主的地区逐渐以探戈、妓院和咖啡馆而出名；不但探戈发源于此，让阿根廷人感到骄傲的足球明星马拉多纳也从这里踢向世界。

探戈街是博卡区最有代表性的一个社区。刚下车，就被这里的色彩吸引了眼球。街两边的建筑都粉刷成异常鲜艳的颜色，比迈阿密的"小哈瓦那"的色彩更加明快和浓重。

这里的大街小巷与北京 798 艺术区的色调明显不同。如果说北京 798 艺术区是个社会经济快速发展的产物，还带有一种时代的灰暗色调，那么博卡区的演变则更加自然，色调也更加鲜亮。浓厚的生活气息，割不断的文化传统，博卡就是博卡。

走在街上，你能感觉到时代的脉搏在这里不曾停摆，生活在这里的人们并没有因为社会的改变而刻意改变自己的生活。因此，房子还是那些老房，新刷的油彩并没有掩盖历史的痕迹。

博卡真不愧是探戈的诞生地。徜徉在饭馆一条街上，每家饭馆门前都有探戈表演，且都水平高超。仅仅看看那令人眼花缭乱的舞步，颇富挑逗性的舞姿，顾盼生辉的眼神，即使您不坐下来用餐，在街上转一圈，原汁原味的探戈也会让您流连忘返。

街头儿衣著艳丽、活色生香的年轻女郎，也是博卡的一道风景。一座二层小楼的阳台上，教皇保罗二世的塑像和真人一样，依然那么慈祥，引来无数游人与之照相。生活与艺术在此无缝对接。

贝隆夫人在阿根廷的影响力绝对比"江青同志"在中国的影响力要大得多。姑且不论贝隆主义的是非功过，贝隆夫人的墓地却是布宜诺斯艾利斯的一个重要参观景点。

雷科莱塔（Recoleta）是布宜诺斯艾利斯的繁华区域，却有着一片规模可观的墓地。进入墓地，一座座历史悠久精

博卡餐馆一条街

博卡街上的教皇

雕细琢的阴宅与周围的住宅大楼比邻而居。一墙之隔，两个世界。贝隆夫人的墓就在其中。

如果用中国风水的观点看这个墓地的话，贝隆夫人的这块墓地就显得太平民化了，如同在一个小胡同里的一座小平房。如若不是经常有人前来吊唁，在这么大的墓地中能找到她的墓绝不是一件轻而易举的事情。虽然如此，贝隆夫人似乎仍活在人们心中。墓碑前摆放着很多鲜花，前来瞻仰的人络绎不绝。看来长眠于此的贝隆夫人一定不会寂寞了。

庇隆夫人墓

参观歌剧院和观看探戈演出是我们这次旅行中仅有的带有文艺性质的活动。哥伦布剧院是一座专门上演歌剧、芭蕾舞剧和交响乐的高水平的剧院，而我们在布宜诺斯艾利斯期间，这里没有演出。不过，仅仅参观这座建筑，也令人大开眼界。这座有着文艺复兴时代建筑风格的剧院虽然有一百多年的历史，但其内部依然金碧辉煌，不减当年风采。

参观完歌剧院，上了一堂探戈课，然后观看正规的探戈舞演出。揉合了西班牙佛拉明戈舞的狂野和非洲舞的节奏，这场精彩的探戈表演也让我们大饱眼福。

阿根廷有世界粮仓和肉库之誉，其慢火牛排尤为世人称道。

来一趟阿根廷，您千万不要错过品尝阿根廷牛排的大好时机。在阿根廷期间，虽然牛排没少吃，但印象最深的还是在一家农场的烤肉宴。

在布宜诺斯艾利斯的最后一天，我们参观了郊区的一家农场，刚到那里，就闻到一阵阵烤肉的香味扑面而来。地道的阿根廷牛排和常见的牛排不同，全程使用炭火烧烤，前后要六七个小时才能做熟。在农场吃这种慢火牛排，跟在蒙古包里吃烤全羊有得一拼。

一家阿根廷农场

这家农场有上百年的历史，规模比国内的农家乐要大得多，除了烧烤，农场主人还利用现成的资源开发出一些吸引游人的旅游项目，如把自己曾经居住的房间辟为展览馆，通过里面摆放的老家具和使用过的物件，再现农民几十年甚至上百年前的生活状况，颇有历史感。讲解园艺，品尝水果，骑马，赛马，跳探戈，一应俱全。我们玩儿了一溜够，终于等来慢火牛排端上了桌，听着音乐，喝着红酒，吃饱喝足了还可以跳上一曲。这样的农家乐，您要是来了一趟，一准儿还想再来！

圣地亚哥

告别布宜诺斯艾利斯，下一站便是智利首都圣地亚哥。

智利是世界上地形最狭长的国家，南北长四千多公里，从北部的沙漠到南端的冰川极地，风景独特。由于地处美洲大陆的最南端，与南极洲隔海相望，这里的帝王蟹驰名天下。入住旅馆后，同行的吃货们按耐不住，迫不及待地找到附近的一家海鲜歺馆，品尝帝王蟹。

在当地餐馆吃帝王蟹与在北京吃烤鸭很相似，帝王蟹由两个服务员用小车推出厨房，向在座的吃货们展示之后，一男一女俩服务员以娴熟的手法剥壳取肉，让人看得眼花缭乱。不一会儿，一盘盘雪白诱人的蟹肉就端上了桌。虽非饕餮之徒，但我坚定相信，饮食是文化的重要组成部分，是了解不同文化的必要途径。

圣地亚哥

听说，智利目前是南美经济发展的领头羊，这从市容市貌上就看得出来。我们下榻的旅馆就在近几年刚刚落成的南美最高大厦对面，从城里每个角落都能看到它，因而，我们在圣地亚哥不用担心迷路。由于住在市中心，即所谓的"圣哈顿"，能够近距离体验这个城市跳动的脉搏。上班时间，街上的情形像曼哈顿一样人潮滚动，川流不息。年轻人形色匆匆，在闪着绿灯的路口迅速穿行。这是一个繁忙的城市，懒散在这里好像没有市场。

早晨随团游览市容。圣地亚哥的街道虽然没有布宜诺斯艾利斯宽阔，甚至有些拥挤，但秩序井然，显得更加干净整洁。在披着白雪的安第斯山峰的映衬下，透出一股气定神闲的韵味。如果说布宜诺斯艾利斯在格局上像巴黎的话，那么，圣地亚哥则更像伦敦。

雾锁春寒，坐在车上，走马观花，感觉也像这座城市一样，气定神闲。料峭的寒风未能阻挡春天的脚步，街上的树梢都染上了新绿，鲜花到处盛开。市内的住宅体量不大，却相当精致，足见当地人的生活水准到达了一定程度。

在市区一座山包上的植物园里转了一圈，鸟语花香未能留下我们匆忙的脚步，很快，我们便来到圣地亚哥人气爆棚的中央市场。这是一个传统的购物商场，来这里的人都是当地老百姓。市场里蔬菜水果，鸡鸭鱼肉，小商品和特色小吃的摊位令人目不暇接，眼花缭乱。导游告诉我们，这里一家餐馆的本帮菜绝对一流，游览完武器市场后可以回到这里吃饭。

圣地亚哥的武器广场和宪法广场

中央市场离圣地亚哥著名的武器广场（Plaza de las Armas）只隔几条街，穿过熙熙攘攘的人群，我们便来到武器广场。由于历史的原因，很多南美国家都有武器广场，实际上，就是市中心广场。圣地亚哥大都会教堂(Catedral Metropolitana de Santiago)、

中 央 邮 政 局（Central Post Office）、 国 家 历 史 博 物 馆（National Museum of History）和圣地亚哥市政厅等都集中在这个广场。

我们从街边一个侧门进入中央邮政大楼。这座殖民地时代的总督官邸，在智利独立后曾为总统府，后来，建了新的总统府后，经过改建，这座建筑便成了中央邮政局大楼。穿过天井，依然能够看到这座建筑当年的气派。从中央邮政大楼前门出来，就是武器广场。

广场上人山人海，游人居多，盘桓不久，我们便离开这里去寻找对我们更有吸引力的宪法广场（Plaza de la Constitución）了。

武器广场西边一条街上，是前国会大厦。现国会大厦已经移到海滨城市瓦尔帕莱索。再往南走便是宪法广场，广场内的白色建筑是智利的总统府。我们之所以对智利总统府更感兴趣，还是因为智利前总统阿连德。

说到智利，除了知道这个国家是世界上出产铜最多的国家外，可能就是萨尔瓦多·阿连德（Salvador Guillermo Allende Gossens）了。阿连德上世纪五十年代就访问过中国，与中国领导人建立了很好的私人关系。1970 年，阿连德通过民主选举当上智利总统。当政期间，他试图带领智利走社会主义道路。因此，当时中国媒体对他有很多报道，国人对这位总统也就熟悉了。

可惜的是，阿连德当政没几年，智利出现了恶性通货膨胀，经济几近崩溃。1973 年，皮诺切特将军发动军事政变，率兵包围总统府，这个很有"小资情调的社会主义者"在他的办公室内用他的朋友卡斯特罗赠送给他的 AK-47 步枪饮弹自尽。同行的朋友均对阿连德总统印象深刻，找到他的雕像后纷纷与之留影。

旅行中，人们往往能够遇见人生旅途中值得回味和纪念的人物和历史事件的遗迹，从而唤起对那些人物和事件的重新思考，结果，往往是物是人非，不堪回首。

智利总统府（下图）自 1932 年以来，每隔 48 小时，在上午 10 点至 10 点半，总统府卫队和仪仗队都要举行隆重的换岗仪式，场面壮观。我们到达总统府时早就过了换岗时间，没机会看到换岗仪式，却看到一帮智利大妈对着总统府高喊口号。由于不懂西班牙语，也不知她们在喊什么，但能看到她们都挺高兴。

据导游说，熬过了十多年的军政府统治的黑暗时期，智利人民获得了民主权力，经济有了长足发展，老百姓享受的自由也比以前好了很多。看着这些大妈们对着总统府高喊口号的兴高采烈的劲头儿，真为智利人民感到高兴。

很多人都说武器广场是小偷聚集的地方，我们并没在意。游览完武器广场和宪法广场准备回到中央市场吃饭的时候，我们同行的一位妹妹发现自己的手机没了。刚才还用手机导航呢，怎么一下子就没了呢？赶紧向正在巡逻的警察报告。巡警听完报告后也表示无能为力。不由得不佩服这里小偷的高超技巧！

智利总统府

　　我们南美之行中遇到两座山，里约的基督山和圣地亚哥的圣母山。这两座有母子关系的山又恰巧是两个城市的制高点。在中央市场吃过饭后，我们徒步走到圣母山脚下，然后乘索道车登上圣母山，一路上，在市内的很多地方都能看到山上的圣母在频频向我们招手。

　　终于登上圣母山，山上郁郁葱葱，花香馥郁，弥漫着浓烈的宗教气息，诸多宗教雕像掩映在花丛之中。山的最高处，屹立着圣母玛利亚雕像，坐北朝南，洁白如玉。圣母慈眉善目，双臂舒展，好像比里约的耶稣像更有亲和力。圣母像规模虽不如里约的基督像那么巨大，但历史更为久远。圣母像建于 1903 年，是法国著名雕刻家瓦尔多斯内的杰作。圣母脚下是一座教堂，内部简洁，有信徒在此虔诚祈祷。教堂后面的一面铁栏上，挂满了吉祥锁。

　　站在圣母像下，圣地亚哥一览无遗。

瓦尔帕莱索

　　瓦尔帕莱索（Valparaiso）被称为智利文化之都，位于首都圣地亚哥西北约 120 公里的太平洋岸边。我们用了一天的时间专门游览了这座城市。

　　从圣地亚哥到瓦尔帕莱索途径卡萨布兰卡山谷，沿途见到漫山遍野的葡萄园。近年来，智利葡萄酒在美国市场上逐渐增多，且价格便宜。我曾喝过，味道不错。看到这里的葡萄园，才知道这里是智利的葡萄酒产区。其规模之大，令人叹为观止。

　　以前对瓦尔帕莱索知之不多，只知道从印第安纳波利斯去芝加哥的路上，经过一个小城也叫瓦尔帕莱索。其实，印第安纳州的瓦尔帕莱索和这座城市还真能扯上点儿关系。

印第安纳州的瓦尔帕莱索 1836 年建城的时候，叫做波特斯维尔（Portersville），以赫赫有名的海军英雄大卫.波特（David Porter）名字命名。但这位波特将军还挺谦虚，要求这座小城改名为瓦尔帕莱索，以纪念他海军生涯中遭遇的唯一一次走麦城的经历。在 1812 年战争中，波特船长指挥的 USS Essex 射程不敌英舰，结果在瓦尔帕莱索与英军交战中被打得狼狈不堪，只能向英军投降。好在英军善待战俘，事后波特将军继续在海军服役，最后死于美国驻土耳其大使任上。

瓦尔帕莱索民居

瓦尔帕莱索自十六世纪成为西班牙殖民地后，便成为连接南美洲和欧洲的重要港口。那时欧洲人前往南美或北美洲靠近太平洋一侧的西岸地区，都要绕行南美洲南端的麦哲伦海峡，而瓦尔帕莱索就位于麦哲伦海峡上部的太平洋岸边。于是，这个小镇就逐渐发展成为美洲西海岸至欧洲必然停靠的补给港。

十九世纪中叶美国加州的淘金热为瓦尔帕莱索带来发展的黄金时期。欧洲移民蜂拥而至，这个居民不多的西班牙小镇迅速发展成为种族和文化多元的大城市。

然而，随着巴拿马运河在 1914 年的开通启用，美洲西海岸通向欧洲的船只绝大部分改走运河。瓦尔帕莱索的重要地位顿失，昔日风光不再。

尽管如此，瓦尔帕莱索并未从此一蹶不振，她以自己的艺术特色赢得世人瞩目。车一进城，但见海边舒缓起伏的山坡好似丹霞地貌，色彩斑斓。其实，那是依山而建被刷成各种颜色的民居，赤橙黄绿，大放异彩；壁画涂鸦，随意挥洒。导游带着我们走街串巷，如数家珍般地介绍这座城市的典故，直令我们动起想到这里退休的念头。

瓦尔帕莱索旧城区在 2003 年被联合国教科文组织列为世界文化遗产，并被国家命名为"智利的文化首都"，果然实至名归。

神秘的复活节岛

复活节岛是我们这次南美旅行的最后而且也是最重要的一站。上午从圣地亚哥飞往复活节岛，下午才到。虽说复活节岛现归智利管辖，但它是世界上最与世隔绝的岛屿之一，与智利本土有着三千七百公里距离，坐飞机也需要五、六个小时。入住当地旅馆后，在海边散步，一种远离现代文明的感觉油然而生。

之所以来这里，只为能亲眼看到那些冷峻的巨石像--摩艾（Moai）。现如今，许多权威旅游杂志列出的人生在世必看之地的单子上总少不了复活节岛。历史学家和考古学家对摩艾的研究和解释至今尚无定论，这就更激起我们对复活节岛的兴趣。

抵达复活节岛的翌日，一个拉帕努伊族导游带我们游览岛上的重要景点，并为我们介绍了岛上的原住民拉帕努伊人的历史文化和生活习俗。

据这位导游小姐讲，大约公元三、四世纪，玻利尼西亚人的一支来到无人居住的拉帕努伊岛，并坚信此岛是世界的中心。拉帕努伊(Rapa Nhi)就是"世界的肚脐"的意思。这些拉帕努伊人在岛上创造并发展了自己的文明。当然，这个文明是以摩艾崇拜为核心的。由于拉帕努伊人太看重摩艾，以致于在此后一千多年的时间里，还停留在人类文明发展的石器时代。由于环境的破坏和文明的衰落，在西方人发现这个岛屿之前，这里已经发生了骇人的人道主义灾难。

复活节岛与西方现代文明的接触始于 1722 年复活节的星期日。荷兰航海家雅可布.罗赫芬(Jacob Roggeveen) 在这一天发现了这个小岛，并将其命名为"复活节岛"，从此，这个小岛才为世人所知。

后来，各国探险家都曾到访过这个小岛。但岛上的荒凉却让人触目惊心。1774 年，英国著名航海探险家库克船长路过这里，看到岛上满目疮痍后，他在航海日志里写下这样的话："上天对这个小岛极端吝啬，…没有人会对这里感兴趣"。

世事殊难予料，两百年后，人们竟会对这个荒岛如此迷恋。

复活节岛最吸引游人的当然是摩艾。导游带我们参观了岛上的几个供奉摩艾的神坛及开凿摩艾的场地。大约在十世纪到十六或十七世纪的岁月里，拉帕努伊人建造了近千个摩艾石像，这些石像基本上为半身，大多整齐排列在 4 米多高的长方形石台上，背向大海，只有一处例外。石像高 7-10 米，重量从 20 吨到 90 吨，最重的竟然达 200 吨。有的摩艾石像戴着红帽子，他们的相貌大都是长脸、长耳、鼻梁挺拔，棱角分明，目光深邃，表情自信。站在这些无言的摩艾面前，穿越时空，跨越文明，感到非常震撼。

在开凿摩艾的场地，导游为我们讲解了打造摩艾的程序。有个尚未完工的摩艾石像仍然躺在那里未与山体剥离，一些未及

朝阳沐浴下的摩艾

运走的摩艾则稀稀拉拉地散落在山坡上，有的只在地面上露个头。从工艺角度讲，即使处于石器时代，拉帕努伊人打造这些石像困难重重，但也不难理解。然而，至今令人不解的是，没有起重设备和运输工具的拉帕努伊人如何把凿制好的摩艾运送到岛上各个不同的神坛。考古学家虽然提出诸多假设，但仍无法获得令人信服的结论。这就是为什么这个小岛成为世界之谜的原因。

晚上，导游带我们在岛上的一处神坛观看日落。当夕阳缓缓沉入大海，晚霞染红了半边天，岸上的人们纷纷抢拍这令人惊艳的场面时，唯有神坛上的一排摩艾，依然保持着冷峻的表情，无动于衷。

尽管考古学家能够利用现代技术手段鉴定摩艾的年龄，甚至能够使用科学方法研究拉帕努伊文明的兴起和衰落，但他们恐怕无法理解拉帕努伊人的宗教情结。

每当我面对摩艾的时候，常常会被这个问题困扰，那就是到底是神创造了人呢？还是人创造了神？摩艾崇拜是导致岛上棕榈树灭绝的一个重要原因。面对为崇拜自己而饱受苦难的人们，摩艾一如既往地无动于衷。

拉帕努伊人的摩艾崇拜导致岛上资源耗尽，森林被砍光了，才不得不停止制造摩艾。岛民失去造船的木材，无法去远海捕鱼，近海的鱼虾及鸟类也很快枯竭，于是，爆发部落战争，争抢有限资源。战争导致大规模的人类灾难，连岛上的摩艾都被一个个打倒在地。这种信仰危机对于我们这些经历过信仰危机的人来说，好像似曾相识。

尽管如此，拉帕努伊人似乎无法停止对神灵的崇拜。摩艾倒了，他们很快又创造出一个新的宗教——"鸟人"教。

我们在岛上参观了一个专为鸟人举办竞赛活动的场地。这是一个海边村落。房屋矮如窝棚，门似小洞。这里是他们举办鸟人竞赛的"奥运村"，其建筑质量的低劣更让人感到惊恐。"鸟人竞赛"实际上是一种简易的五项全能运动，选手们徒手攀岩渡海将当地一种候鸟的蛋从附近的一个小岛上拿回来，最先拿到者为胜。一年一度竞赛的获胜者被奉为"鸟人"。作为神一样的"鸟人"及其所属部落在新的一年中享有极大特权。

然而，鸟人教依然改变不了拉帕努伊人的悲惨命运。

参观完岛上最大的火山口后，我们来到一个"帽子工场"。微信上有朋友问为什么有的摩艾戴帽子，有的则不戴？戴帽与不戴帽有什么性质上的区别？到了帽子工场，这个问题得到了满意答复。原来，早期的摩艾都不戴帽子，戴帽子的摩艾都属于拉帕努伊人历史上的现代摩艾。因为帽子工场是后来才兴建的。这就如同民国时期当官的没人被戴上"走资派"的帽子是一个道理，因为那时还没有"帽子工厂"。

自智利吞并复活节岛后，在一段很长时间内，智利牧羊公司在岛上放牧。拉帕努伊人被限制在岛上资源匮乏的特定区域内生活。任何企图偷窃羊只的人，抓住后都会被流放到南美大陆。原住民本来人数就少，反抗也起不了作用。直到 1956 年，智利海军撤离复活节岛，并永久解除对原住民的限制，拉帕努伊人才开始享受现代文明的成果。现在，岛上三千多拉帕努伊人是这个岛土地的唯一主人。我们的导游就是

复活节岛上的采石场

个拉帕努伊姑娘，英语说得挺溜，曾在西班牙留过学。但她仍选择回到复活节岛生活，因为，她觉得这里才是她的家，才有如鱼得水的感觉。一天，我们在饭馆里遇到她和男朋友一起来吃饭，小伙子是个喜欢非主流文化的欧洲人。外国人在这里不能买房买地，找个当地姑娘在此落户，可能是一条捷径。

在远离现代文明的小镇上闲逛，别有一番情趣。每次参观活动结束后，我喜欢到小镇街上走走，简简单单的几条街，大部分

是旅游纪念品商店。每到一地，我喜欢买一两件当地的物件留作纪念。逛了很久，都没看到合适的东西，绝大多数纪念品都是"世界工厂"中国制造的。直到最后，买到一块洁白的珊瑚，了却了心愿。

度假时间过得飞快，假期很快就要结束了。在启程回家的凌晨，我们披星戴月，赶往海边观看复活节岛上的日出。一片乌云在黎明前就顽强地占据着日出的位置，直到日上三竿之时，才摇身变成灿烂的朝霞，让阳光撒向海洋，撒在岛上，给摩艾涂上一层金装。

拉帕努伊人崇拜的世界的肚脐眼

寻找达尔文的足迹

　　厄瓜多尔在我的印象中，总是与赤道和香蕉纠缠在一起。这个国家地处赤道，盛产香蕉，由于厄瓜多尔在国际舞台上很少抛头露面，久而久之，对这个国家的印象就只剩下赤道和香蕉了。我们这次旅行之所以选择来厄瓜多尔，当然既不是为了体验赤道的炎热，也不是为了香蕉。我们的目标是厄瓜多尔所属的位于太平洋中的加拉帕戈斯群岛（即达尔文群岛）。到了基多之后才发现，厄瓜多尔本土也是一个值得一游的地方。这里是拉美旅游的热点，有多样的自然风光和丰富的民俗文化传统。

基多老城

　　我们在厄瓜多尔的第一个落脚点是厄瓜多尔首都基多（Quito），下榻于一个公园附近的旅馆。基多老城在 1978 年就被纳入世界文化遗产名录，足以证明其历史价值。

　　基多老城始建于 1533 年，是世界上唯一的离赤道最近的首都，一年四季气候温暖。对于我们这些来自寒冷的美国中西部的人来说，感觉尤其深刻。我们在基多仅仅逗留一天，只能走马观花地看看这座城市的著名景点，因而，第二天一大早便叫出租车载我们前往基多城北的赤道纪念碑公园。毕竟，厄瓜多尔号称"赤道之国"，遐迩闻名的赤道纪念碑总是要看看的。

我们的出租车司机是个有把岁数的老头儿，个头不高，人干净利索，显得很精干。聊了几句，还能说点儿英文。这在普遍说西班牙语的拉美国家是很难得的。他的英文名叫吉米，问能不能全天包他的车，他没任何犹豫就答应了我们。他三排座的车个大、舒服。听了我们在基多想逛的几个景点，吉米二话没说，开车走人。他不仅熟悉这些景点，而且开车风格飚悍。路上跟他闲聊，才知道他年轻时曾在美国东海岸打工多年，所以，见着我们多少有点儿见着半个老乡的劲头儿。看着老爷子开车的派头，很难把他和那些在美国人家后院割草的"老墨儿"联系在一起。然而，不少"老墨儿"偷渡到美国，不就为打几年工挣点儿钱，然后回国把日子过好点儿嘛。看来我们这位司机大叔应该就属于这类人了。

基多是个有三百多万人口的大城市，平铺在舒缓的山谷中间。街道上挤满了车，大都是日本和韩国出产的轿车，使街道显得有些拥挤。街道两旁的店铺人来人往，生气勃勃。尽管新建筑不多，但整个城市打扫得很干净，路边卖早点的小摊，让人看着感到亲切。

赤道纪念碑

不知不觉，赤道纪念碑公园就到了。吉米开车快，到了公园门口还没开门，他于是下车找来看门的，不一会儿，就把车开进了停车场。看他和看门人说话的劲头儿，好像熟人似的。

赤道纪念碑公园建得很有特色。进去逛一圈，像上了堂地理课。可能是刚刚开门的缘故，这里游人不多，环境宜人。进入大门，一条笔直的大道直通纪念碑脚下，两旁伫立着众多世界著名地理学家的雕像，一条黄狗非常友好地跟着我们在这些雕像中穿行。

　　赤道纪念碑（右图）建于 1979 年至 1982 年间，高约 30 米，呈正方形，用赫红色花岗岩建成，显得庄严稳重。碑身四周刻有醒目的 E、S、W、N 四个英文字母，代表东、南、西、北四个方位。碑面上刻着西班牙碑文，下面还有一行西班牙文："这里是地球的中心"，"经度：西经 78 度 27 分 8 秒；纬度：0 度 0 分 0 秒"。当然，站在地球中心拍照成了来这里的游客热衷的活动。据说，根据专业 GPS 设备的精确测量，这座纪念碑实际上偏离

赤道纪念碑

了赤道线。但这个误差一点儿也不影响游人们拍照的热情。

　　纪念碑顶端安放着一个铜铸的地球仪，中间刻有一条清晰的白线，代表赤道线。这条白线与延伸到地面上印着的不容忽视的黄线联成一体，把地球划分成南北两个半球。在这里，您可以体验一把"一只脚还在北半球，另一只同时跨进南半球"的喜悦。拍完照，乘电梯登上纪念碑顶部参观，整个公园一览无遗。远处，群山环抱，脚下，郁郁葱葱。贯穿东西的纬度线最为醒目。站在这条线的两边我在想，人不能两次踏入同一条河流，而此时，我却脚踏南北两个半球，何其幸运！

返回基多老城之前，司机吉米把我们带到那个据说离赤道更近的小公园，与赤道纪念碑公园相比，真是天壤之别。于是，抓紧时间，打道返城。不一会儿功夫，车进老城区，街景变幻无穷，地地道道的西班牙风情。

由于厄瓜多尔经历了被西班牙殖民统治 300 多年的历史，所以，西班牙文化和印第安文化相融合造就了具有拉美特色的基多。现在，基多的老城区还保留着大部分西班牙殖民时代的风貌。

吉米家住老城中心，对老城了如指掌。他大包大揽，人又靠谱。于是，他又成了我们的导游。他首先把我们送到巴西利亚大教堂（Basílica del Voto Nacional），从那里开始领略老城的风貌。

巴西利亚大教堂

这座矗立在闹市的巨大的哥特式教堂是基多的标志性建筑。西班牙殖民者在征服印加帝国的过程中，为了有效地对印第安人实施政治统治并达到重塑当地文化与社会的目的，所到之处，摧毁原住民的神殿，在其基础上建造天主教堂。以今观之，这个政策还是相当成功的。

当然，西班牙殖民者还是非常重视把基督教的普遍真理和拉美国家的具体实践相结合的，以至于现在的拉美国家独立后，大都还选择使用西班牙语并信奉基督教。这种文化上的融合与重塑在这座教堂上也有所反映。欧洲国家的教堂，外墙上作为装饰的五脊六兽往往都是圣经里的妖魔鬼怪，但这座教堂却使用了加拉帕格斯群岛上的特有动物，蓝脚鲣鸟、军舰鸟、海鬣蜥、象龟作为装饰。这真是一座具有厄瓜多尔特色的天主教堂！

巴西利亚大教堂被狭窄的街道紧密包围。由于与其他建筑缺少分割空间，更显得鹤立鸡群。为了拍一张教堂正门的全景，我不得不跑到对面街上人家的门洞里才把全景拍下来。据说，这座教堂是全美洲最大的哥特式教堂，双尖塔高 115 米，在基多的各个角落都能看到。

世界上几个著名的哥特式教堂都有一个共同点特点，那就是让人进去之后不由自主地产生庄严肃穆的神圣感觉，站在教堂中你会感到自己的渺小，但在细节上则大同小异。这座教堂的不同之处是，允许游人爬到塔

巴西利亚大教堂

楼顶端。我们买票登上塔楼，那真是一次难忘的经历。

登上塔楼，别有一片天地。远处有座小山，俗称面包山。山上有座圣女像，与大教堂遥遥相望。中间地带是整个老城区的地界儿，白墙红瓦在蓝天白云的映照下，生机勃勃，显得很阳光。

关于这座教堂有个说头儿，就是它的完工之日便是世界末日。因此，自开建以来，至今尚未正式完工。为此，我还特意各处看看，到底哪里还没完工。找了半天，才看到一个塔楼的台阶上堆放着一些施工材料，只能勉强说还在继续施工。至于这是不是迷信，只有上帝知道。

参观完巴西利亚大教堂，吉米带我们去他朋友开的一家餐

馆午餐。一路上，很多人和他打招呼。看得出来，他在这一带是个吃得开的人物。这家餐馆的位置很好，离武器广场只一箭之遥。餐馆看似会所，内部陈设复古，在露天阳台上看老城街上熙熙攘攘的行人，有一种穿越时代的感觉。

基多城是十六世纪在印加城的废墟上建立起来的。尽管经过 1917 年的大地震，这座城市至今仍然保持着原来的风貌。吉米带着我们在老城区内穿街走巷，不一会儿，就来到了老城中心的武器广场。

跟所有拉美国家的老城一样，基多市中心也有个武器广场，周围环绕着总统府、天主教堂和博物馆等重要建筑。广场中心矗立着一座纪念碑，纪念当年为厄瓜多尔独立而奋斗牺牲的勇士。最上面的自由女神像，跟纽约的自由女神像一样，都是由法国的设计师制作。由于这座纪念碑的原因，这里的武器广场也被称为独立广场。

基多不同时期和风格各异的教堂很多，其中圣弗朗西斯科修道院教堂（Iglesia de San Francisco）和孔帕尼亚教堂（Iglesia de la Compañia de Jesús）最为有名。走在鹅卵石铺砌的狭窄的街道上，吉米一边讲解这些教堂的历史，一边如数家珍般地讲述老城故事。

圣弗朗西斯科教堂气势恢宏，广场尤为壮观，但孔帕尼亚教堂却给我留下了更深刻的印象。这座巴洛克式的建筑，外表古朴，内部装修极其夸张，教堂四周墙壁以及天花板上镶嵌有精美的金叶图案，黄金色的雕饰，以及纯金的圣坛，既显示出当年的无限风光，也具有历史文化价值。尽管教堂内禁止拍照，能够进去一饱眼福也不虚此行了。

　　晚饭后，在旅馆附近的公园散步。公园里有很多小摊贩，有卖小商品的，有卖小吃的。摊位有大有小，不太正规。好像这里没有城管，未能把公园整治得整齐划一，却使公园看起来更像公园。公园的一角，聚集着很多人，走过去一看，都是打牌的，有坐有站，还有围观的。每个人面前都摆着一些小钱，有钢镚儿，有钞票。看来这是当地人的一种休闲方式。返回旅馆途中，见几个年轻人趁着红灯亮时在十字路口跳街舞，舞技高超。

圣弗朗西斯科

　　基多，一个文化底蕴丰厚，百姓安居乐业的城市！可惜未能在这里多逗留几天，但愿下次再来，能对这个城市有更多的了解。

　　告别基多总觉得有些不舍，因为这座城市给我的感觉比先前印象中的要好很多。

基多老城

加拉帕戈斯群岛

达尔文塑像

清晨前往机场，飞往加拉帕戈斯群岛（Islas Galapagos），司机吉米怕我们行李多，特意叫上他的儿子开两辆车送我们去机场，真叫人感动。飞机准时，午饭前便抵达圣克里斯托伯（San Cristobal），入住小镇上的落日旅馆。这个岛是加拉帕戈斯群岛的首府，街面上宁静安详。旅馆房间面朝大海，是个亲近自然让人放松的好地方。

加拉帕戈斯群岛，又称科隆群岛，位于南美大陆以西 1000 公里的太平洋面上。群岛处于三大洋流的交汇处，是海洋生物的"大熔炉"。持续的地震和火山活动及与世隔绝的地理位置，促使群岛内进化出许多奇异的动物物种，"有生物进化活博物馆"之称。由于达尔文的关系，这个群岛也被称为"达尔文群岛"。

圣克里斯托伯岛

1835 年，达尔文就是在圣克里斯托伯岛登陆，并在加拉帕戈斯群岛考察了五个星期后，产生灵感，才逐渐形成了进化论的思想。尽管这个炎热、尘土飞扬的火山岛对达尔文来说如同地狱，但他发现了这里的动植物为适应自然环境而产生的变化。这个物竞天择的现象给了他重大启发，为他的"适者生存"的进化论观点提供了有力的证据，促使他最终提出进化论学说，影响至今。

现在，加拉帕戈斯被生物学家和生物科学爱好者视为朝圣之地。听说我们来这个群岛，大学期间主修生物的女儿羡慕不已，盼望着以后有机会也能来此一游。鉴于加拉帕戈斯群岛特殊的自然环境，1978 年联合国教科文组织将其列入世界自然遗产名录。

正在办理旅馆入住手续时，就见一只海狮冲着我们叫并挥手致意，走过去一看，岸边的海狮海狗比街上的游人绝对不少。人行道上的大蜥蜴，座椅上的海狮，近在咫尺的海鸟，如入无人之境，往来的行人对这些动物也视若无睹。人与动物，相处合谐，互相尊重，正是加拉帕戈斯的独特之处。

午饭后，我们前往岛上的加拉帕戈斯历史文化博物馆（The Interpretation Center）参观，距离旅馆不远处，便见到了达尔文及其乘坐的"小猎犬"号帆船的雕塑。尽管这座塑像显得有些粗糙，人们仍然纷纷拍照留念，毕竟，达尔文的名声还是尽人皆知的。

来圣克里斯托伯岛的第二天，我们参加了一次潜水活动。

潜水是加拉帕戈斯群岛旅游活动的一项重要内容，这里不但气候宜人，而且野生动物多，海底世界五彩缤纷。更让我喜出望外的是，潜水地点皮靴岩（Kicker Rock）本身就是绝佳景观。皮靴岩是圣克里斯托伯岛边的一块礁岩，远看像皮靴，近看似睡狮，靴帮处，一道裂缝，笔直若刀劈，非鬼斧神工不可得。

船行半小时的光景，来到皮靴岩脚下，真正体会了一次潜水的乐趣。导游带着我们在一线天似的岩石缝隙中欣赏潮起潮落，大自然的奇妙，难以言说。皮靴岩周边水域，深不可测。这里应该是个峡谷，海水至清而鱼多，且五颜六色，置身其中，尽情体验鱼之乐也！忽然，手触一物，以为同伴身体，浮出水面，表示歉意，竟是海狮一头。这里的海狮，好像比较厚道，虽然碰了它一下，它并不生气，还与我同游了一会儿，然后扬长而去。

游览加拉帕戈斯群岛，即可选择乘坐游船，也可选择跳岛。跳岛比较自由，可以自选去哪个岛，逗留多长时间。我们采用了跳岛模式，在圣克里斯托伯岛玩了两天后，乘轮渡前往圣克鲁兹岛（Santa Cruz），然后从那里再去伊莎贝拉岛。

圣克鲁兹岛

圣克鲁兹岛是加拉帕戈斯外来游人最为集中的地方。码头上的热闹程度远非圣克里斯托伯可比。入住旅馆后，听取了旅馆老板的建议，我们率先参观了岛上的达尔文研究中心（Charles Darwin Research Station）。

这个研究中心规模不大，属于一个致力于保护加拉帕戈斯群岛生态系统的非赢利国际性组织。研究中心像个小型植物园，许多超过百年树龄的仙人掌树星罗棋布于园林之中，令人称羡。一些人工繁殖的小陆龟和受到特殊保护的陆龟及其他动物也生活在这里。

当然，这个研究中心之所以举世闻名在很大程度上是因为孤独的乔治（Lonesome George）。谁是孤独的乔治？不是人，是个象龟。加拉帕戈斯群岛（Galapagos Islands）在西班牙语中就是"龟"的意思。当年这个群岛上曾经生活着数量可观的巨龟，是名符其实的龟岛。

由于地理原因，这里的巨龟几乎没有天敌，懒惰使它们的体型逐渐变得比大陆上的乌龟祖先更大，缓慢的新陈代谢使它们能够依靠岛上贫脊的食物资源生存。当年达尔文来这里的时候，象龟的数量大约有二十五万只左右，到上世纪九十年代只剩下一万五千只。象龟数量锐减的原因是十八至十九世纪时，它们遇到了可怕的天敌，那就是光顾这里的捕鲸者和海盗。象龟在没有食物的情况下可以存活 6 个月到 3 年之久。在那个没有冷冻设备的年代，捕鲸者和海盗们捕获了很多象龟放在船上作为他们的食物，现吃现杀，既不用担心储存问题，而且相当美味。

孤独的乔治于 1971 年在平塔岛（Pinta Island）上被美国动物学家约瑟夫·瓦格沃尔吉（Joseph Vagvolgyi）发现。当时，岛上的平塔岛龟仅剩一只。为了保护这个亚种群，孤独的乔治于次年被安置到了达尔文研究中心，与两只其他亚种的雌龟一同饲养以繁殖后代。然而，直到乔治去世，繁殖后代的任务也没完成。

孤独的乔治 2012 年去逝后，它的遗体被制成标本供人参观。虽然岛上骄阳似火，走进乔治纪念堂瞻仰它的遗容时，我仍为人类当年残酷屠杀陆龟的所作所为感到心寒。

象龟

下午游览龟园，看到许多巨龟在园中受到很好的保护，真为它们感到庆幸。

如果说参观达尔文研究中心多少有点儿朝圣的味道，那么，北西摩岛（North Seymour Island）一日游则是一次开心之旅。早晨乘车前往圣克鲁兹岛的另一小码头，登船前往该岛。

一路上，导游给我们介绍岛上的自然环境和生态持征。他英文流利，条理清晰，知识渊博，待人热情。为什么岛上的树不长树叶？为什么岛上的仙人掌惨遭灭顶之灾？为什么岛上的花颜色都是黄的？这些自然现象，经他一讲，让人茅塞顿开。他对岛上的动植物如数家珍。跟着他在岛上转悠，既长知识，也不觉得累，尽管当天烈日炎炎。

陆鬣蜥

我们登陆的小艇刚刚抵达小岛，就有一大群军舰鸟前来欢迎。据导游讲，北西摩岛是军舰鸟和蓝脚鲣鸟的栖息地。这个小小的无人岛上还有八千多只陆鬣蜥，正因为它们的入侵，导致了岛上的仙人掌大量死亡。加拉帕戈斯国家公园准备从岛上每年移走两千只陆鬣蜥，五年以后，这个仙人掌的克星将从岛上彻底消失。看来，人类小规模改变自然环境的能力还是巨大的。

伊莎贝拉岛

伊莎贝拉（lsabela lsland）岛是我们跳岛游的最后一个岛。与上次轮渡不同，这天的海面无风三尺浪，船又较小，极为颠簸。启航不久，便有人晕船。航行两个小时后，终于登上伊莎贝拉岛。

伊莎贝拉是加拉帕戈斯群岛中最大的岛，面积 4600 多平方公里。与圣克鲁兹岛相比，伊莎贝拉岛显得更原生态，甚至有些荒凉。

我们入住的海滩度假屋离港口不远，面朝大海，涛声不断。

办好入住手续，上街寻找餐馆，仿佛走进一个村庄。中午时分，烈日当头，酷热难耐，忽见一位大叔，路边叫卖椰子，是刚从树上摘下来的，购之，人手一枚，清凉解渴。这位大叔是个话痨，而且会说英语，一边给我们收拾椰子，一边唠叨着当年来到这个岛上的故事。

由于上午航行颠簸，午餐后来不及下海游泳便在涛声中进入梦乡，醒来烈日已被云遮去，微风送爽。想关心一下国内新冠肺炎疫情形势如何，无奈网速极慢，只好做罢。处于无网状态的一个好处是，人们有更多时间亲近自然。于是，我们走进不远处的泻湖火烈鸟保护区闲逛。

保护区内火烈鸟不多，但其布局很有特色，步道在茂密的丛林中延伸，把我们带向林深更深处，以至半途之中，竟生原路返回之念。经一对在园内散步的夫妇指点迷津，才顺利回返。

伊莎贝拉岛以火山闻名。这里有六座火山，其中的五座是活火山。位于岛南中心地带的 Sierra Negra 曾于 2018 年 7 月爆发，导致当地居民大批疏散。为了一睹火山真容，我们参加了火山一日游，一早便乘车来到火山公园。没想到，天不作美，路上便淅淅沥沥地下起小雨，整个园区笼罩在雨雾之中。既然来了，无论如何也得近距离看看火山口不是？于是，沿着火山口边缘的小道，奋勇前行。这时才想起，此时正是加拉帕戈斯群岛的雨季。

我们在伊莎贝拉也参加了一个观赏动物的一日游活动，感觉这是群岛上众多的一日游里面组织得最好的一个。

早晨乘车到附近码头上船，导游先简要介绍活动内容，浮潜的注意事项及可能看到的动物。讲完之后，游艇高速行驶，也就半个钟头，便到达浮潜地点——Tuneles。这里的水下世界，既不像皮靴岩水域那样深不可测，也不像圣克鲁兹无人岛那样海狮横行。海底有沙滩、岩石、溶洞和草地，花花绿绿，丰富多彩。一群群的热带鱼，把这片海底世界装点得千姿百态，五彩缤纷；溶洞中的鲨鱼、沙滩上的海龟、枯枝旁的海马和不同种类的魔鬼鱼，形成一个和谐的水族社会，成为伊莎贝拉岛旅游的金字招牌。这次浮潜给我印象最深的是与海龟近距离接触，看它在海底吃草的那种优雅姿态。

看完海底世界，导游带我们游览一片由火山岩堆积成的海滩。这里礁岩林立，怪石嶙峋，海水透明，从船上望下去，宛若石林。船在水中走，人在画中游。弃船登岸，火山岩上稀稀拉拉的仙人掌和低矮的灌木丛无不表现出这些植物顽强的进化能力。导游在一家蓝脚鲣鸟的领地旁给我们讲起这种鸟的生活习惯，

海龟，摄影 贺小强

边说边学雄鸟求偶时的滑稽动作，引来笑声连连。更令人惊喜的是，我们在这里看到了赤道企鹅。企鹅大多生活在南极，赤道企鹅是唯一的生活在赤道的企鹅，且数量极少。

告别伊莎贝拉岛后，我们再次返回圣克鲁兹岛。一上岸，好像从农村回到城里。在旅馆稍休息一下，便前往附近的龟湾（Tortuga Bay）公园一游。

公园内，林密鸟鸣。虽烈日当空，亦有荫凉。一条步道，漫无尽头。沿途多仙人掌树，高大粗壮，堪为一景。及至海岸，但

见沙滩开阔，波涛汹涌。海浪中，一群年轻人正在冲浪。数只海鬣蜥，趴在沙滩上晒太阳。由于没有下海游泳，酷热难耐，未及见到海龟，便原路返回。

圣克鲁兹岛上有一条街，全是饭馆。饭桌都摆在街上，宛如万家宴的排场。各家餐馆都把海鲜放在门口，供人挑选。选好之后，现做现吃，食客云集，热闹异常。在圣克鲁兹岛时，这里是我们最爱来的地方。

仙人掌树

大排档

在加拉帕戈斯群岛度假的时光过得飞快。才刚开始，却要告别，令人惆怅。好在旅行的路还长，告别加拉帕戈斯群岛后，我们前往秘鲁首都利马，又开始了一段新的旅程。

探寻印加遗迹的秘鲁之旅

结束在加拉帕戈斯群岛的旅行后，飞往秘鲁首都利马，旅程并不太长，但抵达利马时已是万家灯火。

利马

由于我们在秘鲁的旅行是全程跟团，且又提前一天到达利马，因而，有一天自由活动时间。到利马的第二天早晨，我们便迫不及待地出来逛街，寻找那些跟团去不了又想去看看的地方。

从旅馆出来后，十几分钟便来到海边的爱情公园。园中竖立着一对恋人亲吻的雕塑，吸引眼球。塑像周围是用彩色碎瓷片制作的爱情长椅，很有点儿高迪在巴塞罗那桂尔公园的建筑风格，充满了浪漫色彩，为年轻人谈恋爱创造了良好环境。所谓爱情公园，对年轻人当然更有吸引力。我好奇地数了数在这里

爱情公园

闲逛的人，果不其然，年轻人绝对比老头老大太要多。公园及附近的街道都建在面朝大海的火山岩上，居高临下的海景公寓，精心修剪的花草树木，以及三三两两遛狗的居民，都显示出这一带是利马的高档社区。

公园里有一个经营滑翔伞的摊位，不时有滑翔伞起降，使公园显得多少有点儿高大上。走近一看价钱，玩一次也不贵，顿时产生跃跃欲试的冲动。但想到自己的朋友几年前因为这玩意儿不幸身亡，无论如何过不去这道坎儿，终于放弃了玩滑翔伞的念头儿。

徜徉在公园的步道上，西望太平洋，烟波浩渺，脚下的海滨大道上，车水马龙。沿着步道来到海边，但见波涛汹涌，很多人在此冲浪，热闹异常。虽然我们在此只是闲逛，但兜售冲浪的小贩不停地和我们打招呼，引诱我们来试试冲浪。由于天气不太热，最终还是没试。

世界各地的海滩都大同小异。虽然利马的海岸很有特色，转了一会儿，还是决定去利马老城去逛逛，去那里看利马的风土人情。

从爱情公园乘车前往圣马丁广场(Plaza de San Martin)的路上，交通拥挤，走走停停，但不一会儿也就到了。坐落于老城区的圣马丁广场是为纪念十九世纪南美洲西班牙殖民地独立运动的领导人何塞·马丁而建。圣马丁的骑马青铜像屹立在广场中央，白色的座台象征安第斯山，一位女神高擎牌匾，裸体天使护卫两旁。广场绿草如茵，鲜花盛开，四周的欧式建筑端庄典雅，颇有欧陆风情。我们在圣马丁广场并未逗留太久，因为明天随团参观利马市容还会来这里。因此，我们从这里前往圣马科斯大学(Universidad Nacional Mayor de San Marcos)校园。

圣马科斯大学

圣马科斯大学校园

位于圣马丁广场东南不远处的圣马科斯大学是神圣罗马帝国皇帝查理五世签署行政命令于 1551 年成立的，是美洲最古老的大学，也是世界上最古老的大学之一，比美国的哈佛大学还要早八十多年。就凭这，怎么着也要看看这所大学不是？从圣马丁广场走了没几条街，便来到这所大学。大学校园像个公园，碧树参天，钟楼高耸，著名学者的雕像在校园中排列成行。其实，这里是圣马科斯大学的旧址，大学现已迁到别处，这处校园只是这个大学的一个文化中心。

尽管如此，我们对这所大学的兴趣一点儿没减，购票入内，一个秘鲁小姑娘自告奋勇地带我们在校园参观。虽然她的英语词汇有限，但介绍校园还是绰绰有余的。校园里简朴实用的教室、挂满各种徽标的会议室、结构充满仪式感的礼堂及鲜花盛开的西班牙式庭院，无不令人遐想。就像徜徉在北大校园一样，您要是知道点儿辜鸿铭、陈独秀、胡适之等人的轶事，走在校园里就会觉得到处都有故事。

在一个西班牙庭院的走廊里，矗立着一座精致的铜像。秘鲁小姑娘告诉我们这是圣马科斯大学的校友，2010 年诺贝尔文学奖获得者，秘鲁诗人、作家马里奥·巴尔加斯·略萨（Mario Vargas Llosa）的塑像。由于看不懂西班牙文，上网一查，才大致了解了这个人的生平。

马里奥·巴尔加斯·略萨于 1936 年 3 月 28 日生于秘鲁南部亚雷基帕市，1953 年进入圣马科斯大学双主修文学与法律，1957 年入同校语言学研究所做研究生，后来移居欧洲，曾客居法国、西班牙等国，并长期定居英国伦敦。他坚信"小说需要介入政治"，他的大部分作品中都贯穿着反独裁的主题，代表作有《城市与狗》、《绿房子》、《酒吧长谈》等。2010 年诺贝尔评选委员会将当年的文学奖授予他，以表彰他"对权力结构的制图般的描绘和对个人反抗的精致描写"。不知为什么，看着马里奥·巴尔加斯·略萨的塑像，我突然想起了刘晓波，想起他生前无法领诺贝尔奖的惨状。

从圣马科斯大学公园出来后，走了几条街，来到利马唐人街。这里店铺林立，人气颇旺。随便找了一家中餐馆，感觉饭菜非常正宗。走遍天涯海角，我们的胃依然都很中国。在秘鲁，中餐已为秘鲁人广泛接受，大街小巷，都能看到写有 Chifa 字样的中餐馆。

每次跟团旅行，第一天都有一个欢迎酒会，这次旅行社改成了简单的碰头会，会上全体人员各自做了自我介绍，算混个脸儿熟。然后，导游介绍完行程，大家上车，秘鲁十日行就正式开始了。

上午随团游览利马市容。导游 John 是利马本地人，知识广博，人很幽默。一路上，把沿途的历史建筑如数家珍般地介绍给我们，还时不时讲一些历史掌故，引人入胜。如果不是他不停地讲，路上那些漂亮的老房子可能会一掠而过，根本引不起注意。

利马大街上为什么有这么多豪宅呢？原来，秘鲁独立后，曾有一段靠卖鸟粪创造了经济繁荣的时期，而这些豪宅的存在依然能让人回忆起那个时代的美好时光。

秘鲁是个天主教国家，在利马随处都能见到各种各样的教堂，但最知名的无疑是座落在马约尔广场（Plaza Major）的利马大教堂（Cathedral of Lima）和老城区的圣弗朗西斯科修道院（Monasterio de San Francisco）。

到达老城中心区域后，导游先把我们带到圣佛朗西斯科修道院，并详细讲解了它的历史和建筑特征。原建于 1674 年，经历了几次地震损毁又几次重建的这个庞大的宗教建筑群，主体结构为西班牙华丽的巴洛克风格。由于这座修道院至今还是一座名副其实的修道院，因此，只开了一部分供游人参观，且大部分区域不允许拍照。

修道院大厅里，有个牧师正在给一些人传道，牧师抑扬顿挫的声音在大厅里回荡。在一种庄严肃穆的气氛中，来到教堂内一个藏着无数古老经文真迹的图书馆，真叫人大开眼界！望不到尽头的书架，浩如烟海的典籍经卷，手抄本，羊皮面，样样俱全。出了图书馆，但见一北非阿拉伯摩尔式的庭院，格局比圣马科斯大学校园的庭院更大，草木扶疏，鲜花盛开。回廊的墙壁上，镶满马赛克壁画，弥漫着强烈的宗教艺术气息。

修道院的地下室曾经是墓地，有两万多人埋葬于此。导游征询了大家的意愿后，带着我们这些被强烈的好奇心驱使着的一拨人，来到地下墓地。团里有一半人，不愿看墓地，便留在原地欣赏修道院的庭院。地下室昏暗的灯光，幽长的墓道，累累的白骨，再加上肃穆的音乐，闻之毛骨悚然。我估计，要不是导游带着，很少有人敢独自下来。

从圣弗朗西斯科修道院出来后，走两条街便是利马的历史文化中心马约尔广场（Plaza Mayor），又称武器广场（Plaza de Armas）。1821年，圣马丁在这个广场宣布秘鲁独立，因此，这里也是秘鲁的政治中心。总统府坐落于广场正面，巴洛克风格的建

上：利马大教堂；下：秘鲁总统府

筑，始建于 1535 年，是当时西班牙殖民政府的总督府及官邸。现在，总统府正中最顶端上镶嵌着盾形秘鲁国徽，显得庄严雄伟。持枪的卫兵明显比厄瓜多尔总统府要多。

毗邻总统府的利马大教堂建于十六世纪，由西班牙征服者皮萨罗亲自奠基。大教堂外表既华丽又庄严，是利马最有历史意义的建筑。这里收藏着许多古印第安文化和西班牙殖民时代的珍宝，皮萨罗的干尸也在此安放。可惜由于时间关系，我们未能入内一观究竟。

利马市政府

利马大教堂对面亮黄色的建筑乃利马市府大楼，明显的西班牙安达卢西亚地区风格。一座被烧毁的建筑在广场上显得非常刺眼。导游说那原是一家餐馆，一年前失火，至于怎么修，还在等候联合国教科文组织的意见。

下午参观利马郊区的 Pachacamac 前印加考古遗址，一处古印加时期的太阳神庙及居民点。考古发掘工作还在进行，但遗址对外开放。这个看起来挺像古埃及法老墓地的考古遗址其实年代并不久远，和中国明朝大致相当。在遗址附近，许多低矮的房屋拥挤在海边。导游说，这是近年来利马人口迅速膨胀的结果。大批外来人口跑到利马讨生活，特别是有一百万左右的委内瑞拉人逃到秘鲁，对他们来讲，能够在这里占据一席之地，就算烧高香了。

旅行社把晚上的欢迎宴会安排在一个博物馆里的小餐馆，是个文青喜欢的地方。晚餐后顺便参观博物馆。这家叫做 Larco Herrera 的博物馆，是个企业家的私人收藏，主打收藏品是印加陶器，且以性爱题材为主。其数量和规模，堪与印度克久拉霍性爱庙的雕塑相媲美。

印加帝国的圣谷

来秘鲁当然要去印加帝国的古都库斯科（Cusco），从那里去马丘比丘比较方便。既可走印加小道，步行上山，也可到欧雁台（Ollantaytambo）乘坐火车。走印加小道，对体力要求较高，路程长短不一。乘坐火车则较为轻松。

我们是乘机飞到库斯科的。这座位于秘鲁南部安第斯山中的山城是南美洲最古老的城市，相当于中国的西安。下了飞机后，我们并未在此逗留，便从机场穿城而过，沿着崎岖的山路前往名为 Chinchero 的小村庄。沿途山高谷深，植被繁茂。天蓝犹显山绿，景色特别宜人。

抵达村里的招待所时，身穿民族服装的当地人吹奏起民族乐器，对我们表示欢迎。其实，这里是旅行社联系好的接待站，相当于中国的农家乐。由于村子位于前往马丘比丘的中途，旅行团既可以在这里品尝正宗的农家午餐，还可以顺便体验古老的安第斯传统文化。

等待开饭时，一名印第安大妈为我们演示了用陶片割羊驼毛，把一种土豆粉碎当作洗衣粉，将羊驼毛洗得雪白的传统生活方式。然后，她还用各种植物调成天然颜色，展示她们的五彩缤纷的纺织品都是自然天成的。从相貌上看，村里人长得都挺像西藏人，只不过个头稍微矮了一点儿。当然，他们的服装比藏人显得更加鲜艳夺目。如果说，他们的祖先最早从亚洲穿过白令海峡来到美洲，我绝对相信。尽管他们的语言一点儿都听不懂，但与他们相处总有一种似曾相识的感觉。

这里的农家饭新鲜可口。虽然菜式简单，但都是农家自产的，烹调方式保持了当地的特色，对刚刚从现代文明环境中过来的游客来说，这里的一切都很新奇。

农家乐

吃完饭在院里转转，阳光明媚，天空碧蓝。吃饭时滴酒未沾，怎么有一些二锅头喝高了的感觉呢？原来，这里的海拔比拉萨还高。

根据旅行社为我们制定的行程，这两天我们都将在圣谷一带游览，因此，我们能够更多了解一些生活在这里的印第安人的风土人情。将近傍晚，旅游大巴将我们带到下榻的乌鲁班巴圣谷的旅馆。这座庭院式旅馆是印加风格的建筑，与周围的环境显得很协调，院里盛开的鲜花，使幽暗的山谷增加了明亮的色调。

旅行社为我们安排了在圣谷的第一次晚餐。这是一家类似会所的餐馆，坐落在乌鲁班巴河畔。湍急的河水匆匆流过，把夜幕留给了我们。点着蜡烛的餐厅响起舒缓的乐曲，如梦如幻。当地艺术家的精湛演出，为我们创造了一个乐不思蜀的夜晚。

第二天早晨，我们前往小镇马拉斯(Maras)，该镇的盐田远近闻名。盐田由山谷中三千多个盐池组成，从印加帝国时期开始，一直沿用至今。在深山幽谷之中，怎么会有盐田呢？原来，在山谷上方，有个咸水温泉，当地人发现了这个秘密后，建池蓄水，拦水制盐，久而久之，终成大片盐田。古代印第安人利用大

盐田

自然的本事，比印度人一点儿不差。这个盐田一直沿用至今，每年能出产五十吨盐，这里的盐是用传统方法制作的，质量上乘，不仅可以食用，且有保健功能。这里卖旅游纪念品的小店摊位上，主打商品都是盐，且都包装精美，成为这里最有名的旅游纪念品。要不是亚马逊可以网购，我一定会当场买几袋回来！

圣谷中另一不应错过的名胜当属莫雷(Moray)梯田（下图）。我们慕名而来，到那里时，已快人满为患了。梯田是印加人伟大智慧的体现之一。据导游介绍，这里的梯田深度达 30 米，上下温差最多达到 15 度，能形成几十种微气候。印加人巧妙地利用梯田的特性，在这里种植不同的植物，来研究它们的生长环境和特性，并把试验成果推广到农业生产之中。闻此，忽然想起白居易那首诗，"人间四月芳菲尽，山寺桃花始盛开"。沿着梯田的台

阶往下走，还真有那么点儿感觉。

　　下午参观欧雁台（Ollantaytambo）这一著名的印加堡垒遗址。这组古老建筑高耸于山谷之上，是印加人抵抗西班牙征服者的最后据点。这里地势险要，两座山头之间的金字塔梯田，是印加人当年重要的防守阵地。一共 16 级巨大的梯田式台阶，爬上去可真是个力气活儿。为了明天爬马丘比丘，怎么说也得先练练手不是？于是，我们一鼓作气，全都爬了上来。尽管爬到顶上已经气喘嘘嘘，仍然有一种老当益壮的豪情油然而生。望着对面山上一个看似西方老人面孔的天然雕像，又蓦然生出些许惆怅。那个与天地共存的老人依然面无表情，看着我们这些人在山上瞎忙。可以想象，当年印加人建造这个堡垒的时候，人们也会看到这个雕像。只是不知道他们有什么感想。

　　要说这个欧雁台，还有一段凄美的故事。这个欧雁台是印加第九任君主帕查库提（Pachacuti）手下的一名年轻有为的将军，当然就有机会和国王一家有了来往。不知从什么时候开始，欧雁台与帕查库提的女儿好上了，而且这位公主还怀上了欧雁台的孩子。当欧雁台鼓足勇气向印加王提亲时，却遭到印加王的断然拒绝，还把公主软禁了起来。为了爱情，欧雁台愤而起兵造反，占领了这个城堡长达十年之久。可能成为女婿的部将成了自己的仇敌，帕查库提当然不甘心，多次派兵攻打。但最终抓获欧雁台时，帕查库提已经驾崩，继任的国王是图帕克尤潘基（Tupac Yupanqui）。这个国王听了公主和欧雁台的故事后，十分感动，下令准许他们结为夫妻。这个故事一直流传至今，为人们津津乐道。

从山顶上下来后，在欧雁台古城遗址转了转，发觉这个曾经的印加军事要塞设计得相当完美，怪不得后来西班牙人征服库斯科后，印加国王便一路退守到了欧雁台，并在此建立了临时首都。当年铁马金戈，如今游人云集，沧海桑田，令人感叹！

晚上回到旅馆后，旅行社为我们安排了在当地老乡家吃晚饭。晚饭时分，导游把我们带到一个当地人家。这是一个简单的四合院，四面都有房间，院子中间有自来水龙头，还停着一辆皮卡。当地人还保留着大家庭四世同堂的习俗。我们吃饭的餐厅干净简洁，除了一张长条餐桌外，没有多余的家具。墙壁上挂着主人的照片，看起来像个当地的中产之家。主人在隔壁厨房还在忙乎饭菜，一位中年妇女带着两个小女孩招待我们。小女孩是主人的女儿，长得挺漂亮，活泼可爱，都在当地上小学。姐姐说长大要当律师，妹妹还不太知道长大要干什么。中年妇女是她们的姨，厨房里做饭的是孩子的姥姥。

饭菜上桌时，两个小女孩已经和我们这些陌生人混熟了，主动为我们介绍她们的家人，毫不羞涩地回答我们提出的一些好奇的问题。孩子的妈妈在外地工作，不经常回家；平时姥姥和姨照顾她们的生活起居。大家庭中的每个人都有各自的责任和义务，各司其职。做完饭的姥姥也出来和我们打招呼，看得出，她才是这个家庭的大家长和主心骨。这种家庭结构和长幼有序的表现形式，对我们这些有点儿年纪的中国人来说并不陌生，反而感到很亲切。

这是一顿非常典型的普通人家的晚饭，惟其如此，才让我们记忆深刻。玉米和土豆当然是饭桌上的主角。这顿晚饭并没有秘鲁的名菜荷兰猪，因为那不是当地人经常吃的一道菜。就像在北京，烤鸭很有名，炸酱面很普通。说实在的，旅行社安排的这顿晚餐，比在饭店里大吃大喝更受欢迎，因为它让我们有机会了解当地百姓的真实生活。

天空之城马丘比丘

毫无疑问，马丘比丘一日游是我们这次秘鲁经典游的高潮。这天一大早，我们便乘车来到欧雁台火车站。一列列开往马丘比丘的观光火车隔不多时便启程出发，使不大的火车站显得挺繁忙。观光火车，视野开阔，沿途穿山越岭，一直与蜿蜒的乌鲁班巴河并肩前行。车窗外，风光无限。奔腾的乌鲁班巴河波涛汹涌，巍峨的安第斯群峰郁郁葱葱，白云绕山，野花飘香，一幅自然天成的写意山水！

令人向往的印加古城，被联合国教科文组织列为世界七大新奇观之一的马丘比丘，真乃风水宝地！

马丘比丘，在印加语中是"古老的山峰"的意思。这个充满神秘色彩的天空之城，被称作印加帝国的"失落之城"。由于其独特的地理位置，在西班牙殖民统治的近 300 年和秘鲁独立后的 100 年中，世人对它竟一无所知。直到 1911 年，这座隐藏在深山密林中的古城才被美国耶鲁大学教授考古学家海勒姆·宾厄姆三世（Hiram Bingham lll）所发现，并轰动全世界。这座印加古城是为数不多的文化与自然双重世界遗产。

马丘比丘之所以越来越吸引眼球，主要还是因为它的神奇。所谓神奇，就是它给人们留下了太多无法解答的秘密。譬如它的建筑年代、建造方法，古城的功能以及为什么被印加人遗弃等问题，都是谜团，即使在学界也尚存很大争议。据说马丘比丘城是由古印加王于五百多年前建造的。但由于印加人没有文字，没有确切记录，就只能猜测。印加人为什么要在海拔 2400 米的山顶上建造如此规模的城池？在没有现代工具的帮助下，又如何

马丘比丘合影

能够完成如此巨大的工程？答案莫衷一是。因此，就更增加了马丘比丘的神秘色彩。

我们刚登上马丘比丘观景台时，浓雾弥漫，只见眼前人头攒动，古城遗址却若隐若现。不一会儿，云开日出，整个马丘比丘映入眼帘。近乎垂直的山峰，古城盘踞在山顶，其工程之险，布局之精，岂只是鬼斧神工？！来之前，我曾多次看过马丘比丘的照片，但从来没有今日亲临其境这样震撼。

游览这种神秘的地方，最好紧跟导游，能听到不少民间传说和故事。我们的导游是个话痨，话多但还比较靠谱。他受过大学教育，且有印第安人血统，对印加历史和文化传统有相当研究。他不但了解各种关于马丘比丘的解释，而且还能提出一些自己

的看法。据他解释，马丘比丘就是阻止自己女儿和欧雁台结婚的印加国王帕查库蒂建造的，直到西班牙殖民者征服秘鲁之前，这座古城都未最后完工。虽然西班牙殖民者并未到达马丘比丘，但印加人主动放弃了这座古城。在他的指引下，我们看到太阳神庙供桌前缺席的台阶和房梁。他认为印加人主动撤离了这座古城，因为这里没有发现任何人为的毁坏痕迹。

走在这座"失落的天空之城"的石头路上，历史风云如在眼前激荡，印加文明的衰落，又好像势不可挡。静下心来看山，华纳比丘峰高耸入云，乌鲁班巴河依然流淌。几只羊驼，在古城的绿地中悠然吃草。导游说这些羊驼是割草机。仔细一看，原来这些羊驼像割草机一样，把草坪吃得整整齐齐。我对这种生态割草机一直有着浓厚兴趣。过去，每次在家割草的时候，我都盼望着什么时候科学家能培育出一种专门用于割草的羊，这种技术发明，对保护环境将是极大的贡献。

印加古都库斯科

从马丘比丘返回古城库斯科已华灯齐放。我们入住的旅馆就在圣多明哥教堂(Church of Santo Domingo)隔壁，建在印加建筑的废墟之上，还保留着浓厚的印加风格。这里曾经是印加帝国的"皇城"，和现代化的利马很不一样。有幸住在这里，为我们提供了见证传统与现代碰撞的良好机会。

认识传统与现代在这座古城碰撞的情形是从第二天早晨旅行社安排的一项活动开始的。导游请来一位当地农村的"圣人"(Shaman)为我们在旅馆大厅举办法事。这位"圣人"或称萨满巫师，专业放羊，业余从事这种拜神工作。披红戴绿的他念经祈祷，比比划划，仪式感很强。我们逐一按照他的要求许了愿，他也承诺将我们的愿望送达各路天神。看着这种超越时空的活动，我在想，这种活动，无论在中国或美国的饭店，可能都是无法举办的。

为了让我们更多了解印加传统文化，"圣人"做完法事后，导游还带我们到当地市场转了一圈儿。柴米油盐酱醋茶，菜市场最能直接反映一个城市的民生状况，印加人的文化传统在市场上表现得最为坚强。

在西班牙殖民者来这里之前，秘鲁和其他几个南美洲邻国的大片土地由土著印第安人的印加帝国统治。印加人创造出许多令人惊叹的奇迹，许多至今都是不解之谜。古印加人认为海拔3400多米的库斯科是世界的肚脐，也就是世界中心。然而，创造了高度文明的印加帝国，在面临西方现代文明的挑战时，不堪一击。当西班牙军官皮萨罗带着一百多士兵来到这里，没费太大劲，庞大的印加帝国就土崩瓦解了。

库斯科到处都能见到宏伟的天主教堂，而且很多教堂都建在印加帝国的神庙或宫殿遗址之上。文明冲突中，西班牙人显然占了上风，迫使库斯科在原来的地盘上脱胎换骨，逐渐演变成一座具有浓郁西班牙风情的城市，但还保留着自身的古印加文化传统。无论是在菜市场，还是在寻常小巷，古印加文明好像都渗透到这座城市的每个角落，文化传统的力量就是如此顽强。

库斯科大教堂(Cuzco Cathedral，右图）和圣多明哥教堂都是建在印加帝国的宫殿和神庙之上著名教堂，也是我们在库斯科重点参观的两座教堂。走在老城狭窄的街道上，彷佛穿越了几个世纪，回到了印加帝国时代，回到了西班牙殖民统治时期。像许多拉美城市一样，库斯科的武器广场辽阔恢弘，几个著名的大教堂都集中在这里。广场正中矗立着秘鲁民族英雄图帕克·阿马鲁二世(Túpac Amaru II)的雕像。广场四周骑楼的走廊里，有不少商店和餐馆，人来人往，使这个政治中心看起来很接地气。

由于时间有限，导游带我们走进广场北侧的库斯科大教堂。这座教堂始建于 1559 年，费时近百年才告完工。教堂钟楼上悬挂着一口重达 130 吨的大钟，据说是南美大陆最大的钟。每当钟声响起，声音传遍全城。巴洛克风格的教堂，内部装饰的精美那绝对没得说。但这座教堂给我最深印象的却是它的绘画作品。

一般教堂里挂几幅有纪念意义的画是必不可少的。

上：库斯科大教堂，下：多明戈教堂

但这座教堂的绘画作品之多，却跟艺术博物馆有一拼。在这些精美作品中，有一幅油画《最后的晚餐》，出自秘鲁画家马科斯·萨帕塔（Marcos Zapata）之手。据导游说，这是一幅颇有争议的绘画作品。画中耶稣与十二门徒的神态与达芬奇原作并无太大区别，耶稣和十二门徒围坐在桌子旁，但画中犹大的面容换成了皮萨罗，耶稣面前的盘子里面出现了一只秘鲁人爱吃的荷兰猪。

下午，导游带我们参观库斯科城北著名的城堡——萨克塞瓦曼（Sacsayhuaman）。路上，我们这位有趣的导游特别问谁能正确念出这个城堡的名字。同车的几个人试了试，还真不好念！于是他说，只要记住"性感女人"（Sexy Woman）就行了，二者发言很相近。就这样，这个不容易记住的地名就被轻松地记住了。

萨克塞瓦曼属于印加帝国之前的历史古迹，它的起源已不可考。这座位于山包上的城堡不仅有军事设施，还有印加王室住宅、神殿和其他宗教建筑，城堡前的广场曾是印加人举行盛大祭祀仪式的场所。现如今，这里只是一片废墟。西班牙人征服印加帝国后，把这里的建筑一点点拆毁，用拆下来的石块在库斯科建造天主教堂。只有一些不易搬动的巨大石块，保留至今，向后人展示历史的沧桑。

徜徉在遗址最下面一层石墙边，很多石块大得令人震惊，其中一块有八米多高，达三百多吨之重。用这些不规则的巨石打造出来的石墙却都严丝合缝。难怪当年西班牙人建造教堂，需要石料，却无法拆走这些巨石呢！当然，更让人不解的是，没有现代工具的古代印第安人是如何将这些巨石开采出来，垒造成墙的呢？印加文明给人们留下了太多的不解之谜。

西方现代文明与印加文明在圣多明哥教堂的碰撞尤其明显，一个崇拜太阳神的文明和一个崇拜耶稣的文明在这里交汇。这让我想起西班牙南部那些由清真寺改建的教堂。从我们下榻旅馆的房间里隔窗相望的这座教堂，原是印加帝国的太阳神殿。当年西班牙人拆了这座印加人的神殿盖教堂，可能是为了省工省料，也可能不太在乎一物多用，就把一部分房间保留了下来，使这座教堂成了两种文明的综合体。西方文明对库斯科的重塑，印加文明的顽强，在此得到完美体现。

正是由于西班牙殖民者缺乏那种对不同文明斩草除根的彻底革命精神，我们才有幸在这里看到印加人精湛的石工手艺。跟着导游来到原来的印加神殿中，平整的石墙，一丝不苟，虽经历地震，却丝毫无损。石窗角度，连成一线，精确度令人震惊！如果这座太阳神殿能够保留下来，那该多么好啊！

的的喀喀湖

我们在秘鲁旅行的最后一站是的的喀喀湖(Lake Titicaca)。

从库斯科乘车前往的的喀喀湖畔小城普诺（Puno），需九个小时。途中穿越安第斯山脉和安第斯平原，感觉像开车在西藏旅行。山区壮观的风景让我想起西藏的阿里，天高云低，崇山峻岭，水草丰盛，牛羊成群。路边笑容可掬的羊驼，尤其招人怜爱。

途中经过一座印加神庙 Wiracocha，据导游说，这座神庙建于十五世纪，是有史以来最大的印加神庙。 神庙周

印加神庙

围既有政府建筑，也有民居。尽管破损严重，但这组建筑群的布局及功能依然清晰可见。神庙周围有一露天市场，专卖旅游纪念品。看来现代商业气息无孔不入，也飘散到这个荒无人烟的地区。

到达普诺，已近黄昏。下榻旅馆就座落在的的喀喀湖畔。的的喀喀湖水面海拔 3840 米，面积 8 千多平方公里，是世界可通航的海拔最高的湖泊，对岸便是邻国玻利维亚。普诺以周围的银矿开发而兴，整个城市像一片简易职工宿舍挤在湖畔的山坡上，如同在的的喀喀湖艳丽的面容上贴了块狗皮膏药。随着近年旅游业的蓬勃发展，但愿这个城市的面貌能够有所改观。

到达普诺的第二天上午，我们乘船前往的的喀喀湖上的土著居民乌鲁人（Uros）生活的浮岛参观。相传 1000 多年前，当地的原住民乌鲁族为了躲避印加人的侵略，逃到湖中建造浮岛将自己与外界隔离。一方水土养一方人。他们利用湖中生长的大量芦苇，造船造房子，进而将众多船只连接起来，形成以芦苇为主要建筑材料的漂浮的村落。湖中的鱼鸟及新鲜芦根为他们提供了无尽的食物。乌鲁人的生活与祖先非常相似，仍遵循古老的习俗和传统。但他们的生活方式正在发生巨大变化。

问导游这里有多少浮岛，回答是 98 个。大部分浮岛都是一家一岛，有的浮岛面积较大，是几户联合开办的合作社类型的浮岛，专为接待游人，上面有简易的餐馆、咖啡馆、旅游纪念品商店等现代设施。站在船上看浮岛，宛若一个铺散开来的湖畔城镇。宽阔的湖面上，一船船的游客来此参观，这里已经找不到原来那种与世隔绝的原生态了。

　　下午游览一个座落于的的喀喀湖畔的前印加时代的墓地 Sillustani。这里的坟墓是被称为 chulllpas 的塔楼结构，且风水极佳，山清水秀。根据印加人的宇宙观，这里也是人类再生的理想场所。站在墓地上，面对大湖，不禁浮想联翩，人生之旅，好像没有终点，尽管有时并非风平浪静。

浮岛

社会主义的古巴印象

"美丽的哈瓦那，那里有我的家，明媚的阳光照新屋，门前开红花。

爸爸爱我像宝贝，邻居夸我好娃娃，可是我从来没有见过亲爱的妈妈。

忘不了那一天，我坐在棕树下，爸爸他拉住我的手，叫一声玛丽娅。

孩子你已长大，仇恨该发新芽，你日夜想念的妈妈呀，她不能再回家。

黑暗的旧社会，劳动人是牛马，可恨的美国庄园主，逼死了你的妈。

妈妈她刚死后，爸爸又遭毒打，沉重的苦难逼着我走遍了天涯。

爸爸去闹革命，拿枪去打天下，跟着那英雄卡斯特罗，打回了哈瓦那……"

这首革命现实主义和浪漫主义相结合的歌曲曾经长时间在我童年的天空飘荡，悠扬的歌曲夹带着哀怨悲伤，具有强烈的穿透力。多年后，没人再喊"古巴西，扬基诺"了，还能不时听到有人哼《美丽的哈瓦那》，曲调依然动听。

正是因为这首歌，哈瓦那很早就给我留下了不可磨灭的印象。当然，凭购货本供应的古巴糖也曾实实在在为加强我对哈瓦那的美好印象做出过重大贡献。

切·格瓦拉

　　哈瓦那一直是我非常想去的城市。圣诞节前，当朋友提议去古巴度假，便欣然前往。

　　到达古巴的第三天，我们乘车从巴拉德罗前往哈瓦那。行程一百四十多公里，道路干净，车辆稀少，路上时时见到的四、五十年代出产的美国老爷车提醒人们，这里是古巴。五十年代的美国老爷车和戴着贝雷帽的格瓦拉头像早已成为古巴的象征，风靡世界。

　　刚刚见到哈瓦那的朦胧身影，车上的女同胞们便轻声唱起《美丽的哈瓦那》。原以为同行的古巴导游会闻歌起舞，不料他竟然对这首在神州大地广为流传的歌曲一脸茫然。看来时间可以冲洗一切，冲淡中古两国人民的战斗友谊，洗尽这座城市的铅华，但是，建城已有480多年的历史的哈瓦那古城，至今魅力犹存。

莫罗古堡

进入哈瓦那之前，我们先行登上位于哈瓦那海湾著名的莫罗城堡。这座多次经历炮火洗礼的古堡建于 1632 年，在加勒比海盗猖獗的年代，这座古堡曾经发挥了极其重要的作用。它扼守在哈瓦那小海湾的出口，居高临下守卫着哈瓦那老城。据说古堡建成之后，海盗就再也不敢觊觎哈瓦那港口的财富了，从而使哈瓦那成为西班牙与美洲贸易和航运中心，也使这座城市发展成为加勒比海最为繁华的大都市。

徜徉在有着"西印度群岛堡垒"的莫罗城堡，往日的硝烟仿佛尚未散尽，这倒不是因为古堡上弹痕累累，而是因为上世纪六十年代在这里发生的那场导弹危机。那场一触即发的导弹危机，如果不是成功化解，哈瓦那可能早已毁于一旦。自"门罗主义"问世以来，美国一向视拉美为自家后院，可卡斯特罗的革命打破了这种局面，冷战更使加勒比海剑拔弩张。近年来，委内瑞拉又冒出个查韦斯跟美国叫板，使渐趋平静的加勒比海再起波澜。

哈瓦那老城位于城市东侧，紧临哈瓦那湾。穿过不长的海底隧道，便置身于这座向往已久的城市了。老城的格局和建筑风

莫罗城堡

格，和许多欧洲古城并无二致，从巴洛克到新古典主义风格的建筑在这里都完好地保存着，宛若建筑艺术博览会。古巴革命后，对这些殖民主义时代的建筑没有实行社会主义"改造"，不但没有强拆，反倒加以维修保护，使这座历尽沧桑的老城依然光彩照人。1982 年，联合国教科文组织将哈瓦那旧城列为"人类遗产"，实在是名至实归。

圣弗朗西斯科广场

被古巴人称为鸽子广场的圣弗朗西斯科广场（Plaza de San Francisco）上，鸽子与游人数量相当，有不少来自欧洲和中国的游客。同行的朋友们来哈瓦那多少都带有好奇和怀旧的心情，想看看坚持走社会主义道路的古巴现状究竟如何。当然，要想了解真实的古巴，像我们这样走马观花是远远不够的。由于时间关系，我们只能在短暂的旅游活动中管中窥豹，很有可能先入为主，以偏概全。

圣佛朗西斯广场

圣弗朗西斯科教堂门前的街道上有个真人一样大小的铜像，此人是上个世纪五十年代活跃于哈瓦那街头的疯子，绰号为"巴黎先生"（El Caballero de París，左图）。古巴政府能够允许艺术家把一个疯子的塑像安放在首都的街道上，足见古巴同志对清除精神污染的问题缺乏高度认识。

当然，古巴的警察还是无处不在的。虽然古巴正处于改革开放的初期，社会秩序还相当不错，但也有一些走街串巷的小贩，开始"挖社会主义墙角"。在圣弗朗西斯科广场的一个角落，看到警察盘问兜售DVD的小贩的场面。尽管听不懂他们在说什么，但警

餐馆外的吉他手

察执法还是比较文明的。估计没什么大事，看看证件，各自走人。

圣弗朗西斯科广场上一家露天餐厅外，吉他手们正在尽情弹唱。哈瓦那很多餐厅都有音乐表演，街头的民间艺人也随处可见，而且，表演相当专业。他们的着装大都干净整洁，在精神面

貌上，和一些国家街头卖唱的艺人迥然两样。

没有卡斯特罗就没有今日的古巴。这位 80 多岁的古巴领袖可能是全世界掌权时间最长的人。几年前，卡斯特罗因为动手术，将权力交给他的弟弟劳尔，但他对古巴的影响依然无人可比。

在哈瓦那，很不容易找到一张卡斯特罗画像，挂在一家小旅馆的前厅。相对于无处不在的格瓦拉画像，卡斯特罗同志好像没有要和格瓦拉一争高下的意思。当然，格瓦拉那幅风行全世界的照片的确显得年轻俊朗，使之成为各国革命青年的偶像。但说实在的，年轻时曾是运动员，身高约有一米九零的卡斯特罗，怎么说也算得上是个师奶杀手，可人家对搞个人崇拜似乎缺少兴趣。

卡斯特罗画像

海明威故居和哈瓦那大教堂

从圣弗朗西斯科广场步行片刻，穿过几条街，便可看到一座红色五层楼房，即著名的"两个世界"旅馆。美国作家海明威于 1932 到 1939 年的七年里，都住在这座旅馆的 511 号房间（下图）。

海明威住过的 511 房间至今按原样保存完好。房间装修简朴，客厅和卧室贯通，一张小号写字台和老式打字机几乎就是房间的全部摆设。

上：海明威故居，下：哈瓦那大教堂

据介绍，海明威住在这里的时候喜欢经常出海钓鱼，在附近的小酒馆豪饮，打开窗子就能见到附近的港湾，能闻到街上雪茄烟和鸡尾酒的味道。后来，海明威夫妇买下哈瓦那郊区的维西亚小庄园（La Villa Vigia），才搬出这家旅馆。海明威生命的最后二十年是在古巴度过的，他在哈瓦那不把自己当外人，而哈瓦那也因他而增加了更多文化气息和人文色彩。

星罗棋布于哈瓦那老城的西班牙殖民时代的建筑，显然都经过精心修整，为的是发展旅游业，赚取外汇，以改变古巴困难的经济状况。

融合巴洛克和美洲建筑风格的哈瓦那大教堂离海明威常住的"两个世界"旅馆仅一箭之遥，现如今，这座教堂已然成为哈瓦那著名的旅游景点。外形简洁，色调明快的教堂前是一个不大不小的广场，周围的画廊，音乐厅，旅游纪念品商店，特别是广场上一排排的餐桌，使哈瓦那大教堂显得充满生活气息，拉近了天国和人间的距离。

　　哈瓦那的自由市场规模一如这个国家的市场经济，还在起步阶段。古巴革命后，作为古巴国家银行行长和中央计划委员会负责人的切·格瓦拉为古巴计划经济体制的创立起到了奠基性的作用。经历了艰难探索后，有限度的市场经济开始在古巴抬头，经营这些面向外国旅游者的旧书摊和旅游纪念品摊位的人都是近年来刚刚冒出来的个体户，而让他们赚钱的竟是带有切·格瓦拉头像的书籍和旅游纪念品。

哈瓦那海滨大道

　　几个男孩在街上打棒球。看到这些孩子，不禁想起我们小时候在北京街头踢足球的情景。哈瓦那的少年儿童和三十年前中国的孩子们一样，没有电子玩具，童年照样过得快乐。他们不用担心街上横冲直撞的汽车和拐卖儿童的人口贩子，也没有父母逼着做作业的压力。和中国美国的孩子相比，古巴孩子几乎没有戴眼镜的。

海滨大道（上）和旁边的老房子（下）

切·格瓦拉

卡米洛·西恩富戈斯

　　改革开放前，中国几乎没有私人汽车，但古巴允许私人拥有汽车。据导游说，街上的汽车分蓝牌车和黄牌车，蓝牌属于国家，而黄牌属于个人。这辆挂着蓝牌的出租车属国营出租车公司，而司机则是国家职工。这位司机和在别处拉过我们的司机一样，穿着打扮都很正规，可能是工作单位对服装有具体要求。

　　离开哈瓦那老城，前往坐落于海滨大道上的国家饭店。哈瓦那海滨大道有七公里长，相当于芝加哥的湖滨大道或上海的外滩，是人们休闲娱乐的理想场所。

　　海滨大道的内侧，多为二十世纪后的现代建筑。这是位于海滨大道的阿尔梅赫伊拉斯医院，是古巴的一流医院。从这所医院面前经过时，基本上看不到前来医院就医的人。北京的医院里，总能看到很多健康的和有病的人。要不是导游说这是医院，还以为这座鹤立鸡群的建筑是政府衙门呢。据说，哈瓦那比较好的建筑一般都是学校和医院。革命后的古巴一直实行全民免费医疗，老百姓生病就医是不用发愁的。

　　海滨大道上除了医院、饭店等公共建筑外，绝大多数民宅都显得破破烂烂，很多楼房甚至无人居住。古巴革命后，哈瓦那好像没走平壤的道路，市容基本保持没变，反映社会主义建设成就的标志性建筑屈指可数。美丽的哈瓦那依然保持着革命前的形象。

　　中国开发商要是看到海滨大道上这些破旧房屋一准儿心花怒放。多好的地区，多好的位置，这不糟践了吗？甭说海滨大道，就连原来的国会大厦周围，这种破旧房屋也比比皆是。据古巴导游说，古巴的住房都归国家所有，凡在国营单位工作三年以上的，都分配住房。住进来只要不愿意搬家的，政府也不能强迫人家搬。在这方面，古巴政府并没有意图向中国拆迁办官员取经。更主要的原因，当然是古巴人也没闲钱折腾房子。

哈瓦那革命广场

　　哈瓦那的革命广场相当于北京天安门广场，广场中央是高耸入云的民族英雄何塞·马蒂的纪念碑，其白色雕像正在维修。纪念碑后面为革命宫，相当于中南海。革命广场也是最重要的政治集会场所。古巴导游最津津乐道的是，当年卡斯特罗在这里发表了七个半小时的演讲。律师出身的卡斯特罗能说会道，极具鼓动性，在西方世界是出了名的。据说，他动完手术后参加一次公开活动，只发表了"简短讲话"，即使那次"简短讲话"他也讲了半个时辰。

　　除了古巴的中南海，古巴政府的一些重要部门都集中在革命广场周围。国家安全部的建筑最高，它的重要性在共产主义国家是不言而喻的。最引人注目的还是两座以切·格瓦拉和卡米洛·西恩富戈斯的剪影画像为招牌的内政部和广播通讯部大楼。这两座外形类似一般写字楼的建筑因为这两位古巴革命领袖的画像遐迩闻名。

　　卡米洛·西恩富戈斯是古巴革命时期主要领导人之一，曾率领起义军击败了巴蒂斯塔独裁政府的主力，因而与卡斯特罗、切·格瓦拉一起并称为"古巴革命三大司令"。古巴革命胜利不到一年，卡米洛·西恩富戈斯在飞机失事事件中遇难。卡斯特罗没把自己的画像也摆上来，至少表明卡斯特罗是个颇有头脑的政治人物。

站在哈瓦那新市区的革命广场上，女儿问了我许多为什么，我却不能给她一个满意的回答。我没去过朝鲜，只能用间接的知识比较古巴和朝鲜这两个社会主义国家。相比朝鲜，古巴领导人的理想主义色彩似乎更浓些。至于理想主义还是现实主义的争论，历来都是说不清道不明的问题。 历史对年轻一代而言，总是迷雾重重。

哈瓦那大学

哈瓦那大学创建于 1728 年，相当于古巴的北大。当年，卡斯特罗就是在这里上学的时候积极投身爱国学生运动，成为哈大风云人物的。我们来到哈瓦那大学（下图）正好赶上星期天，学校关门。看门老头儿严格遵守规章制度，说什么也不让我们进去。每次回国，我都到北大去看看，喜欢在未名湖畔走走。除了敏感时期，一般来说，没人拦着。只不过，北大周围变得愈来愈

像闹市，已经很难找到哈大这样清幽的环境了。

　　古巴政府一直实行免费义务教育政策，从小学到大学全部免费。古巴学龄儿童入学率达到 100％，初中达到 95％，高中达到 98％，近 85％ 的高中毕业生可以上大学或到专科学校学习。由于政府重视教育，古巴人的整体素质应该是令不少国家羡慕的。

哈瓦那国会大厦和国家大剧院

建于 1929 年的古巴国会大厦（Capitolio de La Habana），看起来像美国国会大厦，据说是仿照美国国会大厦建造的，而且还特意建得比美国国会大厦高一米，大有后来居上的意思。1959 年古巴革命胜利之后，新政府曾在这里办公。现在这座建筑是古巴科技环境部和国家图书馆所在地，同时也是古巴

上：古巴国会大厦，下：国家大剧院

大型会议中心。

国会大厦前的街道熙熙攘攘，外国游客日渐增多。租辆老爷车，或马车，或三轮车，在车上叼根古巴雪茄，游览哈瓦那市容，领略这里的拉丁风情，应该是非常浪漫的选择。这里拉车的马和我在德里看到的马一样，也带着眼罩。它们不是识途老马，就是绝对服从命令的那一类。闭着眼睛在闹市奔跑，没点儿功夫是不行的。

建于1837年的国家大剧院和国会大厦并排坐落于同一条街上。大剧院外形豪华，装饰精美，堪称建筑艺术精品。

哈瓦那街头的老爷车

哈瓦那街头令人印象最为深刻的无疑是满大街跑的老爷车。

古巴革命前的哈瓦那，号称"加勒比海的拉斯维加斯"，曾经的奢靡繁华之都，经过美国半个世纪的经济封锁，退尽铅华。但大批美国四、五十年代出产的超龄服役的轿车，会使时光倒流，将人们的记忆带回革命前的年代。

古巴修车师傅的高超技艺令人叫绝。大批美国老爷车在没有美国汽车零件供应的情况下，他们能把丰田、现代等汽车的零件用在雪佛兰、道奇等美国车上，甚至自己打造零件想办法让这些早该回炉的老爷汽车超期服役。尽管古巴人物尽其用，不浪费资源的生活方式是一种不得已的选择，但它无疑也为扭转当前毫无节制的消费主义生活方式提供了一种可能的选项。

在古巴见到的一个普遍现象是搭顺风车。无论在城里还是乡间，路边常能看到等待搭车的人。为了节省能源，卡斯特罗曾经号召古巴人都这样做。现在，搭顺风车在古巴已成为一种全民接受的交通方式。其实，在上世纪五、六十年代的美国，搭顺风车也很流行。远足的人在路边把大拇指翘起来，过往的车辆一般都会停下来行个方便，远足者可以这种方式从东海岸搭车到达西海岸。然而，随着社会越来越现代化，人与人的信任感的消失，现在，搭顺风车的现象在美国已基本绝迹。古巴社会治安良好，刑事案件极少，因而，这种纯朴的群众性交通自助方式才能够继续保持。

哈瓦那大街上这种三轮摩托车也是出租车队伍的主力，但乘客以哈瓦那本地人为主。外国游客大多喜欢坐老爷车领略哈瓦那独特的风情。

哈瓦那的公共交通当然还是以这种面向一般市民的公交车为主，但这种公交车好像并不多。这张摄于国会大厦门前的公交车站照片显示，即使不在上下班的高峰时段，公交车仍然比较拥挤。古巴人民胖子较少，挤公交车相对来说还是很有优势的。

哈瓦那的小胡同，房子显得破旧，但更有生活气息。看到古巴孩子们踢球的场景，一种似曾相识的感觉油然而生。六、七十年代北京的胡同里，常能见到孩子们在胡同里踢球。不像现在，房子越盖越高，社区越来越现代，但家家都装防盗门，孩子不能自由在外边玩耍。不知为什么，我站在北京鸟巢的时候，总有一种高不可攀的距离感，而看到这些在胡同里踢球的孩子，却有一

哈瓦那街头的老爷车　　　　　　　　　　　　　　出租车

种想和他们一起踢球的冲动。

原来的总统府，现已辟为革命博物馆，可谓物尽其用。卡斯特罗等古巴领袖刻意与前政权划清界限。前总统府广场开阔平坦，孩子们把广场当作足球场，实在是把物尽其用又上升了一个新层次。

哈瓦那的教堂不少，虽然都是老建筑，但在功能上仍在继续发挥着作用。尽管意识形态不同，教会还维系着这个国家和西方世界的文化纽带。

前总统府广场上踢球的孩子们

后查韦斯时代的委内瑞拉

2015 年 9 月，我和几个朋友在委内瑞拉游览了向往已久的天使瀑布，登上了云遮雾罩的罗赖马山，体验了六天没电没手机信号的原始生活。两个星期的旅行，所见所闻，难以忘怀。

为什么选择去委内瑞拉旅行？这是很多朋友提出的问题。委内瑞拉虽然位于拉美，在地理上属于"美国后院"，但自查韦斯当政以来，一直跟美国叫板，以致两国关系闹得很僵。持美国护照到拉美国家旅游，一般都不需要签证；然而，去委内瑞拉，不但需要签证，而且必须到指定的领事馆面签。另外，委内瑞拉国内治安状况不佳，且恶名远扬，造成外国旅游者锐减。对于注重人身安全的美国人来说，去那里旅游的也就寥寥无几了。临行前，听说我要去委内瑞拉，我的几个美国朋友几乎众口一词，注意安全！！！

委内瑞拉的国家形象经过媒体的传播，不可避免地会出现一些扭曲。对于任何一个陌生的国家，我不仅好奇，而且相信自己的感觉。媒体报道新闻，往往带有渲染的成分。要不然古人说"读万卷书"还要"行万里路"呢。亲眼看看真实的委内瑞拉，也是这次行程的重要内容。两个星期在委内瑞拉的旅行，所到之处，所遇之人，使我对这个国家加深了了解。尽管我的见闻可能只是管中窥豹，但我愿把这段旅行记录下来，与朋友们分享。

由于直接乘机去委内瑞拉的机票昂贵，我们选择了进出委内瑞拉都在阿鲁巴岛转机。阿鲁巴是位于委内瑞拉北部加勒比海中的一个小岛，原属荷兰，是个旅游度假胜地，类似于巴哈马、开曼岛、圣马丁等加勒比海的岛屿。因为回程还要在阿鲁巴岛逗留，到旅馆后，吃完晚饭，早早地洗洗就睡了。

加拉加斯

第二天下午，从阿鲁巴飞抵委内瑞拉首都加拉加斯，我们的委内瑞拉之行算是正式开始。

机场内查韦斯的画像

从阿鲁巴到加拉加斯的旅客大多是委内瑞拉人。随着人流进入机场大厅，海关前已排起长队。入关前首先看到的是一幅查韦斯的宣传画，占满了一面墙。因为查韦斯是"中国人民"的老朋友，所以，看到这幅画感到特别熟悉，也感觉画风特别"亲切"。虽然这种画面在社会主义的古巴都见不到，但我们却都是看着这种宣传画长大的，因此，顿时产生一种似曾相识的感觉。

委内瑞拉总统查韦斯已因癌症去世两年多了。他在执政期间，对内进行了一系列经济和社会改革，意欲推进平民民主，改善下层人民的生活；对外反对美国霸权，跟古巴、伊朗和中国都走得很近。为此，他在国内和国际舞台上都红了一阵子，颇有一些粉丝。姑且不论他的政治理念，至少他属于那种"壮志未酬身先死"的悲剧人物。而对他唯唯诺诺的接班人马杜罗继任总统后，甭说继承他的遗志，就连保持现状都做不到，反而把委内瑞拉的政治和经济搞得一塌糊涂。每每和委内瑞拉人谈起查韦斯和马杜罗，人们对前者褒贬不一，但对后者几乎众口一词，没人对他表示满意。

加拉加斯是个拥有 500 万人口的沿海城市。这是官方的统计数据。也有人说这个城市至少有上千万人，因为贫民窟里的流动人口不好统计。从机场到旅馆的海滨大道上，沿途所见，能够感觉到这是一个人口密集的城市，和印度的城市相差无几。所不同的是，见不到满街闲逛

加拉加斯海滨

的牛群和穿着纱丽的女人。加拉加斯一派加勒比海的热带风光，风情万种的棕榈树下排列着拥挤不堪的简陋民居，杂乱破旧的机动车量使交通略显嘈杂和拥挤，然街上的人比美国人长得顺溜多了。这也难怪，委内瑞拉不仅盛产石油，也盛产美女。

我们到达在加拉加斯下榻的旅馆略事休息，便在导游的带领下前往加拉加斯的一座国家公园参观游览。这个公园的特点

是面朝大海，山势高耸，最高峰海拔 2300 米，因为这些山峰是紧贴着海岸拔地而起，所以，不仅显得突兀，而且便于俯瞰加拉加斯全城。越野车沿着盘山道一路攀爬，很多路段，崎岖陡峭，坡度至少超过 45 度，行程艰难堪比登珠峰之路。没两把刷子，欲在这里开车，不啻异想天开。我们的司机是个二十冒头儿的小伙子，所说英语有限，而我们又无人能讲西班牙语。于是，他在半山腰接上了他的女朋友，一个漂亮且能说英语的大学生，给这一段惊险的行程带来欢声笑语。

当天是星期天，加拉加斯市民乌泱乌泱地登上公园顶峰，寻欢作乐。其实，公园的制高点也就一座旅店，再加上周围有一些卖食品的小摊儿。虽然没有什么名胜古迹，高分贝的南美音乐弥漫在云遮雾罩的顶峰，依然刺激着熙熙攘攘的游人。此处本该如诗如画，不料却像农贸市场。但从游人的脸上，你能看到一种闲在与安详。下山时，天色已晚，我们的司机好像驾轻就熟，在黑灯瞎火的情况下，把我们安全送回旅馆，其精湛的车技和认真负责的敬业精神，令人肃然起敬。

早就听说，委内瑞拉目前的经济状况比较糟糕，通货膨胀严重。尽管一路上遇到的委国百姓看起来都挺乐观，但直到晚饭前，才对其严重性有了真正的了解。

委内瑞拉各地的商店一般只收本国货币玻利瓦尔，那么，要想花个零钱，就必须换些委国货币。晚饭前，我们换了一点儿当地的钱，预备吃饭逛街的时候花，没想到竟有好几大摞，得用塑料购物袋装这些钱。这让我想起中国使用金圆券的时代。为我们换钱的旅馆工作人员说，汇率现在每个月都有变化，甚至有些生活基本用品，如洗发水，卫生纸等等，都比较缺乏。

作为一个资源相对比较丰富的国家，出现这种状况是很不正常的。难怪提起刚刚在北京参加阅兵式的委国总统马杜罗，这位开旅店的大妈一脸的鄙夷。仅从老百姓对政府领导人的随意评论这一点来看，委国的政治状况与金三胖统治下的朝鲜就不能同日而语，甚至和其友邦古巴也不属同类。委内瑞拉实行的是民主政治，有反对党，但政府官员的贪腐和不作为，却广为人知。因此，老百姓发牢骚归发牢骚，可日子还得照样过。

当晚，我们四个人甩开腮帮子吃了一顿海鲜饭，连带酒水，一万多块钱。一折合成美元，才十多块钱。这不是太让美国佬占便宜了嘛！再一问，委国大学生毕业后的基本工资，月薪也就一万多块钱。飞速的通货膨胀正在吞噬委国的资源，也使该国在全球化过程中倒退进入弱势群体。

由于时间关系，我们在加拉加斯只逗留一宿，第二天一大早，便要飞往卡奈马（Canaima）国家公园，因而，对这个城市的认识，只能说是蜻蜓点水。

卡奈马国家公园位于委内瑞拉的玻利瓦尔州东部高原，面积三万多平方公里，是委国第二大国家公园。这座公园以其独特的地质景观闻名于世，其突兀陡峭的平顶山和分布密集的瀑布群无不令人神往，而其中的天使瀑布和罗赖马山更是风靡世界的旅游胜地。

七日上午，终于抵达盼望已久的卡奈马国家公园，进入毗邻机场的度假村。未及洗漱，便换乘小飞机飞往天使瀑布。为什么这样匆忙呢？因为我们事先并未订好游览天使瀑布的飞机，之所以临时安排我们乘机，主要原因还是这段时间游客较少，属于淡季。卡奈马国家公园的机场很小，飞机不多，因此，若想乘机游览天使瀑布的话，最好事先预定飞机，免得到了那里抓瞎。

游览天使瀑布，由于没有路，只能乘船和飞机。我的建议

卡奈马湖中的三棵棕榈树

是，二者应该全选，否则，会留下遗憾。不过，这里的飞机比较老旧，进入机舱，座位破旧不堪，破的地方都贴着塑料胶布，仪表盘上的指示灯有一半不亮，比我当年骑的那辆除了铃不响哪都响的自行车也好不到哪去。好在驾驶员看起来象个老司机，凭感觉他准能把这架老飞机开上天。

从空中鸟瞰天使瀑布，可对周围的地貌有更直观的了解，感受绝非登高望远可比。当地植被繁茂，被热带雨林覆盖着的高原峡谷，郁郁葱葱。卡奈马河像一条银蛇，蜿蜒流淌在青葱翠绿之间。当飞机贴近天使瀑布时，但见平顶山上，一股股山泉倒挂悬崖，宛若舒展的玉带，给一片葱茏的世界增添了绚丽色彩。

众多瀑布中，最有名的是天使瀑布，长 979 米，为世界最高瀑布。在飞机上俯瞰大地，比登高望远更具优势的是，可以多角度地观赏瀑布全貌。飞机驾驶员为了让我们拍照，在天使瀑布上空盘旋了好几圈，才驾机返航。虽然飞得高，看得远，但要感受天使瀑布雷霆万钧的磅礴气势，却必须乘船到瀑布跟前近距离观看。这将是我们第二天的活动的重要内容。

水中三棵棕榈树，似乎已成为委内瑞拉的地标之一，美国国家地理杂志网站一直将这三棵棕榈树的照片作为介绍委内瑞拉的首页。因此，我一直期待着身临其境，看看这名声远播的三棵树。没想到，这三棵树就在我们入住的度假村后院。

乘飞机从天使瀑布返回卡奈马国家公园度假村后，才发现这里的条件比想象中的要好得多。这里不但有电，而且还能上网。原本预备在此处就开始过原始生活，没想到，这里的硬件与加勒比海各旅游胜地几乎没有区别。更由于旅游淡季的原因，我们住在这里受到了当地导游和服务人员的特殊照顾。尤其值得一提的是，度假村的一条本地狗对我们表示了出奇的友好。每次我们回来，它都默默无闻地主动到机场或村头去迎接，以至于同行的朋友对它恋恋不舍，想带它回美国。

吃过午饭，在三棵棕榈树下登船，游览卡奈马湖。这个湖看起来和杭

卡奈马河两岸

卡奈马湖中的瀑布

州西湖面积差不多，但风格迥异。如果说富集人文景观和历史沉淀的西湖像个林黛玉似的美女，而天然去雕饰的卡奈马湖则像一朵出水芙蓉，在荒野中恣意挥洒着美艳，令人怜惜。

最能让游人体验卡奈马湖野性美的是湖中的瀑布。卡奈马湖是个泻湖，El Carrao 河水注入湖中时，因地势落差而形成的瀑布使静谧的卡奈马湖平添了许多生气。除了平湖秋月，树影婆娑和杳无人烟外，卡奈马湖令我印象最为深刻的就是其星罗棋布的瀑布群，而卡奈马湖最为惊险刺激的游览项目就是自上而下地接受瀑布的洗礼。

登上机动木船后，导游带着我们攀爬到一个瀑布上方，坐在巨石之上，接受河水冲击，那叫一个爽！更为刺激的是，他还带着我们钻进两个瀑布的后方，零距离体验瀑布万马奔腾一泻千里的气势。

这里的有些瀑布，游人可以走到瀑布后面欣赏水景。若在美国，这些地方一定是游人止步的。一下午，我们穿越了两个瀑布，一个比一个令人惊心动魄。断崖之下，乱石成堆，水幕后面，俨然一条小径。顶着倾盆暴雨，忽见一道彩虹。置身其中，宛若仙境，世间烦恼，一扫而空。在瀑布震耳欲聋的轰鸣中，体验水柱砸在头上必须弯腰的力量，已成为这次旅行的一种难忘的记忆。

天使瀑布

到达卡奈马国家公园的第二天上午，我们乘船去天使瀑布。虽然在头一天已经乘飞机看过天使瀑布，但要领略瀑布的气势，必须近距离观看。

从卡奈马国家公园度假村乘船到天使瀑布大约需要四、五个小时。因为没有路，唯一的交通工具就是乘船。其实，这段水

路，如同漂流，两岸风光
旖旎，美轮美奂，行程本
身就是一次游山玩水的
好机会。在蓝天、白云、
平顶山构筑的一幅山水
画中，一叶孤舟飘荡在酒
红色的河面，忽而有长颈
鹤给您行注目礼，忽而传
来断断续续的猿啼，这样
的旅程，时间再长也不觉
得沉闷，而且让人流连忘
返。

如果说从卡奈马国
家公园度假村到天使瀑
布的行程如诗如画，那显
然还是不够全面的。这不
仅因为如此描述这段旅
程有些片面，而且也有忽

天使瀑布

略其动态美的嫌疑。这里的蓝天虽然一碧如洗，白云却瞬息万
变，时而阳光普照，时而烟雨蒙蒙。我们乘坐的木船逆流而上，
向天使瀑布疾行，高山、密林、浅滩，坐在船上，不仅有步移景
换的感觉，还能感受到险象环生的刺激。有些河段水流湍急，有
些河段则巨石林立，好在雨季河水充足，掌舵的印第安人小伙子
又熟悉地形，小船在他的驾驭下，穿激流，过险滩，一路上有惊
无险。尽管全船的人都像落汤鸡一样，但无人落水，也无需下水
推船。中午刚过，我们便顺利到达目的地。

下船后，站在河岸上已能看到天使瀑布真容。在导游的带领下，经过一个小时的攀爬，终于来到瀑布脚下。坐在一块巨石上，仰观瀑布，心灵震撼。忽然想起"飞流直下三千尺"，却不足以形容其高；又想起"高山仰止"的比喻，倒觉得恰如其分。

仔细观察某些自然现象，既可以颠覆也可以加深从书本中获得的知识和意象。站在瀑布脚下，不知是由于登山产生的疲劳还是大自然的震慑，看着瀑布，脑子竟然一片空白，什么都不想，白痴一样长久发呆。当年陶渊明"采菊东篱下，悠然见南山"就"不知有汉，无论魏晋"了，您说我们这些多少受过点儿国学熏陶的人坐在世界最高瀑布跟前，能不产生点儿古人那种感觉吗？只不过，现代人被现代文明的绳索束缚得太紧，逃离现代文明，回归大自然也只是暂时的。

天使瀑布的水流从山顶倾泻而下，初似夺路而逃，继则一泻千里，如万马奔腾，势不可挡。但落到底部，水流却变得像雨、像雾，又像风了。静观多时，如梦方醒：上善若水，水变随形。变，就是永恒！

天使瀑布下有个水潭，形成一个天然游泳池。同船的游客，无论男女老少，都奋不顾身地跳入其中，接受世界最高瀑布的洗礼。这真是一次难得的机会，身在水中，仰望瀑布，任凭雨雾泼洒，流水冲刷，此情此景，毕生难忘。

一般乘船游览天使瀑布，无法当天返回，要在天使瀑布的宿营地住一宿。河岸两侧错落有致的几间草棚就是游览天使瀑布的宿营地。我们当晚下榻的宿营地位置最好，躺在吊床上就能看到瀑布。从天使瀑布返回河边宿营地的时候，已近黄昏。驾船的两个小伙子正在为我们准备晚餐，烤鸡的诱人香味弥漫在河滩上。未及欣赏周边景色，洒满晚霞的河滩转瞬便被黑暗吞没，南半球昼夜更替的速度总是那么迅猛异常。

烛光晚餐后，外边的风景如明珠夜投，只好洗洗上床睡觉。睡吊床是天使瀑布宿营地的特色之一。躺在吊床上聆听着床下的潺潺流水，感觉床像小船一样随着河水轻轻地摇荡，摇着摇着便摇出此起彼伏的鼾声，散落在如漆的夜幕之中。

第二天黎明，林中的鸟像报晓的时钟，啁哳一片。躺在床上，天使瀑布就在眼前。

依依不舍，登船返航，又是新的一天。其实，每一天都有新的风景，每一天都会有新的发现。返程的路顺流而下，小船开足了马力，不多时，"轻舟已过万重山"，才三个多小时，便安全返回公园度假村。

我们的下一个目标是攀登罗赖马山。其实，罗赖马山和天使瀑布都在卡奈马国家公园内，在地图上看，距离不远。因为没有路，必须乘飞机。因为游客少，直飞票价贵，所以，旅行社为我们安排了一条迂回的路线，即从卡奈马国家公园乘机到附近的一个大城市 Puerto Ordaz，再从那里乘 14 小时的长途汽车去邻近巴西的小镇 Santa Elena。 这种安排对于我们这些不懂西班牙语的老外来说，是个不小的挑战。

在委内瑞拉乘坐公交车的经历

乘公交车是旅行中了解当地民情的有效方式。Puerto Ordaz 的长途汽车站相当于中国上世纪七、八十年代中等城市长途汽车站的规模。车站里熙熙攘攘，以社会底层民众居多。有的携妻将雏，有的背着大包小包，都是一般百姓出远门的架势。车站里有很多出售小商品和食品的商店，但生意冷清。

在旅行社的安排下，我们吃过晚饭后，登上一辆开往 Santa

Elena 的大轿车，实实在在地深入到了委国人民群众之中。车上一个司机，一个售票员，各司其职。离开车站的时候，天已擦黑，未开出城，车已满座。然而，汽车的大门却始终开着。白天天气热，汽车不关门还有情可原，但夜里凉风飕飕，车门照样不关。我估计，车门可能根本关不上，仔细一看，这哪是车门啊？只是两块木头板子权当车门而已。

汽车在漆黑的原野中一路狂奔，中途虽有上下车的旅客，但基本座无虚席。尽管车里一直播放着震耳欲聋的当地音乐，大多数旅客依然在狭窄的座位上保持着睡眠状态。拉着一车昏睡的旅客，如果再没有这种吵闹的音乐，让司机清醒地开车也不是一件容易的事情。

天亮后，汽车终于在一个公路服务区停下休息。本想在这里吃早饭，但见下车的旅客早已排上两条长队，一队开票，一队拿货。我们本想买几个鸡蛋，连说带比划的拿到了票，等排到另一

归途风景

队时拿到的却是几块圆形的小饼干。又颇费了一番周折，才拿到鸡蛋，再要把鸡蛋钱给人家补上，这队的服务员坚决不收，还得再到开票的那里去排队。

Santa Elena 镇中心有一家中餐馆----恒生酒家，我们去的时候还没开门。于是，便趔摸到当地人就餐的一处大排挡，点了一道南美人常吃的山药南瓜牛肉汤。等饭的时候，看了看这个大排挡，整洁，安静，有序，没有中国大排挡那么热闹。热腾腾的山药南瓜牛肉汤端上来一尝，嚯！汤浓，味正，肉烂，那叫一个好吃。3 个人吃了一顿饭，连饮料加起来都不到 4 美元。

从首都加拉加斯出来时，我们换的玻利瓦尔，到现在还有好几摞。同行的朋友说，来委内瑞拉，不仅能看到这里山好水好人好，还尝到了做土豪的感觉。委国人民很厚道，无论本国人还是外国人，价格面前，待遇平等。花钱时尽管有当土豪的感觉，但总有那么一点儿占了人家便宜似的愧疚。

第二天一早，我们收拾好登山的行李，准时从 Santa Elena 乘车出发，前往罗赖马山。路上，我们买了些水果蔬菜，并且买了两瓶罗姆酒。现在回想起来，此乃英明之举。不然的话，山上的伙食较差，基本没有水果蔬菜。夜晚阴冷，漆黑不见五指，晚饭喝点酒，既能驱寒又有助于早入梦乡。当然，也不能撒开了往上带东西，负重登山，无论是谁，都累。

汽车将我们载到罗赖马山附近的一个小镇 San Francisco，接几个挑夫和我们一起上山。小镇是进山前的补给站，街道两边排列着许多饭馆和商店。可能是因为旅游淡季的原因，抑或因为外国游客的减少，不少餐馆和商店都关着门，几家开着门的餐馆和商店也门可罗雀。但无论如何，从餐馆商店的密集程度来看，这个小镇曾经有过其辉煌的时光。

进山留影

徒步攀登罗赖马山的起始点在一个叫 Paraitepuy 的小村庄。这里有一条坑坑洼洼的土路和 San Francisco 相连，开车需要一个小时左右。再往山里走，就是只能徒步的羊肠小道了。因此，这里也是进入罗赖马山的门户，登山者需要在此登记，以备国家公园管理机构统计进山人数。填写登记信息时才注意到，这一天正好是 9 月 11 日。

"9.11"现已成为美国的一个纪念日。尽管这个纪念日和我们登山没什么关系，但每当想起这一天，我都不会忘记那天在电视机前亲眼所见飞机撞世贸大楼的一瞬间；飞机、摩天大楼、浓烟滚滚、大都市的恐怖气氛，……因而，这一天作为我们攀登罗赖马山的旅程正式开始的日子，使我情不自禁地浮想联翩，也就自然而然地拿纽约与眼前的小村庄做对比。这里如世外桃园；香蕉树环绕的农舍、树阴下乘凉的狗、街上悠闲觅食的鸡，袅袅飘荡的炊烟，……城市与乡村，现代与传统，总是令人难以取舍。

办好进山登记的手续后，遇到一伙刚从山上下来的欧洲青年，给我们介绍他们上山的经历和山顶上的美景。他们一个个儿说起登山的经历都眉飞色舞，这无疑激起我们对罗赖马山的更大期盼。为给我们即将开始的登山之旅壮行，他们还拿出印有委内瑞拉国旗图案的雨衣与我们合影。登山路上，遇到不少来自委国和其他国家的登山客，大都友好相待。罗赖马山以其博大的胸怀，欢迎来自世界各地的登山者，如果全世界的人都能以同样的胸怀彼此相待，这个世界将更加和平，9.11 那样的悲剧也就不会重演。

攀登罗赖马山

登山是个力气活儿，登罗赖马山也不例外，但相对容易。首先，罗赖马山的高度有限，主峰海拔只有 2800 米，山的周边地区都是缓坡。走到山根底下最后冲刺的高度也就将近 1000 米，且路程不长。不像在西藏阿里转山，一直在海拔 5000 米左右的地方转悠，一般人都会出现高原反应，转一圈要走 56 公里，体力消耗也较大。其次，委内瑞拉的气候较热，即使在山顶上，夜里也不是很冷，不必随身带很多衣服，登山时可以轻装简从。再次，这里挑夫的工资很低，不愿意自己背东西上山的话，可以雇人背，花钱不多。

尽管罗赖马山是个世界著名的旅游胜地，但这里的设施却极为原始，甚至可以说，基本上没什么旅游设施。因此，攀登罗赖马山之前，一定要有充分的过原始生活的思想准备。值得有意来此登山的朋友们注意的是，委内瑞拉政府有一规定，登山者不准在罗赖马山随意大便，这也说得过去；但非要将大便放在不易自然降解的塑料袋里随后带下山，就令人费解了。且不说这一规定是否真正有利于环保，单从操作层面上来说，就存在很大问题。我在第一营地和第二营地都看到有狗，我想这些狗再怎么聪明也不会自觉执行政府的政策，把屎拉到塑料袋里吧？

正如一位在委国工作的中资公司的员工所说，委国政府的政策有时很莫名其妙，买几根钢筋都需要向政府有关部门申请，批不批准，至少在半年以后才能得到答案。其实，政府若真要保护罗赖马山的自然环境，建几个简易厕所，乃举手之劳。当然，也正因为委国政府的无所作为，罗赖马山才未受到现代文明的侵袭，依然保持着原生态的面貌。

登山第一天，相当于热身，走了四个多小时即到达第一营地。这段路大约要翻七、八道山梁。虽然都是丘陵地带的缓坡，一口气走下来也相当吃力，因为局部地区也有比较难走的陡坡。从出发的小村庄 Paraitepuy 到罗赖马主峰之间这段路，多为当地人和登山者走出来的羊肠小道，蜿蜒曲折，伸向一座座山梁。等你翻过一道山梁，路又重新开始了。俗话说，望山跑死马。看起来罗赖马山好像近在咫尺，但脚下的路似乎永无尽头。

第一天的行程，大多数时间，晴空万里，烈日炎炎。顶着日头登山，流汗是必须的。白天行走在荒山野岭，难免暴晒，汗水似乎来不及在皮肤上流淌就被晒干。偶尔阴云密布，但真正下雨的时候并不多。无论是烈日当头还是阴云密布，在辽阔旷远的罗赖马山脚下，愈发觉悟到人是很渺小的。我对"人定胜天"的说法一向持怀疑态度。每当暂时挣脱现代文明的束缚，重回大自然的怀抱之时，什么"天有不测风云"，什么"月有阴晴圆缺"，对我都不重要，而庄子《逍遥游》中表达出的那种无己、无功、无名的绝对自由的思想境界却令我心驰神往。

徒步在荒原中，你会获得一种贴近大自然的体验。极目天际，觑无一人。任凭风吹日晒雨淋，不作任何抵抗，全然接受；忘却世间恩怨情仇，融入天空大地，一切随缘。

根据导游的判断，我们登山的速度属于中等偏上。天黑之前，胜利到达第一营地。

位于一条小河旁的第一营地，在我们到达之前早已驻扎了一伙从山上下来的登山者。导游和挑夫帮我们搭好帐篷，吃过晚饭，天已黑得伸手不见五指。一下午的时间，徒步翻过七、八道不大不小的山梁，要说不累，那是瞎掰。吃过晚饭，钻进帐篷，顾不得与蚊子搏斗，便进入了梦乡。

第二天早晨，带着被蚊子叮咬的无奈，依然精神饱满地踏上了征途，向第二营地前进。

第二天的旅程，依然阳光灿烂。途中每遇溪流，我们都尽量灌满自己携带的水瓶，以避免口干舌燥，缺水中暑。在这里，凡流动的水，基本上都甘甜凛冽，但喝无妨。感觉太热的话，还可以跳进水里冲凉。

在第一营地与第二营地之间，矗立着一座小教堂，在荒无人烟的原野中异常显眼。教堂大门紧锁，看来很少有人光顾。导游说，这是附近居民礼拜的场所。环顾左右，目光所及，杳无人烟。在这种偏远的人烟稀少的地区，能建成如此规模的教堂，不得不佩服教会人员深入基层传播福音的顽强精神。

进山途中的小教堂

第二天登山的行程与第一天大致相当，下午早早的就到了目的地。与第一营地相比，第二营地相当简陋。除了两栋茅草房的架子以外，一无所有。如果人多的话，找块搭帐篷的平地都很成问题。导游和挑夫将我们的帐篷支起来后，埋锅做饭，同行的女士们用我们带来的蔬菜做了一盘中国菜，大家狼吞虎咽，一扫而光。

是夜，大雨倾盆，破旧不堪的帐篷在大雨中早已丧失了遮风避雨的功能，行囊睡袋在凄风苦雨中基本沦陷。好在第二天早饭后，雨过天晴，艳阳高照。

近在咫尺的罗赖马山，笼罩在云雾之中，仙气十足。

经过两天的跋涉，我们已经站在罗赖马山脚下，当天的行程是登上顶峰的最后冲刺。从海拔 1800 米的第二营地到 2800 米的顶峰，对于缺少锻炼的人来说，是个不小的挑战。站在山下仰望罗赖马山，整个儿就是一道悬崖峭壁，无可攀缘。但导游说，在树荫掩盖下的一条小道，可直达山顶。于是，晒干了衣服，收拾好行装，继续前进。

成功登上罗赖马山

登山第三天的行程，即攀登罗赖马山顶峰，具有相当的挑战性。

站在山脚下看，呈九十度角的罗赖马山峭壁直上直下，光溜溜的山体像一座依山而建的古城堡，猴子看了都发愁，更甭说人了，整个一"山穷水尽疑无路"。

当然，"山穷水尽"是不可能的。那么，从哪儿上去呢？正在琢磨这个问题的时候，导游来了，顺着他的手指一看，山的东北角儿，有一片多少万年前塌下来的乱石堆，在树丛的掩盖下，断断续续地延伸到山顶。这才是所谓的"山重水复疑无路，柳岸花明又一村"。

鲁迅先生不是说过嘛，这世上本来没路，走的人多了，就成了路。走这条路的人本来就不多，至今，上山的羊肠小道也很难说是一条所谓的路。如果没有当地导游领路的话，外来人很难找到这条可以上山的小道。

沿着悬崖峭壁下的羊肠小道攀缘近一千米才能登上山顶。一路上，险阻艰难，备尝之矣！许多路段，怪石嶙峋，坡度超过六、七十度，用导游的话说，要"四轮驱动"，手和脚都不能闲着。时而，气喘吁吁，大汗淋漓，时而，飞流直下，望山兴叹！但每当听到从山上下来的人对罗赖马山的由衷赞美时，你都会平添信心，干劲倍增。

上：晨曦中的罗赖马山，下：上山小道

经过 5 个多小时的紧张攀爬，我们历尽艰辛，最终抵达峯顶。登山的过程虽然艰苦，站在峰顶望远的喜悦却难以形容。登上罗赖马山顶，回望来时路，霍然开朗，大有"会当凌绝顶，一览众山小"的感觉。

罗赖马山顶风光

更令人兴奋的是，山顶上的景色妙不可言。所谓妙不可言，就是再怎么用语言来形容这里的独特景观，你不亲自来看看的话，也难理解个中的奥妙，无法身临其境地领略大自然的鬼斧神工。从登上山顶的那一刻，你便能感觉到所有登山过程中的艰辛，似乎都得到了补偿。

我们登上罗赖马山顶的时候已经过了晌午，导游将我们带到一个号称"旅馆"的山洞中安营扎寨。吃过午饭，导游提议带我们去看山洞，一听说还得走几公里的路，不如在附近转转，养精蓄锐，反正山顶上哪里都是别致的景观，何必非得把自己累得贼

山顶风光

死，跟着导游瞎转悠呢？午饭后，我们一行人中，登山女侠和法国小伙子似乎有劲没地方使，跟着导游去了山洞，其他人便在附近自由自在地观山看景。

罗赖马山顶是一片面积 40 平方公里左右的荒原，分属委内瑞拉、圭亚那和巴西 3 个国家。奇形异状的怪石，宛若月球表面。石缝中顽强生长的花卉，又将你的思绪拉回人间。

柯南道尔有本小说叫做《失落的世界》，是以罗赖马山为背景写成的，描述一个脾气火爆的教授，率领探险队深入一个平顶山区，意外发现了一个进化程度停留在亿万年前的世界。在那里，他们遇到了史前恐龙、凶狠的人猿，最后还带了一只翼手龙回伦敦。地质学家确实曾在这一带发现过恐龙化石，但由于上亿年的地质变化，这里由于海拔变高、营养匮乏，如今只有一些黑青蛙、不知名的小鸟和蜥蜴等小动物，虽然荒凉，但绝对安全。

第二天在山顶上的行程可以选择到三国交界处去留个影，但来回要走 18 公里的路；也可选择就在周围景点转转。我们一行人毫无疑义地选择了后者。后来我们发现，这种选择是非常明智的。在罗赖马山顶上走 18 公里，所耗体力至少加倍。山顶上哪有路啊！坑坑洼洼的，连走带跳，光走这么一趟，一天就报销了。

第二天一大早，导游就叫醒了我们，说要带我们看日出。当然不能错过这种机会。于是，穿好衣服，未及洗漱，便随导游奔向观看日出的制高点。

因为赶时间，走得急，一路上连呼哧带喘，总算赶在太阳出来之前登上了最高峰。我曾经在海拔 5200 米的珠峰大本营早起遛弯儿，也没感觉如此狼狈。有好几次遇上不太好爬的石头，都想放弃看那劳什子日出，但想想大老远来这一趟，能在罗赖马山上看日出，也能给自己留个念想。这才卯足了劲儿，赶在日出之前爬上了制高点。

看完日出，早餐已经准备停当，是一碗没滋没味的麦片粥。这时候要是有块榨菜该多好啊！尽管生活条件有些艰苦，但山上的美景却秀色可餐。仅就我们下榻"旅馆"周围的景观来说，就已经美不胜收了。罗赖马山顶上犹如一座巨石博物馆，浑然天成的各种动物造型，应有尽有；状似人文景观的石窟佛像，各路神庙，也随处可见。大自然的鬼斧神工在这里被展示得淋漓尽致。

稀里糊涂地吃完早餐，在导游的带领下，我们便开始在山顶上游山逛水。为什么不能自己闲逛呢？原因在于山上的地形非常复杂。站在高处，山顶看起来挺平的，不就是一片乱石堆嘛。但置身其中，一堆石头就能把人绕糊涂。在石头缝里穿行，不是你想往哪个方向走就走得了的。转大半天，你要是能在原地踏步还算幸运，闹不好还有可能走向相反方向，甚至走向绝境。记得出发时旅行社的负责人给我们讲注意事项，特别强调上山时一定小心，千万不要摔着。假如摔坏胳膊腿不能自己走的话，唯一的交通工具就是直升飞机。叫直升飞机送趟医院，少则几千，多则上万美元。就凭这一点，咱也得多加小心不是？

爱美的女士们见了水晶总是爱不释手，但苦于不能带下山，便有不知名的登山者在此用水晶石摆出了这个图案（左图）。

罗赖马山顶真是一个神奇的世界，你在这里能够看到古希腊神庙，吴哥窟和敦煌石窟的身影。眼前这块由石柱托起的巨石，不禁让我想起雅典卫城上的厄里希翁神殿，想起那六位长裙束胸，轻盈飘逸，头顶千斤的少女。而下面晶莹剔透的水晶，清澈见底的水潭，比光秃秃的雅典卫城显得更加妩媚。

这里的许多山石，都能帮你展开想象的翅膀，在人类文明的世界中自由翱翔。

走到这里，仿佛来到龙门石窟，近而观之，又像敦煌的壁画内容。观音菩萨，罗汉飞天，皆形神兼备。观音端庄慈祥，罗汉形态各异，飞天反弹琵琶，简直是一件妙手天成的艺术品。其残缺部分，让我想起当年在龙门石窟遇到的一位老人。记得当时正给一位美国同事解释一个残破的佛像，一位精神矍铄的老人主动搭话，告诉我们他从"文革"前就是龙门石窟的常客，见证了石窟在"文革"时惨遭红卫兵扫荡的场面。除了卢舍那佛像太高而免遭劫难外，下面的佛像大多被红卫兵摧毁得面目全非。老人义愤填膺的面容和那尊残破不全的佛像在我的记忆中形成定格，以至于在这里又想起那位老人。

状似石窟的岩石

上：印度古庙，下：动物农庄造型

这座椭圆形的石头有点儿像罗马斗兽场(Colosseo)。当年漫步在斗兽场时，我就对人类好斗的本性感到困惑。古罗马帝国繁荣时期，统治者曾驱使猛兽与奴隶、战俘、罪犯在斗兽场"表演"互相厮杀，无数生灵在观众的欢呼声中惨遭吞噬。而斗兽场见证了人类这种嗜血的本性。时至今日，极端主义组织依然用恐怖袭击、人肉炸弹等方式在现代社会中进行此类表演，令人不胜唏嘘！

两年前去南印度麦索尔附近的一座有七百多年历史的印度教神庙参观，至今记忆犹新。那座神庙和这块巨石一样的颜色，一样的形状，一样的神韵。还记得当年同行的朋友 Sherry 仰卧庙中光溜溜的石板上欣赏廊柱上的精美雕塑如醉如痴的情景，如今又见到她面对这座巨石诧异得目瞪口呆的神色。时空的穿越给我们的旅行增添了无尽的回忆。

看到这个画面很容易让人联想到乔治·奥维尔的《动物农庄》，想起动物自治委员会的领袖"拿破仑"和"雪球"——两头智商极高的猪。它们好像正在召开农场再教育委员会会议，慷慨激昂地讲述革命道理，启发其他思想落后的动物的革命觉悟。第一天来到这块岩石面前，只觉得这些巨石的造型酷似动物而已，但再次经过此地，看到这些栩栩如生的动物，简直就是《动物农庄》的立体插图。记得上大学时读这篇小说，令我惊叹的是这部写于上个世纪四十年代的作品的情节和语言，竟然活灵活现地出现在六、七十年代的中国。大自然的神奇奥妙常常令人不可思议。

我们的导游 Alven 是个五十多岁的印第安人，说一口流利的英语。他个子不高，身形矫健，一路上对我们照顾有加。尤其在登山的路上，哪里路况危险，他就及时出现在哪

导游跳水

里。他对罗赖马山的地形非常熟悉，跟着他在山上观景，听他娓娓而谈，不仅长知识，也是一种享受。一天的游览活动就要结束了，他在所谓的"游泳池"为我们献出一个优美的跳水动作。

回程时的罗赖马山

告别罗赖马山

经过六天在山里的原生态生活，我们恋恋不舍地告别了罗赖马山，返回 Santa Elena 小镇，感到特别亲切。这种感觉实际上是一种从陌生回归熟悉的感觉，从荒原回归城市的感觉，从传统回归现代的感觉。回到旅馆后，能够洗澡洗衣服了，尽管热水还是不能照常供应，但这种生活方式仍然属于现代文明的范畴。

当天晚上，我们就跑到镇上的中餐馆恒生酒家大吃了一顿。这是一家广东人经营的餐馆，餐厅宽敞，设计简洁，可以说是窗明几净，但食客寥寥。据餐馆服务员讲，这里的大多数顾客是巴西过来的游客，当地人很少光顾。由于委内瑞拉经济变得越来越糟，这里的华侨正在纷纷逃离委国，转移到美加或其他拉美国家。留下来的不是物业太多不易脱身，就是尚未获得向往国家的移民签证，无处可去。一般来说，海外华人生存能力都很强，委内瑞拉的华人也不例外。在恒生酒家的斜对面，有一家颇具规模的蛋糕店，在小镇上显得很有些高大上，店主就是饭店老板的老乡。

Santa Elena 离巴西只有十几公里的路程。为了体验两国边境的生活氛围，我们利用半天的时间，穿越委内瑞拉和巴西边境，游览了巴西小镇 Pacaraima。我们的导游下山后本该休息，但他热情地答应带我们去这个小镇。有了他，出入海关，逛街购物，省去我们很多麻烦。

从 Santa Elena 开车大约二十分钟即可到达委巴边境。一路荒凉，到了边境，突然热闹了起来。委内瑞拉一方的海关大楼颇有气派，在附近低矮的茅草房中显得鹤立鸡群。路边的加油站生意火爆，一长串汽车排队等待加油；背着长枪的军人例行检查过往的车辆。我们乘坐的出租车过关时，只见司机和站岗的军人寒暄了几句，我们都不用下车，就放行了。这比起我们在西藏每走一段路就要下车接受检查来说，手续真是简单多了。问导游何以如此，得到的回答是委内瑞拉汽油便宜，附近的巴西人都喜欢到委内瑞拉来加油。至于过关，只要不携带违禁物品，来去自由，有什么可检查的呢？说的也是。巴西这边，好像连个警察都没有，整个一放任自流。

Pacaraima 是个只有一万多人口的不太起眼的边境小镇，但比委内瑞拉同等规模的城镇显得繁荣许多。商店鳞次栉比，商品丰富多彩，体形超重的人也相对较多。虽然 Santa Elena 离这里只有十几公里，且来往相对自由，但两地的差别依然明显。如果说 Santa Elena 多少有些冷清，暮气沉沉，Pacaraima 则显得朝气蓬勃，充满生机。

在巴西小镇 Pacaraima 吃了一顿正宗巴西烤肉，下午返回 Santa Elena，收拾行李前往 Puerto Ordaz。入住旅馆后，这些天第一次洗了个热水澡，感到通体舒泰，感觉返回现代文明。其实，罗赖马山上的水潭风景绝美，但水很凉。风景虽好，洗澡却不舒服。人对现代文明的依赖已经无可救药。

第二天早饭后，为买些纪念品，前往旅馆附近的商店，可什么想买的东西基本都买不到。于是，导游带我们去市中心最好的购物中心碰运气。在空空荡荡的购物中心，买了一些当地出产的工艺品。到国外旅行，逛街购物有助于了解当地风土人情。

委内瑞拉人民目前正经历一场严重的通货膨胀危机。过去三年中，货币贬值近百倍，给这个民生用品严重依赖进口的国家造成物资短缺，经济凋敝，治安恶化，社会动荡。排队现象随处可见。我们去的

旅游小岛阿鲁巴

这家购物中心的取款机和银行前，都排着取钱的长队。据说，委国钱最近毛得更厉害了，与美元的汇率变化速度惊人。由于政府限制人们每天取钱的数额，所以，银行门前排队已成为一种常态。

对于我们这些游客来说，由于汇率悬殊，花钱时总有那么一种当土豪的感觉。你买什么东西不必先问价，因为绝大部分商品换算成美元仍然让你觉得便宜。与古巴等国家不同，外国游客在这里享受与委国人民一样的消费物价，尽管二者的工资差别可达百倍之巨。委国货币面值不太大，因而，也给花钱消费增加了麻烦。到外边买东西或吃饭，得专门带着装钱的袋子，有时数钱也能数得你头晕脑涨。

告别委内瑞拉，重返阿鲁巴，感觉这两个相邻国家是冰火两重天。委内瑞拉经济萧条，商品短缺，百姓生活困难，基础设施陈旧，政府无所作为。所到之处，一片衰败之象。委国人似乎都在混日子，厕所没门，汽车的门关不上，国旗被风刮成碎布条，照样使用。尽管资源丰富，风景优美，却未见充分利用。而阿鲁巴则欣欣向荣，新建工地比比皆是。政府管理，井井有条。出租车司机大多都能说英文，甚至能说 4 种语言。作为一个旅游岛，阿鲁巴让人感到亲切，舒适，有宾至如归的感觉。

离开阿鲁巴之前的黄昏，正赶上日落，随手拍一下张照片，作为这次南美之旅正式落幕的记录。

加拿大的北极风光

加拿大的黄刀镇是看极光的好地方。我们半年前就计划着要去，直到 2019 年九月份才真正成行。

北极光是大自然中极为壮观的天然奇观之一，能亲眼看到北极光对很多人来说都具有相当的吸引力。尽管我前几年看过北极光，但这次朋友们要去黄刀镇看北极光，我还是毫不犹豫地参加了，因为北极光对我的吸引力太难抗拒了。

极光是在地球的北极和南极因磁场的作用而产生的一种特殊的天体现象，色彩艳丽，神秘莫测。在南北两极，都可看到。由于去趟南极不易，看极光的人大多选择在北极地区。北半球的芬兰、挪威、冰岛、俄罗斯、加拿大、美国的拉斯维加斯，都是看极光的理想地点。我们选择加拿大的黄刀镇，主要原因还是因为这里离加拿大的落基山脉国家公园（包含班芙，贾斯珀，路易斯湖等等）比较近，看完极光后，可以就近到这些公园一游。

黄刀镇一年有二百多天可以看到极光，概率相当高。除了夏季几乎全是白昼外，其他季节都有可能看到极光。虽然冬季看到极光的概率最高，但冬天太冷。九月秋高气爽，天气还不太冷，穿普通棉衣就行了。应该说是看极光的好季节。

由于看极光的地区大多气候变化较大，旅行中遇到突发问题的机率也较高，因此，要有随机应变的心里准备。我们去黄刀镇的当天，提前赶到印地机场，但飞机晚点。机场服务人员说是天气原因，赶不上下一班飞往黄刀镇的飞机了。既然如此，改一班飞机晚点儿到，也无所谓。谁承想，一查下一班飞机，傻眼了。航空公司的人告诉我们，错过了这班飞机，两个星期之内就没有去黄刀镇的飞机了。这么说，去黄刀镇的旅行要泡汤。好在我们这些人都是那种不撞南墙不回头的人，要求航空公司先把我们送到下一个中转站再说。果不其然，到了明尼那波利斯机场后，再跟航空公司联系，发现加拿大的埃德蒙顿有明天直飞黄刀镇的航班。于是，我们就转飞埃德蒙顿，当晚到达。第二天一大早飞往黄刀镇。

虽然旅程几经周折，但并未影响我们看极光的大致行程。

黄刀镇

到达黄刀镇后，我们的先头部队为我们安排了逛街的活动。反正白天也看不了极光，到一个新地方逛街是必不可少的活动。

黄刀镇这个名字多少有点儿中国味道。记得多年前有部中国西部片《双旗镇刀客》，不知为什么，来之前总是下意识地把黄刀镇和双旗镇联系起来。其实，二者没有半毛钱关系。

黄刀镇是加拿大西北地区的首府，现有居民两万多人，在加拿大也属于那种偏远地区的小城镇。虽是偏僻小镇，这里也有不少中国人。在街上转了一圈后，发现黄刀镇色彩缤纷，此时的小镇美丽绽放。我们沿着下榻旅馆附近的框架湖（Frame Lake）转了一圈，时而蜿蜒曲折，时而登高望远，湖边秋色正浓，小径染成金黄。

不一会儿竟转到了市中心的西北地区政府立法议会大厅（Legislative Assembly of the NWT）。没有任何安检程序，我们这些不速之客就推门而入。记得三十多年前我刚来美国时，芝加哥的政府大楼都不设安检。在黄刀镇，那种久违的人与人之间相互信任的气氛依然存在。

西北地区政府立法议会大厅是个极富地方特色的圆形玻璃建筑，走进议事厅一看，像个小剧院。面积不大，主席台前的地面上，一张北极熊皮平铺在大厅中央。环形座位，难分贵贱；楼上楼下，颇像剧场。出了议事厅，过道及大厅，休息室里摆放的一些雕塑和绘画作品吸引了我的注意。甭看这里是偏远地区，人家的艺术品位一点儿不低。

黄刀镇市府

毗邻西北地区政府立法议会大厅的水泥建筑是威尔士王子文化遗产中心（The Prince of Wales Northern Heritage Centre）。这是一座当地历史文化博物馆，展品丰富，让人目不暇接。这家博物馆用黄刀土著居民的原始帐篷，各式各样的黄刀土著手工艺品，异常逼真的动物标本，以及大量图片和文字展示了黄刀镇发展的历史以及当地原住民文化。

与威尔士王子文化遗产中心隔湖相望的黄刀镇市政府（Yellowknife city hall）是一座现代风格的红砖小楼，里面地方不大，但人还挺多。原来市政府向所有游人颁发证书，以及印有 Yellowknife 黄刀镇标志的小黄刀胸针，作为到达北极地区的纪念。因此，市政府的小楼里总是人来人往，且亚洲面孔的人居多。

北极光，摄影 潘宁

黄刀镇这地界，天气真是一会儿一变。上午逛街时还阴云密布，天黑的时候已满天星斗。原本我们在黄刀镇的三个夜晚都有追寻极光的活动，可由于飞机误点，现在只有两个晚上了。如果再赶上天气不好，那就太倒霉了。没想到，上天眷顾，第一天看极光就赶上这么个好天气。

带我们追寻极光的是个台湾小姑娘Jessica，热情，敬业，性格开朗。追寻极光的一路上，她为我们介绍各种拍摄极光的知识，并为车上的驴友设置相机拍摄的参数。尽管夜晚看极光外面的气温较低，但遇到这么个导游，让人心里感觉很温暖。

这一晚，我们的运气真好。刚到第一个极光观赏点不久，就看到极光在天边慢慢形成。不多时，形成一条条绿色缎带，当空飞舞。忽然，五彩缤纷的极光齐聚天幕，像绚丽的晚霞，更像节日的烟火，色彩斑斓，极为壮观。导游告诉我们，这就是极光爆发！虽然时间不长，却是一次难得的视觉盛宴。

加拿大的北极风光

在黄刀镇老城闲逛时，欲在当地一家叫做 Bullocks Bistro 的饭馆午餐，无奈人太多，要等一小时以后才能吃上饭。一个不起眼的小餐馆咋这么火呢？

一打听，原来这家餐馆的本帮菜很受欢迎，旅行社也鼎立推荐，遂成网红。因此，来这里就餐的游客越来越多，海内外中国游客尤其多。于是，我们在这里预定了第二天的午餐。

第二天中午来到这家餐馆的时候，还是那么多人。由于我们有预约，不用排队就顺利入座。坐下来点餐的时候，才发现这家餐馆的装修颇有特色，四壁皆为游客签名或涂鸦，连顶棚上亦无半寸空闲之地。许多涂鸦，使用汉字，"香港加油，林郑下台"，"五大诉求，缺一不可"等口号也赫然其中。因而，称这家餐馆为涂鸦餐馆，绝不为过。

在网红店吃完午饭后，我们登上附近的飞行员纪念碑（Pilot's Monument）。这里是黄刀镇的制高点，从这儿可以俯瞰黄刀镇的全貌，大奴湖、黄刀湾、老城、周边的岛屿，都尽收眼底。上世纪二、三十年代，一些飞行员为开发这一地区做出了重要贡献。因此，当地人为这些飞行员立碑纪念。现如今，这个充满历史而又很有故事的地方也成了黄刀镇著名的旅游景点。

黄刀镇大奴湖

秋天给黄刀镇镀上一层金黄，在一望无际的大奴湖的映衬下，显得风情万种。废弃的码头，淘金的遗迹，新建的民居，络绎的游人，还在延续着小镇的故事。

埃德蒙顿

结束极光之旅后，我们马不停蹄地飞到埃德蒙顿（Edmonton）。朋友的闺蜜全家出动，从机场接到我们，并把我们送到西埃德蒙顿购物中心(West Edmonton Mall 简称 WEM)去吃早餐。这里的中国超市规模和北京的家乐福有一拼，豆浆油条，包子大饼，各色小吃，应有尽有。享受了一顿地道的中国早餐后，在购物中心转了转，其面积之大，令人叹为观止。据说，这个购物中心是北美最大的，而且集购物、休闲、娱乐、文化、体育活动于一体，亦被称为"加拿大的迪斯尼"。我们在里面转的时候，大部分商店尚未开门营业，溜冰场上一帮年轻人正在打篮球。

上网查了查这个购物中心的资料，才知道这个购物中心纵横跨 48 个街区，占地 57 万平方米，拥有 800 多家国际时尚品牌店。种类齐全的专卖店、各种风味的餐厅，风格独特的饭店，以及赌场和游乐设施，让人眼花缭乱。据说，西埃德蒙顿购物中心，有多个项目被载入吉尼斯世界记录大全。

埃德蒙顿是加拿大阿尔伯塔省省会，也是这个省的第二大城市。市中心规模比印地要大，萨斯彻温河谷蜿蜒在市区流过，景色宜人。市内不少建筑工地，城市依然处在发展扩张之中。

五万左右的华人在这个城市居住，中餐馆的水准当然不低。在市内的老川味中餐馆吃了一顿正宗的川菜后，现在依然回味无穷。

贾斯帕

据传，这个城市有不少名胜，但因为时间有限，我们无法一一拜访，却也为再访这个城市留下了一个念想。

加拿大人口比北京多，国土面积比中国大。每每行走在这个国家的高速路上，总有一种地广人稀的感觉。上午乘车从埃德蒙顿到贾斯珀国家公园（Jasper National Park）的路上，感觉更是如此。尽管如此，却不觉荒凉。进入洛基山，但见云蒸雾腾，山环水绕，看来风景这边独好。

贾斯帕

下午抵达贾斯珀，小镇位于贾斯珀国家公园的中心位置，四周雪山环绕。小镇虽小，但通火车。我们下车的时候，一列望不到尽头的油罐车正缓缓驶过。饭后，在小镇闲逛。风格各异的建筑在色彩缤纷的秋叶中争奇斗艳，感到心旷神怡。

在小镇的历史博物馆中，当地著名摄影师 Andrew Manske 为我们讲述他为国家地理杂志拍摄金刚狼的经历，惊心动魄，赢得听众阵阵掌声。

入住贾斯珀镇的第二天，我们便启动了在加拿大落基山国家公园游山玩水的旅行。说句老实话，来这个地区旅行就是游山玩水。贾斯珀镇附近就有不少好玩儿的去处。

俯瞰着贾斯珀镇的金字塔山（Pyramid Mountain）背面，有一湖曰金字塔湖，小巧玲珑，幽静动人。这里山上有雪，山下有湖，湖面有山的倒影，亦真亦幻；湖中有岛，乃金字塔岛，有木桥与岸相连。岛上松林繁茂，曲径通幽，有亭翼然，略亭而过，又见一片天地。雪山高耸，水平如镜，湖光山色，令人流连忘返。

玛琳峡谷（Maligne Canyon）是洛基山脉中最长最深的峡谷。山道弯弯，峡谷曲折，俯视谷底，有急流瀑布深潭，瀑布附近，水声如雷。峡谷园区有两条步道可走，由于时间关系，我们选择走了最短的步道，依然步移景换。

从玛琳峡谷前往玛琳湖，途经巫药湖（Medicine Lake），导游热心地为我们指点美国秃鹰的巢穴，却未见鹰。原来，巢是空巢，鹰却在湖上盘旋。此湖所以出名，缘其水位涨落受地下暗河影响，原住民无法理解这种异像，故以巫药命名此湖。

玛琳湖的风光和新疆的天池颇为相似。湖被雪山环绕，宛若仙境。蓝色的湖，绿色的树，白色的山，飘逸的云，眼前仿佛一幅泼墨山水。

登船游湖，别有一派风光。随船导游是个加拿大小姑娘，面容姣好，体态轻盈，像只百灵鸟，解说功夫绝对一流。船行一路，她逢山说山，遇岛讲岛，故事讲得引人入胜。尤其是她讲述自己参加本地原住民后代来湖中的精灵岛（Spirit Island）祭拜活动的经历，令人动容。

游船一直开到湖的另一边，终于见到精灵岛的真容。小岛位置极佳，四周雪山环绕，如皇冠上的宝石，风水上乘。怪不得当年印第安人将小岛奉为神圣之地呢！基于尊重原住民的文化传

玛丽湖中的精灵岛

统和保护小岛的环境，小岛只能近观，不能涉足。凝视小岛，心生敬意。几次来加拿大，感觉这个国家和美国还是有许多不同之处，特别是在种族平等、文化多元及社会和谐等方面，加拿大人显然走在了前面。他们对印第安文化的尊重和保护，是有目共睹的。即使在贾斯珀这样的小镇，原住民的图腾柱也占据着小镇的中心位置。

哥伦比亚冰原

这次来加拿大除了看极光，另一个目标就是登上冰川。前些年去阿拉斯加，我曾近距离看过，却未真正踏上冰川，因此，这次来加拿大参加冰川探险活动就特别期待。去冰川公园之前，导游嘱咐我们多穿衣服。

我们将要登上冰川的地点在哥伦比亚冰原（Columbia Icefield），据说是"地球上除北极圈外最大的冰原"，位于贾斯珀和班芙之间。一条叫做冰原大道的山间公路将两座小镇连接起来，公路两旁山清水秀，偶尔还能看到野生动物和著名景点的招牌。抵达哥伦比亚冰原之前，我们游览了森瓦普塔瀑布（Sunwapta Falls）和阿萨巴斯卡河（Athabasca River），一个以瀑布和峡谷闻名的景点。瀑布虽然称不上壮观，但河水的颜色却令人感到惊艳。沿着崎岖的峡谷来到河畔，一幅冰清玉洁的大自然画面美得令人汗颜。

　　到达冰川公园服务中心时，大厅里已挤满了人。来这里的游客大多是中国同胞。不知国人是否还践行"读万卷书"的古训，但追求"行万里路"的人肯定数量空前。

　　冰川公园所谓的冰川探险，就是由专业导游带领游人登上冰川，领略冰川上的风景，其实无险可探。游人在此车站换乘大轮胎冰原专用客车，十几分钟便被送到冰川之上。为了保护环境，更为了保证游人安全，人们下车后只被允许在冰川的一小块区域内活动。因为冰川上有许多裂缝，像一道道深不可测的峡谷，人掉下去保证小命不保。游人活动区域内，插着几面各国国旗，加拿大、美国、英国、日本、韩国

冰川公园

及中国的五星红旗，供游人拍照。站在冰川上看风景，感觉非常震撼。这里风大，尽管多穿了衣服，仍然能让你迅速进入"风头如刀面如割"的意境。冰川上的风，不是一般二般的冷。

　　每次野外旅行，我都心存一份对大自然的敬畏，这次登上冰

路易斯湖 梦莲湖

川，尤其如此。不知何故，站在冰川上甚至比漂在大海上更能感觉到自己的渺小。

冰川公园内的另一热门景点是所谓的天路（skywalk），即一段半圆形玻璃栈道，游人可站在玻璃板上凌空观赏山景。我对这种破坏环境的工程一向不以为然。据导游说，我们登上的这条冰川正以每年融化十到十五米的速度慢慢缩减。但愿这种现象会得到改善。

路易斯湖和梦莲湖

路易丝湖（Lake Louise）遐迩闻名。我们刚到那里的时候，天空尚未晴朗，云遮雾罩，湖畔的维多利亚山峰还未露出真容。不一会儿功夫，云开日出，路易丝湖现出美丽容颜。她清翠欲滴的颜色让我联想起西藏的羊湖，不但圣洁，而且无私。她像一面镜子，无声地把自己身边的美景倾心奉献：巍峨的雪山，茂密的森林，缤纷的秋叶，络绎的游人，以及童话般的费尔蒙特酒店（The Fairmont Chateau Lake Louise）。此情此景，不可多得，同行驴友纷纷拍照留念。

梦莲湖（moraine lake）离路易丝湖不远，也是这里的旅游热点。加拿大老版20元纸币上印刷的画面，就是梦莲湖。由于这个原因，来梦莲湖旅游的人，一到这里便纷纷爬上湖边的小山坡来为梦莲湖拍照。

班芙

班芙是个典型的旅游度假小镇，镇中心的餐馆很多，在一家叫做风味居的中餐馆饱餐一顿后，到街上闲逛。但见游人如织，商铺栉比，比贾斯珀热闹很多。

洞穴与盆地国家历史古迹（Cave and Basin National Historic Site）是含有硫磺的天然温泉的遗址，也是班芙最早的温泉旅馆所在地。

据介绍，1885 年，加拿大政府将温泉周围的 26 平方公里的区域设立为一个小保护区。1887 年，加拿大政府颁布《落基山脉公园法》，将公园面积扩大，并命名为"落基山脉公园"。后来，在此基础上逐渐发展，成为现今举世闻名的国家公园。因此可以说，这里是加拿大第一个国家公园的诞生地。

参观洞穴与盆地国家历史古迹挺让人长知识。这里游人不多，且风景奇佳。许多艺术家的作品在此展出，弥漫着浓郁的文化气息。

硫磺山（Sulphur Mountain）是班芙镇附近的一座山，海拔2450 米，登上山顶既可俯瞰脚下的班芙镇，弓河、山班芙温泉酒店，也可远眺周边的明尼汪卡湖和洛基山脉。上山既可步行，也可乘缆车。我们这个夕阳红旅行团毫不犹豫地选择了缆车。

导游要大家登记参不参加这项活动时，用的英文是"gondola"一词，我想当然地认为是威尼斯那种小船。心想，大冷天去划船，有点儿不合时宜，就有点儿犹豫。到了上缆车之前才知道，人家当地人管缆车就叫 gondola。幸亏稀里糊涂报了名，要不然就错过了这次登高望远的机会。

乘缆车登上硫磺山，稀稀拉拉地下起了小雪，周围的山都披上了银装。山峰之间云雾弥漫，能见度很差，山脚下的班芙镇也仅仅是若隐若现。下了缆车，沿山顶步道继续前行，一直走到废弃的气象观测站。雪中爬山，除了脚底下有点儿滑，感觉有点儿冷外，获得的是一种别样体验。至于说爬山的条件，比林冲当年雪夜上梁山肯定好多了。

雪霁，站在山顶上欣赏班芙的美，尤其是那种朦胧美，是一种难得的经历。

卡尔加里

离开班芙前往卡尔加里（Calgary）的路上，又迎来一场大雪，午饭前抵达该城。1988 年的冬季奥运会在卡尔加里举行，使这个城市广为世人所知。

"卡尔加里"一词的意思是"清澈流动的水"。十八世纪七十年代，开始有欧洲殖民者在此定居，后来成为西北皇家骑警（North West Mounted Police）的一所驿站。再后来，加拿大太平洋铁路修建至此，卡尔加里获得发展的契机，逐渐壮大。一些参加修筑铁路的华人在铁路完工后，便留在此地经营餐馆、洗衣店、剃头铺等小生意，为后来的华人定居于此做出开拓性贡献。上世纪四十年代这里又发现了石油和天然气，城市得以飞速发展，遂成加拿大的能源中心，许多跨国能源公司在这里设有分部。

卡尔加里的市中心很有气势，中国城规模不小。我们在此品尝了西安小吃。逛街之时，风狂雪骤，寒冷异常。

遗产公园(Heritage Park)是卡尔加里最大的文化历史景区，保留了从十九世纪六十年代到二十世纪五十年代的加拿大西部历史古迹。

遗产公园里所有的建筑物和交通工具，都是曾经真实存在和使用过的。蒸汽机车仍在公园里运行，人们可以坐上绿皮火车体验蒸汽机时代的交通工具，也可以漫步在小镇中心光顾维多利亚时期的酒店，理发馆，面包店，警察局，报社印刷所，医院及学校等相关单位，房子及里面的家俱都是老物件，室内取暖用的是带烟筒的煤球炉子，就连里面的工作人员都穿着当年的服装。重现的历史场景，栩栩如生，非常引人入胜。

1988 年冬季奥运会会址

漫步在遗产公园，不仅增加了有关加拿大西部的历史知识，也有一种时光穿越的感觉。

遗产公园

冰雪阿拉斯加

很早就想做一次到阿拉斯加的梦幻之旅，去看那里的冰雪世界。

多年来，美国东西南北的地方去了不少，唯独阿拉斯加总是排不上旅游日程。一方面是因为阿拉斯加不在美国本土，随便去一趟不是很容易；另一方面则是因为阿拉斯加在先前的印象中总是和极昼极夜的北极圈，雪天一色的北冰洋，渺无人烟的冰川雪岭连在一起。埃克森原油泄漏事件发生后，电视上出现过密集的有关阿拉斯加的报道画面，这个冰雪之国才在印象世界中有所改变。

这几年，回归大自然似乎已成为一种时尚，以自然景观著称的阿拉斯加因而便成了旅游热点。前几年和几家朋友到希腊旅行时，大家就盘算着下次去趟阿拉斯加。经过朋友们的认真研究和精心准备，我们最终选择了旅行社组织的阿拉斯加游轮之旅。对于拖家带口的人来说，这种出行方式的确是个不错的选择。旅途中，您不必再为设计旅行路线劳神，也无须为安排吃住等杂事费心，您大可一门心思享受旅途中的良辰美景。

6 月 28 日，全家登上美国航空公司的飞机，开始了我们的阿拉斯加之旅。怀着特别兴奋的心情上了飞往安卡瑞奇的飞机，这才把前几天收集到的有关阿拉斯加的介绍材料拿出来阅读。

阿拉斯加的历史

　　号称地球"最后边界线"的阿拉斯加是一片资源丰富的广袤土地，其面积几近美国本土面积的五分之一，是美国第一大州。1867 年，美国用每公亩 2 美分的价钱，总共花了 720 万美元从俄国人手里买下阿拉斯加。以今观之，这笔交易无疑是一本万利，大赚特赚了。但是，当时主张购买阿拉斯加的美国国务卿斯沃德（William H Seward）却为此备受国会指责，人们甚至称购买阿拉斯加为"斯沃德蠢行"（Seward Folly）或"斯沃德的冰盒子"（Seward Ice-Box）。

　　这也难怪，当时的人们很难看到阿拉斯加的潜在价值。在西欧国家大规模对外扩张殖民地的初级阶段，所有国家都往那些出产金银，气候又好的暖和地区跑。冰天雪地，人烟稀少的阿拉斯加的金矿还尚未被发现，就不太受到殖民者的青睐。只有后起的沙俄帝国，因其地处北方，好地方都叫别的国家给占了，只能就近向东扩张，一举吞并地广人稀的西伯利亚，进而将阿拉斯加也纳入自己的版图。

　　俄国人的这一壮举，还得感谢雄心勃勃的彼得大帝。正是因为他跟着西方人有样学样，才使俄国人抓住了抢占世界地盘的最后机会，从而奠定了俄国成为世界列强的历史地位。俄国人占领了堪察加半岛之后，彼得大帝仍然不知足，还要继续向东扩张，惦记着美洲大陆，就是不太清楚两块大陆是不是连在一起，能不能就势把北美大陆也一并拿下。于是，就把这个光荣任务交给了在俄国海军服役的丹麦探险家维特斯·白令（Vitus Bering）。

　　白令也和哥伦布一样，是个痴迷于航海探险的主儿。既然皇上把这么艰巨的任务交给了咱，说什么也不能辜负了皇上的信任不是？于是，白令于 1728 年率领探险队向阿拉斯加进军，发现了北美大陆和亚洲大陆还隔着一道海峡。彼得大帝驾崩后，他继续按皇上的既定方针办，十几年后再次探险，终于抵达了阿拉斯加南部，成为首位到达阿拉斯加的欧洲人。

和哥伦布不同的是，白令未能在完成这一历史使命之后荣归故里。在这次探险途中，他的船队遭到暴风雨袭击，被困荒岛，他又因病不治，客死他乡。尽管如此，这支探险队在他的副手的领导下，克服种种困难，终于返回俄国，并且带回数百张海獭毛皮，使酷爱皮毛服饰的俄国贵族惊羡不已。

一听说有海獭，俄国猎人坐不住了，很多人准备跑到阿拉斯加去发财。从 1784 起，俄国人开始在阿拉斯加定居，这块地方便成了俄国人的殖民地。

俄国人的皮毛生意做得相当不错。其他的欧洲国家一看，立马得了红眼病，西班牙赶紧宣布整个北美洲西海岸包括阿拉斯加都归它所有。英国人也来了，法国人也跟着凑热闹。但是，这

阿拉斯加荒原

些国家的冒险者不是船毁人亡，就是运走几船皮货后再也不露面了。还是人家北极熊耐寒，能在这冰天雪地的地界站住脚。

没承想，到了十九世纪六十年代，皮毛业不景气，俄国人就觉得阿拉斯加没什么油水了，捂在手里还是个负担，便想卖掉它。当时，俄国在其周边地区战争不断，国库吃紧，手头缺钱，卖了还能赚俩钱。美国人一看价钱不错，就有人打算把阿拉斯加买下来。美国政府中总还是有一部分颇有眼光的政治家的，在历史的关键时刻，在国会一片争吵之中，做出符合国家利益的决定。不过，这些人常常被国会中短视的政客骂得鼻子不是鼻子脸不是脸。当时的国务卿威廉·斯沃德就属于这种人。

美国人该着走运，没过多少年，阿拉斯加发现了金矿！

北极圈

人类追求黄金的热情似乎是永恒的。当旧金山的淘金热逐渐凉下来以后，人们又把目光瞄向同在太平洋沿岸的阿拉斯加。

1880 年，美国人朱诺（Joe Juneau）和哈里斯（Richard Harris）来到阿拉斯加寻找黄金。尽管初始阶段一无所获，他们却没轻言放弃，经历了千辛万苦和百折不挠的艰苦奋斗，终于在夹杂着绝望和希望的不安气氛中找到了金疙瘩，从此，掀起了阿拉斯加淘金的高潮。

随着十九世纪末加拿大育空地区金矿的发现，大批淘金者蜂拥而至，阿拉斯加东南部地区不但成为淘金者的乐土，同时也成为淘金者经过海路进入育空地区的门户。随之而来的是，一座座小城镇拔地而起，如凯其肯（Ketchikan），朱诺（Juneau），斯盖格威（Skagway）都留下了淘金者的历史足迹。黄金不仅给阿拉斯加带来了繁荣，也向人们展示了她的潜在价值。

富藏石油，天然气，木材，水产和各种矿物资源的阿拉斯加无疑是美国的一座资源宝库，其地处北极的战略地位对于企图称霸全球的美国来说更是至关重要。

阿拉斯加由"斯沃德的冰盒子"变成了今天的香饽饽。

阿拉斯加输油管

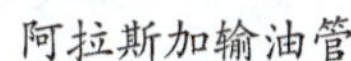

从飞机上看到阿拉斯加连绵不断的雪山，静默无语，泥灰色的海湾，不起波澜。人类为了利益的争夺，不惜你死我活，至今尚无宁日；但是，当您鸟瞰阿拉斯加的崇山峻岭，人类活动的痕迹却显得微乎其微。这时，您会油然生出回归大自然的冲动，人世间的一切烦恼，恰如一缕轻烟，被蒸腾的雾霭吞噬得无影无踪。

安卡瑞奇

当地时间晚上快九点了，飞机才降落在安卡瑞奇机场。机场不大，但也颇有规模。机场大厅里的艺术作品和陈设像一座座时间和空间的桥梁将阿拉斯加和美国本土的现代文明连接起来。机场前厅以抽象艺术手法制作的巨大玻璃图腾柱，行李大厅中栩栩如生的美国秃鹰和阿拉斯加棕熊的标本，以及随处可见的狗拉雪橇和熊抓鲑鱼的旅游招贴画，无不凸显出阿拉斯加机场浓郁的地方特色。

近年来，阿拉斯加的旅游业蓬勃发展，正在扩建的机场和源源不断的游客，显示着其强劲势头依然强劲。

野生动物和大自然的奇观是阿拉斯加旅游的最大卖点。看着机场大厅里那头硕大无比的标本棕熊，不由得佩服阿拉斯加人把这家伙弄到这儿做义工的聪明劲儿。您瞧它，体态虽不玲珑，形象却憨厚可爱，要不然人家迪斯尼非选它来当形象大使哄小孩儿呢！

我那俩闺女从小就喜欢动物，这会儿见到熊就走不动道儿了，吵吵嚷嚷立马儿就要去看真熊。着什么急呀？咱来阿拉斯加不就是来看野生动物的嘛。

还真是这么回事儿，来阿拉斯加的人以旅游者居多。您在机场很少看到在美国其它大城市机场中衣着光鲜只带个小旅行包的公务旅行人员，绝大多数旅客都是像我们一样的拖家带口的行李一大堆的旅游者。机场大厅对面正在兴建的火车站已接近竣工，显示着安卡瑞奇作为阿拉斯加最大空港为迎接八方来客的真诚。

饭后，旅馆派车来机场接我们的时候已经晚上十点多钟了。太阳仍然高高挂在天上，凉风徐来，竟有秋意。人们纷纷打开行李箱，找出厚衣服披挂上阵，到这时候才真正意识到，阿拉斯加不愧是阿拉斯加。

去饭店的路上，来自老挝的司机热情地向我们介绍起安卡瑞奇及阿拉斯加的风土人情。

安卡瑞奇是阿拉斯加最大的城市，人口也就三十万左右，可全阿拉斯加一半以上的人都居住在此。

不一会儿，汽车就开进了市区。市中心地区的面积的确不大，但显得整洁宽敞。在这个现代化设施一应俱全的城市，却看不到其他城市中常见的交通堵塞，人流如潮的喧嚣景象。此时，呈现在我们眼前的是静悄悄的黄昏和不愿落山的太阳，安详的街道偶尔有车辆驶过，星星点点的高层建筑在崇山峻岭的映衬下为苍凉幽远的安卡瑞奇多少还是抹上些现代色彩。

夏天的安卡瑞奇，天基本不黑，气温清爽宜人，六、七月份的最高温度在华氏 65 度左右，是夏天避暑的好地方。坐在车上，清风拂面，好像多年前酷暑中初到承德避暑山庄的感觉。

安卡瑞奇市号称"世界花篮之都"，每到夏天，大街小巷到处都悬挂着鲜花盛开争妍斗艳的花篮，给这座朴实无华的城市平添了几分妩媚。据司机介绍，夏天的三个月，是安卡瑞奇的旅游旺季，来自四面八方的游客蜂拥而至。这不，都晚上十点多钟了，司机还在一趟趟到机场接送游客。

"那冬天呢"？同行的朋友好奇地问。

"到佛罗里达打高尔夫球去呀"。司机还挺会开玩笑。

据说，很多有钱人像候鸟一样冬天到美国南部避寒，夏天来阿拉斯加避暑。广大贫下中农同志们呢，就只好猫在家里打升级、搓麻将自得其乐了。因此，像他这样的人，夏天能多干就多干点儿，反正天长，干完两份工，太阳都不愿下山。

其实，冬天的安卡瑞奇也不是冷得要命。因其地处阿拉斯加中南部，或多或少也能沾点儿太平洋暖流的光，冬天三个月的最低平均气温也就华氏 10 度左右。对于喜欢冰雪运动的人来说，这实在算不了什么。

冬天的安卡瑞奇别有一番风韵，市政府发起的"灯光城市"美化活动从每年十月到三月以成千上万只闪烁的白灯将全城点亮，使安卡瑞奇成为漫漫长夜中的一颗耀眼的明珠。

安卡瑞奇凭着自身依山傍水的优越条件，吸引人的地方很多。可惜我们的行程安排得太满，仅仅把她当成了进入阿拉斯加的门户和歇脚站，第二天一大早就出发去了麦金利山野度假村（Mt. McKinley Princess Wilderness Lodge）。早知道这里有那么多好玩的地方，说什么也得多呆两天呀。

惋惜之余，安卡瑞奇也给我们留下了日后重返阿拉斯加的借口。

德纳利国家公园

来到阿拉斯加的第二天一大早，我们就乘车离开了安卡瑞奇，前往德纳利国家公园。

德纳利国家公园位于阿拉斯加山脉的东端，在安卡瑞奇北

德纳利国家公园

面约 200 英里的地方。阿拉斯加山脉是东西走向，长约 600 英里，其主峰麦金利山（Mt. McKinley）正好被划在国家公园里面。为了亲眼看看这座北美第一高峰，德纳利国家公园就成了我们来阿拉斯加旅游的首要目标。

德纳利国家公园的特点就是大。美国最著名的黄石国家公园不算小吧？横跨怀俄明，蒙他拿，和爱得荷三州，但论面积，还是比不上德纳利。黄石国家公园占地 200 多万英亩，而德纳利的地盘则有 600 多万英亩，差不多是黄石的三倍。

虽然资格没黄石公园老，但德纳利国家公园也算得上"历史悠久"了。美国政府于 1917 年在此设立麦金利山国家公园（Mount McKinley National Park），当时的面积没有现在这么大，连麦金利山也没划到公园之内。后来，随着阿拉斯加的潜在价值越来越受到人们的重视，德纳利国家公园的面积也水涨船高地一点点增大。

1976 年，公园增设国际生物圈保护区；1978 年，卡特总统又宣布在公园边上圈地设立了个国家遗迹保护区（Denali National Monument）。1980 年通过的联邦"阿拉斯加国家利益土地保护法"，更使公园面积大增，联邦政府将麦金利山等附近的大片地区一古脑儿地都划进这座国家公园，并正式命名为德纳利国家公园保护区（Denali National Park and Preserve）。因此，从面积上讲，德纳利国家公园便成了美国国家公园的大哥大。

到阿拉斯加旅游，看一眼麦金利山应该说是绝大多数人的愿望。

麦金利山，原名德纳利山，当地印地安语是"大家伙"的意思。这座山之所以特别吸引人是因为它高。俗话说，"人往高处走，水往低处流"嘛，好不容易来了趟阿拉斯加的各地游人，谁不想一睹麦金利山的风采呢？这座山峰的名字取自美国前总统威廉·麦金利，但他本人没来过此山。

麦金利山是北美的最高峰，主峰海拔 6914 米，阿拉斯加人说它是"世界第一高峰"。您也许会说，喜马拉雅山上的珠穆朗玛峰海拔 8848 米，这阿拉斯加人怎么能这么罔顾事实自卖自夸呢？您先别急，我们遇上的几个司机导游都异口同声地这么讲，听他们一说，还真有点儿道理。

人家说啦，珠峰在哪儿啊，在平均海拔 4000 米以上的青藏高原上，它底盘高，在海拔高度上占便宜；咱麦金利山的底座呢，海拔才 600 多米。的确不假，若论相对高度，还是麦金利山高出一截。怪不得德纳利的山一个个看着让人眼晕呢。

有人说了，刘梦得先生在《陋室铭》里不是早就说过"山不在高，有仙则名"吗？其实，山也跟人似的，傻高傻高的，没点灵气，有啥看头？当然，作为山，要是雄奇秀险全沾边，又高大威猛，无疑会受到广大旅游观光者青睐。人家梦得先生受挤兑时，身居陋室，周围风景一般，整出一句"山不在高，有仙则名"的话来，聊以自慰，咱不能忒当真。那是人家心态健康，随遇而安，虽居陋室，却怡然自得，照样情人眼里出西施，把个不太高的丘陵当作仙山，尽情享受大自然的情趣。当然，和州那地方要是奇峰高峻雾绕云低的地界儿，他老人家一准儿也抒发"会当凌绝顶，一览众山小"的豪情。

麦金利山不但又高又大，且颇有仙气，所以才名声远播。从照片上看，那绝对是气势非凡。在白雪皑皑的群岭拱卫下，它的主峰拔地而起，像把利剑，直刺天穹。很多时候，它又像个娇羞的少女，在白云缭绕的仙境若隐若现，故意掩饰诱人的风情。如此这般，就更加刺激人们一睹芳容的欲望。

从安卡瑞奇北上去德纳利国家公园，沿途覆盖着皑皑白雪的峻峭山峰连绵不断，汽车在山中蜿蜒穿行，群山如影随形，坐在车上也能感受到泰山压顶之势。车行谷地，在天幕低垂的旷野中，远方山岚雾霭，祥云瑞雨，一派诗情画意；路边白桦云杉，花团锦簇，令人心旷神怡。

午饭前，我们一行人马抵达位于麦金利山东边的公主旅游公司开办的麦金利山野度假村（Mt. McKinley Princess Wilderness Lodge）。这个地方离麦金利山很近，是德纳利国家公园的南方前哨。

对很多游客来说，如果说安卡瑞奇是进入阿拉斯加的门户，麦金利山野度假村则是游德纳利国家公园的正式开始。

麦金利山野度假村有非常好的旅游设施，木屋式旅馆依山而建，错落有致。只要时间允许，您可以在旅馆大厅买票参加各种旅游活动，水陆空项目全有，所有这一切都拿附近的麦金利山做文章。

您不是想看看麦金利山的真面目吗？这有飞机载着您到山顶上盘旋，无限风光可一目了然。您要想体验一下登上冰川的滋味儿，这儿也有直升飞机可以把您运到麦金利山南坡的冰川上让您冰上漫步。

这类活动刺激是刺激，可您要想撒开了玩儿的话，腰包得鼓，就飞这么两下子，每人至少要掏五、六百刀。

一看价钱，我们一哥们发话了，咱回国不是老在阿拉斯加上空飞来飞去吗？都看腻了，咱还至于大老远的跑这儿来再飞一趟吧？虽说这话透着忒阿Q，可也挺实在的。往人堆里一瞧，没几个订机票的，广大旅游群众还是脚踏实地的人多。

除了飞行游览项目，好玩的活动有的是。什么气垫船激流探险，橡皮艇河上漂流，骑马山间漫步，坐大篷车赏景观山。您还可以租辆越野吉普或越野摩托在深山老林里寻幽探胜，也可以划一叶小舟在湖中垂钓。总之，对乐山乐水者，这里是夏天度假的天堂。

我们选了不太剧烈的乘大篷车游山的活动，一方面老少皆宜，几家朋友凑在一起热闹，另一方面，这条路线有个观看麦金利山的最佳瞭望点。

赶车的是一老一少，老的自报家门叫吉姆，少的自我介绍说叫约翰。他俩全副牛仔打扮：黑礼帽，白衬衫，花格坎肩，牛仔裤，做工精细的皮裤套，锃亮的马靴和挂着短刀的腰带，把这二位衬托得倍儿精神。倚着这身行头，老的看起来不老，少的看起来不小，像哥俩。这二位要是骑上马，拿着左轮枪，整个一西部片的男主角。

年龄大的吉姆坐在车头扬鞭赶车。两匹菊花青色的高头大马拉着一车人在密林中上坡下坡，如履平地。年轻的约翰负责导游，介绍阿拉斯加和当地的历史。谈笑之间，大篷车翻过一道山梁，眼前豁然开朗，但见麦金利山巍然矗立眼前。

约翰把马拴好后，大家下车一个劲儿狂拍猛照，大老远的跑这来，不就是要亲眼看看这座名山吗？留个念想。遗憾的是，那天不是个晴空万里的日子，天有点儿阴，麦金利山的周围云雾缭绕，山峰隐于天际。但是，脚下，层峦叠嶂，苍松翠柏，郁郁葱葱，简直就是一幅绝美的立体画，一章凝固的交响乐。能看到这般美景，即便没看到麦金利的峰巅，也不枉此行了。

望着麦金利山，老牛仔吉姆开始侃起阿拉斯加的掌故，从什么"斯沃德的冰盒子"，某某富人在哪建了别墅，到为什么当地人坚持管麦金利山叫德纳利山，他都给你说得头头是道。

麦金利山名的来历

来的路上看介绍时咱就有个疑问，为什么这座北美第一高峰叫麦金利山呢？谁都知道，美国人爱拿总统的名字到处命名，什么华盛顿特区，林肯大道，罗斯福大街，等等等等。但是，他们使用总统的名字还是有点儿规则可循，都先紧着那些非常著名受人爱戴的总统。按说，这北美最高峰的命名荣誉不给华盛顿，也得给林肯吧？这两位总统都没戏，却给了老家是俄亥俄州从没来过阿拉斯加的麦金利总统。

麦总统在美国历史上谈不上著名，要不是1901年他在任上被一个无政府主义者枪杀身亡，名列被刺总统的名单之中，很多美国人可能都记不住他的丰功伟绩。可是，中国人对他倒是比较熟悉。1898 年，美西战争结束后，麦金利政府开始关注亚洲，特别反对帝国主义列强瓜分中国的企图。他的国务卿海·约翰（John Hay）于 1899 年照会各国列强，要求他们尊重中国的独立，主权和领土完整，保证中国的门户开放。甭管麦金利政府的意图如何，美国的"门户开放"政策在客观上阻止了帝国主义列强对中国的进一步瓜分。

不管是美西战争也好，还是门户开放也罢，麦总统实在跟阿拉斯加扯不上什么关系。经老吉姆一点拨，回来后一查资料，才找出了为什么德纳利山被命名为麦金利山的答案。

原来，这德纳利山被改了名是因为十九世纪九十年代发生在美国的那场是否实行金本位制辩论。1896 年，主张坚持金本位的共和党总统候选人俄亥俄州长麦金利和主张银本位制的民主党总统候选人威廉·布莱恩在选战中就货币政策的论战正进行得如火如荼。在阿拉斯加德纳利山根底下，一帮淘金者饭后也在议论选举。这些人中，有的倾向于金本位，有的则倾向于银本位。其中有个普林斯顿毕业的淘金者叫威廉·迪凯（William Dickey）的，是个铁杆金本位支持者。为了金本位还是银本位，跟自己的同伴也争得脸红脖子粗。

从阿拉斯加回来后，他在报纸上撰写阿拉斯加淘金探险之旅，在描述他见到的德纳利山的时候，特意把这座北美最高山称作"麦金利山"，以表示他对麦金利的支持。当年年底，麦金利战胜布莱恩当选总统。不久，这座名山就被政府正式命名为"麦金利山"了；但是，阿拉斯加人始终还坚持称其为德纳利山。近年来，阿拉斯加人在国会多次提出议案，要求恢复德纳利山的原名，但屡遭来自俄亥俄州议员的反对，均未成功。

顺便提一下，2015 年 8 月 30 日，美国内政部发文正式将此山改回原名，以支持当地原住民保护自己文化传统的要求。因为我们去的时候山还未改名，因此，后面提到这座山时还会用当时使用的名字。

淘金之旅

看完麦金利山，大篷车拉着我们继续在密林中闲逛，清脆的马蹄声有节奏地在山谷回荡。忽见峰回路转，有木亭一座，现身林间。用圆木建成的这座小亭，不事任何雕琢，与周围山林浑然一体。小亭边上，两只驯鹿在圈中徜徉。原来，这是我们大篷车的第二个活动内容——沙里淘金。

淘金是阿拉斯加历史文化不可或缺的组成部分，现在又成了我们大篷车之旅的重要内容。关于淘金，只是在书本里得到过些零碎知识，至于如何在沙子中把金淘出来，咱是一无所知。

下了车，每人分到一袋沙子和一个黑色的塑料淘金盘子。老牛仔吉姆大叔把我们领到为淘金而建的专用水池旁亲自示范，但见一盘沙子在他手中三晃两晃，一会儿功夫就都被倒进水里，十数粒金沙灿然留在黑色盘子的中央，赫然夺目。

吉姆大叔说了，就这点儿金沙至少值个十块八块的。嚯！这挣钱也忒容易啦。一干人马看得眼珠子放光，当下有人就吵吵着是不是以后改行来阿拉斯加淘金。

看完老牛仔的淘金示范，大家都迫不及待地把沙子倒进手中的盘子，一丝不苟地淘起金来。在一片嬉笑声中，每个人都有所收获，少则四、五粒，多则十几粒，当了一回"名副其实"的淘金者。

那厢边，年轻牛仔约翰拿着压膜机给每个人淘出的金沙装入塑料袋中，压在印有"你永远不会破产"字样的纸牌上，成为一件阿拉斯加旅游的珍贵纪念品。

冻土之旅

德纳利国家公园不但有麦金利山和冰川冻土，河流湿地，森林草甸，而且还有棕熊，驯鹿，卷角山羊，狼，狐狸和秃鹰等众多大型野生动物。公园以不加掩饰的独特魅力吸引着来自世界各地的游人，成为阿拉斯加旅游景点首屈一指的好去处。

早就听说夏天的德纳利国家公园非常火，我们在朋友的提醒下提前几个月就把在德纳利游园和住宿的事儿定好了，省得到时候抓瞎。

从麦金利山野度假村到德纳利国家公园的正门，向北行驶也就不到两个小时的路程，但有步步升高的感觉。公园的大门位于从安卡瑞奇到费尔班克斯的三号公路穿越阿拉斯加山脉的地段，一座小镇依山而建，公路两边的山坡上，旅馆饭店星罗棋布。

说是小镇子，也就是一条街，但挺热闹，旅游车辆鱼贯而行，一拨拨的游人进进出出，使德纳利国家公园看起来和美国内地的旅游景点没什么大的区别。

下了车才感到，这里山高，风硬，天凉，蚊子猖狂。刚下车拿行李这会儿功夫，一只大蚊子就挤过人群亲了咱一口，还没等咱愣过神来，轻轻的人家走了，正如人家轻轻的来。回头一看，等行李的人像跳踢踏舞似的，一个个正在拍蚊子呢。

游德纳利国家公园的主要方式就是乘坐公园提供的旅游车，可以深入公园腹地。公园里有一条 89 英里长的公路，从大门口直达离麦金利山不远的奇迹湖（Wonder Lake），游人可以乘坐旅游车到达湖边，在那里观望麦金利山。

如果选择自己开车，开到距离大门口 15 英里的叫作野河湾（Savage River）的地界儿，您就不能再往里开了。公园管理处在那儿设有卡子，据说是为了保护公园的生态环境，也有安全方面的考虑。过了这个卡子，都是碎石路面，有些地段在山腰上盘旋，云雾缭绕，下面是万丈深渊，坐在车上都令人心惊胆战，更甭说让您自己开车了。

一般旅游者都选择乘坐旅游车游览德纳利公园，省心省力。当然，公园里也有背着旅行包徒步游览或骑着脚踏车跟山路较劲的人，但数量极少，且都在靠近大门口的地段。公园大门口还有火车站，您有时间的话，也可过过坐火车的瘾。不过，火车和汽车是两股道上跑的车，走的不是一条路。

我们预定的是"冻土之旅"（Tundra Tour）半日游，下午两点出发。一听这名儿，咱先把棉袄穿上了，德纳利的土经冻，人可不经冻。弄个伤风感冒的，玩儿也玩儿不痛快。

冻土之旅半日游从旅馆门口出发，沿着园内那条唯一的公路开到 47 英里名叫 Polychrome Overlook 的地界原路返回，历时 6 个小时。

我们的司机兼导游是个热爱本职工作长相酷似佛拉基米尔·列宁的中年人。一路上滔滔不绝，如数家珍般地把德纳利公园的一山一水一草一木讲给游客，真是做到了知无不言，言无不尽。

这个冻土之旅号称是看野生动物的，但依我看，还是以观山为主。车刚开进公园没多久，一爱开玩笑的哥们儿大喊有鹿，"列宁同志"赶紧停车，车上的人都拿起相机、望远镜准备下手，一看，窗外密林深处，连个鹿的影子都没有。

"这不刚开始嘛。别急，没见着鹿，咱一会儿保险能看到熊，我打个电话问问先"。"列宁同志"重新把车开起来，也没忘记适时地挠挠大伙儿的好奇心。

咱还以为他有卫星定位什么的先进仪器，跟总部联系在哪儿能看到棕熊呢。却原来，他在打电话问前边停车的司机看没看见动物。您说，这差打到哪儿去了。

不过，有"列宁同志"在，车上的人都挺开心。在他的鼓动下，全车人员向鬼子进庄一样搜索目标，活脱脱的就像一支动物考察队。

功夫不负有心人。不一会儿，有人报告，发现山羊。可不是嘛，只见不远处的山顶上，一群山羊好像正在开生活会，有俩山羊意见不和，还顶起牛来，而旁边的山羊们却若无其事地坐山观虎斗。"列宁同志"早已把车停在路边，好让大伙尽情拍照。

自打看到山羊，这一路上还真看到不少野生动物。山坡雪地里旁若无人自娱自乐的棕熊，河滩上心急火燎孤独赶路的灰狼，暮色中谈情说爱任人拍照的一对麋鹿，以及倏然飞过的秃鹰，都一一闯入镜头。但是，在这个野生动物的乐园，野生动物的数量远远不如参观动物的游人的数量多。这哪是野生动物的天堂呀，整个一旅游者的乐园。

其实，游德纳利国家公园，野生动物仅仅是个点缀，其精华还是观山看景。咱属于乐山派，从一进公园大门，俩眼就没闲着。干嘛？观景。

德纳利的山，其形其势，酷似中国西部的昆仑山，高大雄浑，气势磅礴，很多山峰耸入云端，高不可测，亦有奇型异状者，令人遐想。

这里的山看了让人叹息，养在深闺人未识呀！可惜了的，要是李白、杜甫等文人骚客来过此地，什么神女峰，望夫崖，狼牙山，睡美人之类的名字，早就把它们捧成名星了。尽管少了点儿人文色彩，德纳利的山以其质朴的美依然令人倾倒。

从云杉覆盖郁郁葱葱的连绵山峦，到长满藓苔身披锦缎的陡峭峻岭，再到白雪覆盖祥云环绕的高耸峰巅，即使在一座山上，目移景换，您都能看到不同的景色。更不用说，坐在车上，峰回路转，远近高低，群山竞秀，简直美不胜收。

车行一段山谷之中，忽见几座丘陵，散布于旷野之中。其型，酷似尼罗河畔的金字塔，其势，宛如贺兰山麓的西夏王陵，连家住银川常到西夏王陵遛弯儿的老岳父看了也不住啧啧称奇。大自然的鬼斧神工，真是不可思议。当然，我们的导游"列宁同志"对此未发表任何言论，甭说西夏，人家可能连秦汉都不识呢。

什么叫旷野荒郊？到了德纳利您就知道了。虽然在公园里偶尔能看到擦肩而过的旅游车，但极目远眺，您看到的却是"千山鸟飞绝，万径人踪灭"的空旷。

有次车停下来休息，正赶上细雨蒙蒙。站在路边，但见残雪近在咫尺；抬头望远，大河在荒野中任意奔流。此情此景，使我不由得联想起"大漠孤烟直，长河落日圆"的边塞荒漠，想起多年前在丝绸之路上旅行的情景……

德纳利的天气象小孩儿的脸——多变。正当咱在雨中面对群山发思古之幽情时，忽然，雨霁天晴，一架彩虹从天而降，天地间顿时像水洗一般清爽。大家赶快拿出相机，又是一通狂拍乱照。正像我们一哥们儿说的，此景只应天上有，碰上不拍白不拍。反正现在都用数码相机，可劲儿拍吧，您呐。

要想在德纳利照张好照片，也不是一件容易事，不但要选角度，您还得碰上好天气。明信片上德纳利公园的风景照片，一张张看起来都那么透亮；我们拍的照片呢，也就起了个记录"到此一游"的作用。记得刚进公园的路上，看到一个摄影师模样的人在路边支个三角架，正比划着照相呢。回程的路上又看到了他，人家纹丝没动，还在原地戳着呢。仔细算来，人家在外边冻了至少五、六个小时。要在艺术上精益求精，容易吗？

德纳利国家公园的空旷之美很大程度上得利于公园当局对环境保护的重视。公园虽大，但除了必要的旅游设施外，却很难见到人工建筑的痕迹。我们的司机兼导游"列宁同志"更是个优秀的环保主义者。上车伊始就告诉人们，千万不能随便扔垃圾。吃完盒饭，人家在回程的路上特意拿出准备好的垃圾袋，将饭盒里的垃圾分门别类装进三个垃圾袋，像行李一样带回家。

正是因为有了这种落实到基层的环保措施，德纳利国家公园在每天接待大量游客的旅游旺季，却很少能够看到人为的环境污染，保持着脱俗的原始面目。

记得八十年代初到新疆天池，看到的也是一派原始风貌。因为印象好，后来就总惦记着什么时候能旧地重游。前几年，看到一篇报道，说天池一带白色污染已成一害。看后心里那叫一个堵。

看来，国内主管旅游工作的干部，有必要来一趟德纳利国家公园，坐坐"列宁同志"开的旅游车，看看人家是怎样善待自然景观的。学点儿经验，也好让咱们的社会主义大好江山永不变色。

阿拉斯加邮轮之旅

十九世纪末，阿拉斯加和加拿大育空地区发现黄金后，大批淘金客蜂拥而至。因而，在阿拉斯加东南沿海一带，一批随着淘金热潮而兴起的小镇悄然诞生。现如今，这些小镇摇身一变，都成了"历史名城。"

这些"历史名城"对前来阿拉斯加旅游的人来说，无疑是很有吸引力的。在这里，您能看到淘金时代的"文物古迹，"听到栩栩如生的有关淘金的故事。然而，由于阿拉斯加地广人稀，这些所谓的历史名城至今尚未纳入四通八达的高速公路网，即便是阿拉斯加首府朱诺，也没有铁路和公路与外界直接相通。因此，您要想瞻仰这些历史名城，最好的方法是乘船，沿着老一辈淘金大军的足迹，到这些历史名城转上一圈，您不但能感受到老一辈无产阶级革命家艰苦创业的开拓精神，也能切身体会到今天的幸福生活来之不易。

基于这样一种考虑，我们选择了公主旅游公司提供的 7 天邮轮之旅。路线是从安卡瑞奇附近的惠梯尔（Whitier）出发，途经史凯威（Skagway），朱诺（Juneau），科奇坎（Ketchikan），最后抵达加拿大温哥华的航线，历时 7 天。

这条航线的好处是风景优美，是所谓的旅游热线。您要是没有什么特殊的要求，而仅仅是为了到阿拉斯加看看自然景色，领略一下当地的风土人情，那么，选择这条路线还是比较合理的。

从时间上来讲，7 天时间不长也不短，太长，容易产生审美疲劳；太短，走马观花往往觉得不够尽兴，想下次再来，又不知会等到猴年马月了。

从路线上来说，邮轮航行都是在阿拉斯加湾东南部海湾峡谷之中。从地图上看，全是犬牙交错犄角旮旯的地方，附近没有公路。实际航行中，沿途风平浪静，景色奇佳。您能看到冰川峡谷，无人荒岛，森林公园和浩瀚的太平洋，与地中海和加勒比海的景色迥然不同，连绵不绝的冰川雪岭在那两个海是绝对看不到的。

我们是在下午时分抵达惠梯尔码头的。泊在岸边的邮轮像一只关在铁笼里的硕大恐龙，把个小山沟塞得严严实实。和以前在迈阿密登船的感觉大不一样，登船之前第一个冒出来的念头竟是铁达尼。这家伙，实际上比铁达尼可大多了，要是撞上个冰山什么的，可能还不至于沉。

其实，船大有大的好处，开起来稳当。整个航行过程中，宛若置身于一座小城之中，压根感觉不到摇晃。不像前两年到加勒比海乘坐的海盗公司的邮轮，刚上去还没来得及吃晚饭，就把很多人晃悠晕了。

上了船，安顿好行李，全家人来到十五层上的自助餐厅，先喝杯咖啡再说。踏踏实实，坐在窗前，放眼望去，惠梯尔小城尽收眼底。

这哪儿是小城啊？说是个村子都不算大，除了邮轮码头，山洼子里面星星点点的就几栋房。邮轮码头座落在两座大山相连处凹进来的狭长海湾尽头，是一座天然的避风港。海面上，水平如镜，两侧山，郁郁葱葱。

前几天，东跑西颠地玩累了，登上船蓦然有种回到家的感觉；更确切地说，有种回到旅馆的感觉。没有家中的琐事，没有工作的牵挂，船上连手机信号都没有，您可以来个身心彻底放松。

船外美景无限，船内服务周全。此时此刻，才切身感受到邮轮之旅的可爱之处。其实，对于热衷旅游又身子骨不好怕苦怕累的人来说，邮轮旅游可以极大限度地满足您的需求。邮轮简直就是一座微缩的活动旅游城，各种风味的餐厅，琳琅满目的商店，温馨舒适的酒吧，功能齐全的剧场和影院，健身房，按摩房，游泳池，图书馆，舞厅，游戏厅，儿童乐园……一应俱全。

除了拖家带口的旅游者外，邮轮也是度蜜月的好地方，一对对沉浸在新婚幸福之中的情侣成了船上摄影师追逐的对象，一张张精美的照片记录着他们在船上度过的美妙时光。

即便您不是来度蜜月的，随船摄影师也会随时随地给您照相。第二天，到画廊一看，您的照片准在那儿，照相水平都还说得过去。看着好，您掏钱，这时候人家才狠狠地宰您一刀。不过，船上乐意挨宰的人挺多，画廊里交钱买照片的人总是排队。

为庆祝结婚纪念日而上船的夫妻也不在少数。在船舱走廊里，经常会看到船上服务员在不少房间的门口挂彩色气球。一看，有庆祝生日的，有庆祝毕业的，但大多数还是庆祝结婚纪念日的。

当然，邮轮也是成功人士密会情人，带着二奶出来散心的好地方。在船上，看到过几对看起来夫妻不像夫妻，谈恋爱不像谈恋爱的人。这里没人打搅，手机都不通，船外有海誓山盟的景，船上有无忧无虑的人，绝对可以尽情享受二人世界的宁静。

我觉得，邮轮之旅也是那些人到中年，开始怀旧的人们举办同学聚会的好场所。近年来，中学同学、大学同学频频举办毕业三十年四十年聚会等活动，租个饭店，酒酣耳热之际追忆当年，暗恋的拉着老同学的手舍不得松，有情无缘的互颂衷肠不愿散席，今非昔比混出个人样的恐怕没机会显摆，……尽管如此，都有个曲终席散的时候，不能尽兴。要是把这类同学聚会挪到邮轮上来举办，效果就会大大提高，不但能够尽情尽兴，说不定还能和老同学闹出点儿故事。

阿拉斯加的邮轮之旅还有一大好处，就是能看到许多在陆地无法看到的景观。据船上发布的新闻，第二天一大早，邮轮将抵达学院谷冰川（College Fjord）。一瞧这地名，咱还以为附近有个社区大学什么的。居然还有人跑到这地方来修行，心里不由得不佩服。可一看地图，不对呀！附近连路都没有，整个一无人区。

再一打听才知道，此地之所以叫学院谷冰川，并非有什么学院，而是由于美国东部的一些大学和学院赞助了对此地冰川的考察研究活动，为此，学院峡谷中的二十六条冰川全部用这些大学和学院的名字命名，什么哈佛冰川，耶鲁冰川，哥伦比亚冰川，卫斯理冰川，等等等等，不一而足。

据说阿拉斯加有五千多条冰川，在邮轮经过的东南部地区拥有许多著名冰川，颇具观赏价值，形成了一道特殊风景。学院峡谷中最大的冰川叫作哈佛冰川，这和这所大学在学术界的地位也相当吻合。有些冰川在不断融化，晶莹碧蓝的冰块不时地从冰墙上开裂，掉进海中，轰然作响。有些冰川仍在继续增长，奋不顾身地向大海挺进。

学院谷冰川

邮轮第二站抵达冰川湾，这里有著名的冰川湾国家公园。

如果说学院峡谷的冰川有涨有落，那么，冰川湾（Glacier Bay）的状况则令人堪忧。

1794 年，当英国的乔治.温哥华（Capt. George Vancouver）船长探险来到冰川湾的时候，那里的冰川都结结实实地被厚厚的冰层包着。1879 年，地理学家约翰.穆尔（John Muir）到此地考察时，发现冰川后退竟有 48 英里之多。到了 1916 年，这条叫作大太平洋（The Grand Pacific Glacier）的冰川又从入海口的地方后退 65 英里。

按照常规，冰川的活动都是相对稳定的，这种在如此短暂的时间内发生的冰川融化急剧后退的现象已经引起科学界的高度关注。近年来，关于大自然的温室效应导致北极冰盖融化的传闻不绝于耳，其原因小学生都能说出个一二三来，可谁又把它真当回事呢？

冰川后撤，海水涌入山谷，由此形成的一段段峡谷使冰川湾变得更加迷人，宛若海上三峡。缓缓航行在峡谷中的巨无霸邮轮，不但能带您领略峡谷腹地的迷人风光，还能为您提供就近鸟瞰冰川的平台。

在冰川湾狭长峡谷的尽头，冰川入海口处数百英尺高的冰墙，在阳光照射下，白里透蓝，冷艳袭人。您要想看这些西洋景，必须乘船，因为附近没路。

淘金名城史凯威

阿拉斯加地广人稀，全州总共才六十万人，就有一半以上的人住在其最大城市安卡瑞奇，分散在其他小城镇居住的人就很少了。随着淘金热而兴起的小城镇在阿拉斯加东南部的海峡和港湾中星罗棋布，这些风景秀丽的小城居民不多，发生在这里的故事却引人入胜。

我们乘坐的邮轮在冰川湾转悠了一圈之后，掉过头来驶入阿拉斯加内部通道（Alaska's Inside Passage）更深的海湾，于7月4日早晨抵达历史名城史凯威。

说史凯威是历史名城一点儿也不过分。这座只有八百多人的小城在 1897-1898 年充满戏剧性的克朗代克淘金热（the Klondike Gold Rush）中曾经起到至关重要的历史作用，它曾经是进入内陆金矿的门户。

1896 年加拿大育空地区发现黄金的消息传出后，在 1897 年夏天，几千名淘金者一下子涌到史凯威这个地方上岸，打算从这里翻山越岭经过白关（White Pass）前往加拿大内陆的金矿。

这些怀抱着发财梦的淘金者成了史凯威的最早居民。话说当时有个见多识广的威廉·摩尔(William "Buddy" Moore)船长，载着一船淘金者在史凯威登岸。这位船长在岸上转了几圈，一看海边这山势和有金矿的南美，墨西哥，加州等地太像啦，说不定这就有金子，那还犯得着扛着行李再走五百哩地往加拿大跑吗？于是，他和自己的儿子一商量，得，咱甭搞运输了，就地发财。于是俩人合伙圈了 160 英亩土地，在史凯威河口造了个小木屋，又建了个锯木厂和码头，准备在此一展宏图。

摩尔父子的如意算盘相当如意。其实，随着淘金潮跑到史凯威的淘金者，有一半人一上岸就傻眼了。听说要到金矿还得再往山里走五百英里，很多人犯怵，这还不把咱小命搭进去呀？得，甭走了，跟人家摩尔爷俩学，咱在这先扎下来，给淘金大军当后勤部长。

于是，史凯威这地界一下子就火了起来。商店，饭店，小药铺，酒吧，夜总会等等服务设施如雨后春笋般冒了出来。才一年的功夫，到 1898 年开春一解冻，每星期大约都有上千人经过史凯威，在这儿休整休整，然后继续他们淘金的征程。这一年，史凯威的人口一下子达到 8000 人左右，成为阿拉斯加第一大城市。

这座淘金城市发展得也太快了，政府还没来得及派驻城管人员，小城的经济就已经初具规模了。因此，一时间处于无政府状态。虽说小商小贩不用向政府交税，可黑道的人也不是吃素的。黑道老大史密斯（Jefferson Randolph "Soapy" Smith）一度成了这里的实际统治者。

早期的史凯威是多姿多彩的。当时的街上有怀揣金疙瘩整天吃喝嫖赌的，有靠胳膊根粗打架斗殴欺行霸市的，有刚刚上岸人生地不熟的淘金客，也有大干快上为小城建设添砖加瓦的创业者。这里既是臭名昭著的罪恶渊薮，也是令人神往的冒险家乐园。

一百多年过去了，这个昔日的淘金小镇洗尽铅华变成了风景优美的旅游城市。

在船上吃过早饭后，随着人流上岸来到这座历史名城。这天的气温不冷不热，清爽宜人。万里晴空在几朵白云的衬托下像水洗似的湛蓝湛蓝，郁郁葱葱的山脚下，棋盘似的街道，满街筒子的游人，冒着白烟的老式火车头，以及泊在码头的邮轮，像一幅自然天成的风景画矗立眼前。在冰川雪岭的海湾中航行了两天后，登上岸来在小城漫步闲逛，感到非常惬意。

邮轮码头就靠在小镇的南端，离码头一箭之遥便是闻名的白关（White Pass Railroad Dock）火车站。现在的火车站改成了旅游纪念品商店，店里游人熙熙攘攘，我们也没在店里盘桓，就穿堂而过，来到商店后门外，就是原来的露天月台。一辆火车头正停在月台边，孩子们看着老式火车头觉着新鲜，纷纷要求照相。

照完相沿着小城的主街百老汇信步往街里走，才发现小城热闹非凡。船上的两三千游客呼啦啦地涌入城里的大街小巷，使这个平时静谧的小城骤然变成了熙熙攘攘的闹市。又赶上这一天是美国国庆节，全城男女老少倾巢而出，一场盛大的国庆游行即将开始。

在游行开始之前，我们先沿着百老汇大街转了一圈。街上大多数的建筑都是在 1897 至 1900 年建造的，原汁原味地保存了淘金时代的历史风貌。

走在街上，就像揭开淘金舞台的幕布一样，红洋葱歌舞厅

史恺威小镇国庆游行

（Red Onion Saloon）、北极兄弟会大厦（Arctic Brotherhood Hall）、史密斯夜总会（Jeff Smith's Parlor）、金北大旅社（the Golden North Hotel）等历史建筑一一映入眼帘。物是人非，人去楼空。看到这些建筑，一百多年前在这里发生的故事仿佛历历在目。

无论是史凯威的奠基者摩尔父子，还是流氓大亨史密斯，都被历史大潮冲刷得无影无踪，尽管当时他们都是叱咤风云的人物。真是"是非成败转头空，江山依旧在，几度夕阳红。"

当我们的怀古之旅接近尾声的时候，庆祝美利坚合众国独立日国庆游行在百老汇大街上正式开始了。

随着欢快的乐曲，游行队伍自北向南缓缓走来，满大街的游客兴致勃勃地站在马路两旁检阅游行队伍。走在最前面的是几位稚气未脱，身穿童子军服装的少年儿童—祖国的花朵，史凯威的未来。他们抬着横幅标语牌，向人们显示继承先烈遗志，誓把淘金传统贯彻到底的革命意志。

紧随其后的是全副武装步伐整齐的消防队员和鼓号喧天的爱尔兰乐队。除了这两拨人穿着还比较严肃外，其他各界人士整个一个过狂欢节的架势。有一家老小驾着老爷车招摇过市的，有骑着哈雷摩托造势助威的，有开着花车向观众扔啤酒撒糖块的，也有带着面具站在车顶上跟观众即兴逗乐的。

最能代表史凯威淘金时代传统的还是一班穿插在游行队伍中的站街女郎，她们浓妆艳抹，身穿传统的性感服装，故意把乳房托得老高，时不时地用猩红的嘴唇在男性观众的脸上、脑门子上亲一口，像盖图章，血红的唇印赛过中央文件上的大印，那叫一个清晰！我老岳父头一次经过这阵势，叫人家盖上了两个图章，说起来的时候，脸红得快赶上唇印了。

这年头，狗仔队不是千方百计搞偷拍，八卦杂志和个别女艺人不是合着伙炒作走光照片吗？要跟人家史凯威的站街女郎一比，简直就是扭捏作态，变着法儿吸引读者眼球。您再看看人家，观众谁要想跟她们照张相，痛快着呢。裙子一撩，大腿一抬，您撒开了照。把个淘金时代史凯威站街女郎的温柔和泼辣劲儿演绎得活灵活现。

这场生动有趣的国庆游行活动为我们的邮轮之旅平添了不少乐趣。脸上被打上唇印的和与站街女郎一起照了相的几个哥们，连同他们的夫人们路上一提起这档子事就都笑得像花儿一样。

真没想到，史凯威的国庆游行竟然成了我们阿拉斯加之行的精彩一幕。

回到船上，轮到咱乐了。刚要开门，就见房间门口挂着好几个彩色气球，原来是同行的一位美女早上特别关照船上的服务人员，为我庆祝生日。

2019 南极纪行

　　南极对我来说，始终是个梦。我想，很多人也有同样的梦，那就是，踏上南极大陆，一看究竟。

　　如果世界真有尽头的话，远离现代文明的南极大陆可谓世界尽头，那里冰天雪地，狂风呼啸，杳无人烟。不知为什么，就想去看看。

　　2019 年 11 月，我们一众驴友终于踏上了盼望多年的南极之旅。

号称世界尽头的乌斯怀亚

　　经过 30 多个小时的长途跋涉，我们在从印地安纳出发的第二天上午抵达阿根廷最南端的乌斯怀亚（Ushuaia）。乌斯怀亚机场号称全世界最南端的国际机场。全名为乌斯怀亚-马尔维纳斯国际机场。不难看出，阿根廷对马尔维纳斯群岛的主权要求无处不在。虽然这个机场不大，只有一条跑道，但机场建筑的地方特色非常突出。候机大厅的实木几何形架构，线条鲜明，与周围的雪山形成强烈对比。无数人的南极梦，都是从这里开始的。

　　乌斯怀亚是座依山临海的小镇，位于南美大陆的最南端，因而有"世界的尽头"之称。这里有"世界最南的公园"、"世界最南的邮局"、"世界最南的灯塔"、"世界最南的公路"等等。与世界其他地方相比，除了南极之外，乌斯怀亚在地理位置上最南，因此，拿世界最南说事也是无可厚非的。我们前往南极之前，在这里逗留了两天。入住旅馆后，便忍不住跑到街上闲逛，想领略一下这个地处天涯海角的小镇的自然风光。

乌斯怀亚

初夏的乌斯怀亚依然寒风凛冽，四周山峰上的积雪仍是这座城市画面背景的主色调。小巧玲珑五颜六色的民居密密麻麻地嵌在海岸边的坡地上，给小镇增添了一种迷人的色彩。沿海的街道相对空旷，不时见到一些粗犷的城市雕塑便能引来不少游人拍照。

马尔维纳斯群岛战争纪念墙就在这个城市的港口对面，估计是提醒来自世界各国的游客，我们阿根廷人至今也没忘记"解放马尔维纳斯群岛"的历史使命。港口不远处的海里，一艘破旧的木帆船斜靠在海中的一片浅滩上。这艘二战时曾在英国皇家海军服役的破船也是一道风景，引来过往游人纷纷拍照留念。

海岸边用一人多高的字母组成的乌斯怀亚地标无疑是游人打卡的圣地。我们来到此地时，拍照的人络绎不绝。当然，我们也未能免俗，拍了照后，才步行前往"世界最南的中餐馆"品尝当地特产---帝王蟹。

乌斯怀亚盛产帝王蟹，这里的帝王蟹个头又大味道又好。我们的先头部队已经在这家餐馆吃了几顿饭，跟餐馆老板混得挺熟。饭后与老板闲聊。老板是一个精明能干的大连汉子，夫妻俩经营这个餐馆已有十几年，生意看起来相当红火。

近年来，中国大陆来南极的游客多了，这家中餐馆更成了网红。来南极之前我便在网上听说了这家餐馆，但聊天中老板却感叹生意越来越难做。为什么呢？原来是阿根廷经济形势不乐观。我们去年来阿根廷时，一美元换三十多比索，现在却换六十比索。水涨船高，那跟着物价抬高菜价不就行了吗？菜价不能涨啊，你一涨，人家不来你这儿吃了。再说了，边上新近又开了一家店，专卖帝王蟹，现捞现卖，你敢涨价吗？听着餐馆老板发牢骚，再次印证了一句老话，"家家有本难念的经"。不信您有机会在中南海跟习总聊天，他的经可能更难念。

乌斯怀亚不仅是去南极的出发点，也是一个风光优美的旅游胜地。既然来了这里，附近的名胜总是要去看看的。

在旅行社的安排下，我们用一天时间翻山越岭游览了安第斯山中的隐身湖和法格纳诺（Fagnano）湖。沿途山清水秀，风光无限。让人印象深刻的是这种游山玩水有一种回归大自然的感觉。四轮驱动的吉普车载着我们在密林深处穿越，雪山、湿地、悬崖、瀑布，都曾走过，最后在隐身湖上划独木舟，但见山峰白雪皑皑，湖水清澈见底，岸边林木葱郁，风景如画。湖面泛舟，人在画中游，真有一种天人合一的感觉。

游山玩水归来，我们被带到旅行社自己的农家乐，享用阿根廷的慢火牛排。这是一栋隐藏在林中的小木屋，与任何简陋的农舍无异。我们的司机兼导游一进门便系上围裙，进厨房为我们张罗饭菜。慢火牛排一般要烤五、六个小时以上。我们进门的时候，牛排基本上快烤熟了。才坐下没多久，司机就把烤好的牛排端上了桌。阿根廷慢火牛排绝对一流。再次为阿根廷牛排点赞！

火地岛国家公园

　　火地岛国家公园是乌斯怀亚的著名旅游景点。1520 年，航海家麦哲伦发现这个岛的时候，看到当地土著居民在岛上烧着的堆堆篝火，咋这么多火呢？于是，就将此岛命名为"火地岛"。火地岛国家公园不仅名气大，而且也是世界上最南端的国家公园，因此，我们早就预定了来这里一游。

泛美公路尽头

　　历史上，乌斯怀亚是重刑犯人流放之地，而火地岛国家公园所在地就是改造犯人的古拉格。后来，贝隆政府关闭了这里的监狱，再后来，就在这里建立了国家公园，成为令人向往的休闲之所。

　　火地岛国家公园离乌斯怀亚城很近，不一会儿的功夫，车便开进了公园。公园内山清水秀，林木繁茂，溪流众多。连绵起伏的山峰，积雪尚未完全融化，在平静的湖水映衬下，显得冰清玉洁。林深处，偶尔能见一些巨大树桩，那是当年囚犯们砍伐的遗迹。

　　国家公园里拉帕塔亚湾(Bahia Lapataia)既是泛美公路的尽头，也是这条公路的起点，距离北美阿拉斯加(Alaska)17848 公里。据说很多人开车或骑摩托在这条公路上穿越美洲，格瓦拉就在其中。我刚结识的一位网友，也曾花了九个月零十一天的时间从阿拉斯加开车到达这里，人们戏称他为"9.11"。这种壮举，真令人羡慕！

正当我们要离开泛美公路尽头时，几辆旅游大巴带来二百来名身穿黄色队服的同胞，使这个原本很安静的地方顿时热闹起来。和其中的几位一聊，原来他们就是刚刚从南极归来顺便到此一游的，而且，他们乘坐的"海洋钻石号"就是我们将要登上的那艘南极探险船。"天涯见老乡，两眼泪汪汪"。聊着聊着，就聊到船上的伙食，那没得说，包子、馒头、米饭、面条，吃啥都有。还没到南极，我就感觉到中国的吃文化已经涵盖世界的每个角落了。

搭乘世界尽头的小火车观赏沿途美景是这个国家公园的招牌旅游项目。小火车是当年运送犯人进山伐木的交通工具，现如今受到人们的热捧。谁不想体验一下当年阿根廷犯人们的劳改生活呢？更何况我这个曾经的劳改犯。可是，当我们慕名坐上这趟小火车，却怎么也找不到一丝当年那种劳改场的感觉。究其原因，还是因为小火车内部被装修得太舒适了，历史感荡然无存。

从火地岛国家公园返回旅馆后，收拾行装，前往港口，终于登上海洋钻石号探险船。

乌斯怀亚港寒风强劲。站在甲板上告别乌斯怀亚，马岛战争纪念墙和那艘歪在海边的木帆船渐渐

告别乌斯怀亚

淡出视线，色彩缤纷的小城也慢慢在海平面上消失，夕阳和晚霞陪伴着我们走过世界尽头的最南端。

海洋钻石号探险船

晚饭前船上广播通知，全船旅客带着救生衣在会议大厅集合，参加安全常识讲座。看来，安全比吃饭重要。

夸克探险公司是个专门从事南极和北极探险的旅游公司，拥有各种装备精良的小型探险船，破冰船以及经验丰富的工作人员，为极地旅游业的翘楚。我们乘坐的"海洋钻石号"是 1986 年建造的适合探险航行的 1-D 冰级邮轮，最大载客量 189 位。我们这次航行乘客满员，船上工作人员有一百多人。船上有餐厅、酒吧、商店、图书馆、健身房等服务设施。除了没有游泳池，与其他大型游轮无异。其实，船小也有船小的好处，船上的几个中国船员不忙的时候还能坐下来和我们喝咖啡聊天，为我们了解南极提供了更多帮助。

登船翌日，晴空万里。一望无垠的海面只能见到海燕绕船飞翔，我们的船在大海上像一叶小舟孤独地飘荡，顽强地向着南乔治岛方向前行。

一般乘船去南极都先渡过德雷克海峡（Drake Passage），因为这条线路最短。而我们的航线则是先去南乔治亚岛（South Georgia），绕过德雷克海峡。为什么呢？因为这条约 1000 公里宽的海峡聚集了太平洋和大西洋的所有狂风巨浪，风力常年都在 8 级以上，人称"杀人的西风带"和"魔鬼海峡"。用两天两夜过这个海峡，受罪不说，到了南极您还有良好的心情和身体状况在那里探险吗？于是，我们选择了去时绕道南乔治亚岛的路线，回程时再去体验一下魔鬼西风带的猖狂。

从乌斯怀亚到南乔治亚岛，航程三天四夜。航程中，为旅客安排的各种讲座一个接着一个，介绍有关南极的知识。什么"南极海鸟"、"冰川的成因"、"南极早期探险"、"马岛战争的起源"，等等等等，不一而足。这次南极旅行名为探险，实际上也是一次科普之旅。

当晚，船长举办欢迎晚会，介绍船上各部门负责人与大家认识，然后是正式晚宴。由于最近中国游客较多，船上特别准备了中国人爱吃的老干妈和豆腐乳。一顿晚饭后，我不得不说，阿根廷牛排配老干妈辣酱，简直就是绝配！如果说大蒜加咖啡有些戏谑，老干妈和牛排却是珠联璧合，味道相得益彰。

近年来，中国人到世界各地旅游的人越来越多，喜欢到天涯海角旅游的中国人更多。因此，来南极旅游的游客中，中国人绝对是一支

两个秃子为争夺一把梳子引发的战争

声势浩大的主力军。就拿我们乘坐的这艘"海洋钻石号"来说，我们之前，这艘船被中国人包下，我们下船之后，这艘船仍被中国人包了下来。有鉴于此，夸克探险公司不仅在船上添加了中文同声翻译服务，还在菜谱上增添了不少中国菜，让人感到很贴心。

值得一提的是，船上有一支有户外活动专家组成的探险队，队长**肖恩**（Shane Evoy）是个膀大腰圆长得就像水手的加拿大汉子，在南极有 25 年的探险经历。在介绍他引以为傲的探险队时，三个中国人也赫然其中。

赵佳伊（Jiayi Zhao），一位来自北京的漂亮姑娘。她在英国上完中学，然后在法国学戏剧，能文能武。喜欢户外运动的她，加入夸克探险公司后，成为探险队的一名干将。

薛仁均（Sylvia Hsueh），一位来自台湾的甜美姑娘。她拿到海洋生物学硕士学位后，曾在大堡礁任潜水教练。经不住神秘的南极的诱惑，她又加入夸克成为一名活跃在南大洋上的探险队员。

陈群（Redrocks），来自上海的生物医学博士，教授。国家地理杂志摄影师和专栏作家，也是海洋探险号上的中文同声翻译。

看到船上这几位同胞，倍感亲切。

连续三天在海上航行，您可能会觉得枯燥。茫茫大海，一望无际。然而，船上安排的活动竟让人感到一天到晚还挺忙乎。有时，上午刚听完"两个秃头为争夺一把梳子引发的战争"为题的历史讲座，下午就有冰川学家介绍当地的地理知识，让你对两个秃子争夺一把梳子加深认识。有时，我也到六层甲板栈桥上的驾驶室转转，室内温暖如春，窗前视野开阔，假装自己就是这条船的舵手。其实，这艘船高度机械化，航行时基本处于无人驾驶的状态。总之，新鲜劲儿还没过，就快到南乔治亚岛了。

到南乔治亚岛之前，船上开始了紧张而有序的准备工作。安排在先的是给全体游客上的一堂必修课，宣讲《南极条约》及登陆南极的注意事项。

虽然没有任何国家对南极洲实施行政管辖，但人们在这块大陆上的活动仍然有法可依。1959 年世界上 12 个与南极相关的国家签订了《南极条约》，目前已有超过 50 个国家加入了南极条约体系。条约的主要内容是：南极洲仅用于和平目的，促进在南极洲地区进行科学考察的自由，促进科学考察中的国际合作，禁止在南极地区进行一切具有军事性质的活动及核爆炸和处理放射物，冻结目前领土所有权的主张，促进国际在科学方面的合作。条约从国际法层面对南极进行保护和管理。

国际南极旅游经营协会（International Association of Antarctica Tour Operators）目前依照南极条约体系，承担了在南极旅行的管理和协调的工作，任何一家组织南极的旅行社和游客，都绕不开 IAATO 组织的监督。

根据 IAATO 的规定，每艘前往南极旅行的游轮都需要配备一支有科学家和户外活动专家组成的探险队，代表 IAATO 行使监督、指导和保障的职责。上完这堂普法教育课后，探险队员给游客每个人发放了登陆靴子，并且严格检查了个人携带的登陆用品，外界的任何东西都不能带到南极大陆及其岛屿，连衣服缝里的线头都要为你清除干净。这种一丝不苟的严谨态度，令人肃然起敬。

南乔治亚岛

我们的船抵达南乔治亚岛时，寒风雾雨笼罩着眼前的连绵雪山，岛上的细节全然无法看清。在海上漂了几天，好不容易见到陆地，兴奋之情，难以言表。

这个位于福克兰群岛东南的活火山岛虽然地理纬度并不高，但处于南极辐合带（Antarctic Convergence）的气候圈内。南极幅合带并非如纬度是由人工设定的线，而是一条自然的分界线，圈内气温与圈外好像差了一个节气。

1775 年，英国的库克船长抵达这里并宣布英国对此岛拥有主权，且以乔治三世国王的名字命名此岛。

1927 年和 1948 年，阿根廷也对该岛提出主权要求，主权纠纷随之产生。因为南乔治亚岛并非南极条约所涵盖的地区，所以，现由英国管辖。马岛战争后，阿根廷对此岛的主权依然耿耿于怀，尽管口头上总表达强硬态度，但对此岛为英国的海外领地这一事实也无力改变。

号称"南极野生动物天堂"的南乔治亚岛是南极洲的门户。王企鹅、金图企鹅、象海豹、毛皮海狮、南极鞘嘴鸥、信天翁、南极大海燕等都生活在这里。这里的马可罗尼企鹅和王企鹅数以百万计。

计划赶不上变化是南极旅行的一个特点。我们第一个巡游地点定在南乔治亚岛西北角的埃尔塞胡尔（Elsehul），据说在这个避风的港湾生活着大量王企鹅、麦克罗尼企鹅、金图企鹅、象海豹、海狗以及各种各样的海鸟。当驴友们把长枪短炮都准备好了的时候，船上广播说乘冲锋艇巡游的计划因风急浪高，被迫取消。"海洋探险号"无奈启锚向下一个登陆点露脊鲸湾（Right Whale Bay）前进。

船刚驶入露脊鲸湾，就看到密密麻麻的企鹅站在岸上，黑压压一片，令人震惊。说这里是企鹅王国真乃名副其实。

第一次乘冲锋艇在海湾内巡游，近距离观看企鹅、海豹、蓝眼鸬鹚，信天翁等岸边的野生动物，有一种难以言说的返璞归真的感觉。海滩上，挤满了身材圆润的海狗，个头大的占据着临水的黄金地段，悠然自得；靠里面有一帮海狗在打群架，估计在争夺资源。几头肥硕的象海豹显得鹤立鸡群，其中一位用毫无表情的眼神看着我们这些不速之客。海豹群中加杂着不少企鹅，看来它们平时都能和平相处。不远处，铺天盖地的王企鹅正在上演一出万鹅争鸣的大戏。似乎对我们的到来表示欢迎，那场面绝对不比平壤的大型团体操和北京的大阅兵逊色。

翌日清晨，云淡风轻，我们终于实现了在索斯伯里平原（Salisbury Plain）的首次登陆。索斯伯里位于南乔治亚岛西北部的 Bay of Isles 南岸，地势开阔，且有植被，是企鹅、海狗、象海豹和多种海鸟的主要栖息地，也曾是十九世纪人类大规模屠杀这些野生动物的场所。到二十世纪初，这些动物几近灭绝。后来，由于国际社会的干涉和禁猎措施的严格执行，企鹅、海狗、象海豹等野生动物才得以大量繁殖，恢复原本的自然面貌。

走进企鹅、海狗和象海豹的世界，近距离观看它们的生活，与在电视上看"动物世界"，感受截然不同。置身其中，不仅感到新奇，而且也能换个角度检视人类自己。

我们的第二个登陆点是古利德维肯（Grytviken），这里曾是南乔治亚岛第一座同时也是营运时间最长的捕鲸站，从 1904 年持续到 1965 年。这个捕鲸站在鼎盛时期每年屠宰七千多只鲸鱼，在半个多世纪的时间内，南极地区有二百多万只鲸鱼被人类屠杀。这里不但有废弃的鲸鱼加工厂，而且

索斯伯里平原

还有英国极地探险家欧内斯特·沙克尔顿（Ernest Shackleton）的墓地。

古利德维肯

废弃的鲸鱼加工厂

来南乔治亚岛之前，在船上看了一部沙克尔顿的传记片。这部影片不但讲述了沙克尔顿波澜壮阔的一生，而且还浓墨重彩地再现了沙克尔顿的探险船"坚忍号"在威德尔海沉没后，登陆大象岛，又与五位队员划着小艇千里迢迢跑到南乔治亚岛的捕鲸站寻找救兵，最终使探险队员全体获救的故事。

曾经辉煌一时的捕鲸船和加工厂早已成为历史遗迹，工厂的机器和储油罐锈迹斑斑，在周边雪山的映衬下显得格外刺眼。这里现有一座教堂、一座博物馆和一栋工作人员宿舍。一位伦敦来的女士作为博物馆的解说员带着我们参观，并为我们讲解这里的历史和现状。她只夏天在此工作；冬季，只有英国科学考察站的几个人在此地留守。

教堂里有个图书馆，放满

了古旧图书。因为时间关系，未能仔细了解那些在这里捕鲸和打工的人喜欢读的都是什么书，便走进了博物馆，寻找有关沙克尔顿的一切。在博物馆里，首先看到的是一只奇大无比的信天翁标本，还有许多有关南乔治亚岛的历史和野生动物的展品。沙克尔顿的生平在博物馆中占据着相当重要的位置。

沙克尔顿在最后一次南极探险中因心脏病突发死在这里。当探险队把噩耗告诉了她的妻子，并启程将他的遗体运回英国时，他的妻子来信说："请把他安葬在南乔治亚岛吧，南极才是他真正的归属"。

海岸边寂静的山坡上矗立着沙克尔顿的墓碑，他的墓志铭刻在墓碑的身后，是诗人罗伯特·勃朗宁（Robert Browning）的诗句。在这个墓地中，只有沙克尔顿和他的得力助手弗兰克·怀尔德（Frank Wild）的墓碑面向南方，那是南极的方向，沙克尔顿一生的追求和心灵的向往。

十九世纪中后期，南极探险热潮方兴未艾，沙克尔顿作为那个时代的弄潮儿，曾四赴南极。若以成败论英雄，他每次探险都未实现目标；然

沙克尔顿墓

受伤的王企鹅

而，作为一个组织者，他的探险壮举及超凡的领导艺术和人格魅力，无人能出其右。他被自己的队友誉为"世间最伟大的领导者"，在南极探险历史上成就了一世英名！

一只孤独的王企鹅在墓地一角徘徊，且其胸前鲜血淋漓。不知它在哪里受伤，也不知它为何在这里茕茕孑立。带着疑问离开墓地后，沙克尔顿的故事和那只受伤的企鹅重合在脑海中久久无法逝去。

从沙克尔顿墓地返回"海洋钻石号"，甲板上举办的烧烤晚会已隆重开幕。风平浪静的海湾，山环水抱，晚霞中的雪山显得格外宁静柔美，热闹的晚餐其乐融融。

圣安德鲁湾

我们的下一个登陆点是圣安德鲁斯湾（St Andrews Bay）。

凌晨 5 点半，船上的广播就把我们叫醒了，说要在早餐之前乘冲锋艇巡游，早餐后登陆。于是，人们赶紧起床，整装待发。然而，等了很久，得知巡游取消，早餐后直接登陆。由于南极地区的天气瞬息万变，为了安全，这种情况经常发生。

圣安德鲁斯湾不仅是南乔治亚岛最大的王企鹅群聚地，拥有超过 25 万对王企鹅，也是岛上象海豹聚集的主要地区。从冲锋艇上远远望去，岸上的企鹅密密麻麻，像地毯一样铺向冰川边缘。一条干枯的河床上，挤满了像弥猴桃一样的小企鹅。在冰川与海滩之间辽阔的坡地上，或绿草如茵，或怪石嶙峋，大批象海豹，或在沙滩上享受日光浴，或在坡地上睡入梦乡。只有几只小象海豹，或与企鹅一起戏水，或向我们这些不速之客卖萌。

南极地区的天气颇难预测。登陆后，风势逐渐减弱，阳光下，温暖如春。站在冰川脚下，眼前的蓝天、白云、碧海、浮冰，加上勤奋的企鹅和慵懒的海豹，景色迷人，至今难忘。

我们原计划下午在黄金湾（Gold Harbor）登陆，这将是我们在南乔治亚岛的最后一次登陆。这里不但有数量众多的王企鹅和金图企鹅，还有大量象海豹。

当"海洋钻石号"缓缓驶入湾区时，但见一条冰川

冰块上的企鹅

从峭壁上倾泻而下，形成壮观的瀑布冰川。虽然当天的天气还不错，但湾内浪大漩涡多，登陆最终被取消。于是，船长决定"海洋钻石号"就此告别南乔治亚岛，直奔南极大陆。离开南乔治亚岛时，穿过一段浮冰，景色壮丽，好像是南极大陆向我们表示热烈的欢迎。

从南乔治亚岛到大象岛的航程需两天三夜，正是当年沙克尔顿解救他的探险队员划小船走过的路线。这两天在海上航行，继续兴致勃勃地听关于南极的知识讲座。

上午正在听鸟类学家萨拉讲解信天翁的生活习性的讲座，船上广播通知发现鲸鱼，大家迅速跑到甲板去拍照。我就近跑到自己房间的阳台，站那没多会儿就看到有鲸鱼不时上来冒个泡，有两只鲸鱼还与我们的船并行多时。晚上小结会上，探险队长肖恩说，这是他二十五年南极探险生涯中第五次看到蓝鲸。我们第

一次来南极就见到了蓝鲸，运气真是太好了！

蓝鲸是已知的世界上体型最大的动物，体长可达 33 米，体重可达 170 多吨。在人类捕鲸活动开始前，南极海域约有 20 至 30 万只蓝鲸。到二十世纪中后期，全球的蓝鲸仅剩下几百只。自 1966 年国际捕鲸委员会宣布禁止捕杀蓝鲸后，现在南极海域的蓝鲸恢复到 2000 只左右。

其实，蓝鲸最大的敌人就是人类。

除了南极知识讲座，船上还举办了乘客摄影展。这次旅行带着长枪短炮的不乏其人。一看人家拍的照片，咱这种出门连相机都懒得带的人就只有羡慕的份儿了。

大象岛和保利特岛

今天终于到达南极半岛附近的大象岛，准备在怀尔德角乘冲锋艇巡航。窗外，寒风呼啸，白雪皑皑，名副其实的一派南极

大象岛

保利特岛上探险

风光。在船上闷了两天，大家都有点儿迫不及待，想下船兜风。

大象岛在南极探险史上意义非凡。当年，沙克尔顿探险队乘坐的"坚忍号"沉没后，划着三条小船在此登陆。为了避免坐以待毙，他率五名探险队员从这里划小船去 1300 公里外的南乔治亚岛捕鲸站求救。副手怀尔德则带着剩下的探险队员在大象岛苦撑了 135 天，最终全部获救，创造了南极探险史上的奇迹。

"海洋钻石号"停在当年探险队员在岛上避难的海滩对面。海滩上建有一座智利海军军官 Piloto Pardo 的半身像，以纪念他在营救困在这里的探险队员所做的贡献。由于风大雾浓，船无法靠近。站在甲板上，雕像小得几乎无法看清，然而，其表达的精神内涵却气贯长虹。

"海洋钻石号"终于在怀尔德角附近的帽带企鹅栖息地找到一块风浪较小的海湾停了下来，人们得以坐上冲锋艇沿岛巡游。南极的风真不是吹的！坐上冲锋艇没多久，艇上的人差不多都成了落汤鸡。岸上的企鹅呢，却气定神闲。

保利特岛（Paulet Island）是南极大陆边缘的一个小岛。这座火山岛直径仅两公里，却有十多万对阿德利企鹅栖息在此，也是南极的一块风水宝地。

这个小岛在南极探险史上也占有一席之地。1903 年 2 月，诺登许尔德探险队的南极号在威德尔海被海冰挤裂后，在保利特岛附近沉没，逃到了小岛上。探险队在岸边建了一栋简易房，才使这 20 名探险队员挺过严冬，除一名因病死亡外，其余全部获救。登上小岛一看，这栋房子几乎只剩地基了，几只企鹅在此筑巢为家。

这个火山岛上有十多万对阿德利企鹅。和气质高雅的王企鹅相比，阿德利企鹅个头较小，却活泼可爱。乘冲锋艇来到岛上时，但见黑压压的阿德利企鹅漫山遍野，占据着整个海滩。这个时候正是阿德利企鹅的孵蛋季节，很多企鹅见到我们来到岛上都无动于衷，依然专注地孵蛋。有些没有孵蛋任务的企鹅或叼石块筑巢，或四处闲逛，还有的企鹅在雪地上以滑雪代替步行，且姿势优美。

下午三点，"海洋钻石号"准时抵达布朗断崖（Brown Bluff），这是真正意义上的南极大陆。布朗断崖位于南极半岛的东北角，以一座覆盖着冰帽的断崖而闻名。乘冲锋艇登陆后，我静静地观看这里的金图企鹅与阿德利鹅和平相处以及它们的生活习性，照了很多照片。

南极一跳

为了纪念到达南极的历史时刻，晚饭前，我参加了船上组织的"南极一跳"活动，以一种大义凛然的姿势冒雪跳入冰冷的南大洋中，为自己来南极旅行留下了一点儿记忆。

南极一跳，摄影 韩冀宁

　　南极的风以强劲著称。登陆半月岛时，恰遇强风。这个半月形的小岛位于月亮湾（Moon Bay）的入口处，上有阿根廷建造的卡马拉科考站（Camara Station）。登陆的海滩上，躺着一条破损的小木船，看样子有上百年历史，不知是哪个探险队或捕鲸船的遗弃之物。岛上风大，大到顺风上坡丝毫不用费劲，站在坡上，不加小心的话，很容易让风把您刮走。

阿根廷科考船

　　半月岛是帽带企鹅的领地，正在孵蛋的企鹅都聚集在高坡上，下山觅食的企鹅在雪地上踩出一条条小路，号称"企鹅高速公路"。在十字路口，一群身穿冲锋衣的巨大的"黄企鹅"不得不给黑色的小企鹅让路。

　　我们在南极的最后一个登陆地点是欺骗岛（Deception Island）。这个位于南纬62°58′，西经60°39′的火山岛，从地图上看，是一个完整的环形岛，只有一小部分因塌陷豁开了一个缺口，号称"海神之窗"，船可以进出，里面是个避风的好地方。

　　这个岛为什么叫这么个不太好听的名字呢？据说当年一艘捕鲸船发现了这个岛，下次再来这儿避风不就方便了吗？可他们下次再来这里的时候，因为雾大，死活就是找不到进口，这不是骗人嘛！于是，就把这个岛叫成了欺骗岛。

后来欺骗岛由于得天独厚的自然条件成了南极地区最重要的捕鲸及炼制鲸油的基地。智利、阿根廷、英国也在此建立了科学考察站。1967 年 12 月，这里发生猛烈的火山喷发，岛上所有的建筑物均被毁于一旦。现如今，海滩上残留的鲸鱼骨架，报废的小木船，锈迹斑斑的鲸油罐，倒塌的房屋都在无声述说着小岛的那段历史。

探险队员赵佳伊驾驶冲锋艇带着我们在岛里岛外转了一圈，岛里风平浪静，岛外波浪汹涌。一艘阿根廷的科考船正缓缓驶出"海神之窗"，不一会儿，就消失在波涛之中。紧邻鬼斧神工的火山岩，便是一望无际的入海冰川，冰川边缘自然形成的二、三十米高的冰墙如刀劈斧削。毫无疑问，这道墙可以秒杀川普总统要建的边界墙。

巡航归来，赵佳伊给了我们一个很好的建议，坐在冲锋艇上静默三分钟。一叶小舟在大海中任意漂浮，既能感到人类的渺小，又能领略到大自然的奇妙。沉思中，我想到小岛的现在和未来，既享受当前的美景，也担心这座活火山的再次爆发。

返航途中经过德雷克海峡，耗时两天三夜。

德雷克海峡宽约一千公里。由于太平洋、大西洋在这里交汇，风暴成为德雷克海峡的主旋律，历史上曾有无数船只葬身于此。但赶上不刮风的时候，这条令人生畏的海峡又被称为"德雷克湖"。我们运气不错，这两天一直在"湖"上飘荡，失去了一次体验惊涛骇浪的机会。

返航途中，除了例行的南极知识讲座外，船上还举办了一场拍卖会，气氛活跃。同行驴友拍得一瓶南极冰水；一瓶沙克尔顿威士忌，一面探险队队旗和一张手绘南极地图也都拍出高价，被乘客买走。热烈的竞拍，引来欢声不断。

最后一天晚上，船长举办告别鸡尾酒会和晚宴，把这次探险之旅的欢乐气氛推向高潮。新朋老友，举杯同庆南极探险之旅圆满成功！

告别晚宴

（正在写这篇游记的时候，收到陈群先生在微信上发来的信息，一架智利大力神 C130 运输机在德雷克海峡失联。紧接着，赵佳伊也写道，她所在的"海洋钻石号"得到消息后，立即改变了在南极的正常航行，赶赴出事海面，参与救援。正期盼着他们参与救援的进一步消息时，看到媒体发布的消息证实，飞机失事，机上 38 名乘客和机组人员无一生还。悲哉！）

樱花盛开的华盛顿

　　春天，美国首都华盛顿最吸引游人眼球的莫过于当地每年一度的樱花节。

　　华盛顿是个充满神秘色彩，颇富典雅气质的城市。以前虽然去过多次，开会，游览，短暂逗留，却都和樱花失之交臂。算计着女儿一回一来放春假的时候正赶上华盛顿的樱花节，就事先订了机票。等她们一放假，全家倾巢而出，杀向华盛顿，一睹樱花节盛况。

樱花湖畔话樱华

　　华盛顿的樱花树是 1912 年由日本引进并大规模栽种的。早在十九世纪末，就有一批热心人士倡议引进日本樱花来美化首都市容，而且还有少量种植，但不成气候。

　　日俄战争后，日本跻身世界列强。在外交上，日本正寻求同西方列强平起平坐，尤其想和美国称兄道弟。一看美国人喜欢樱花，日本人立马抓住了套近乎的机会。樱花，咱东京不是有的是吗？弄点儿树苗栽到华盛顿，让樱花在美国首都生根，发芽，开花，……当年，老罗斯福在日俄两国之间斡旋的时候没少给咱们帮忙，咱多少也得有点儿表示不是？樱花这东西招人喜欢，美国人看到樱花盛开，一准儿美得蹦高儿。睹物思人，看到樱花就能想起咱们。一旦樱花在华盛顿成了气候，这日美友谊不就万年长了嘛。

1912 年，日本人一下子送给美国 3020 棵樱花树苗。美日双方还在华盛顿举办了个盛大的赠树仪式，塔夫脱总统夫人和日本驻美大使夫人各自栽下一棵樱花树。之后，波特马克河畔，尤其是杰弗逊纪念堂前的潮汐湖（the Tidal Basin）一带，樱树成林。

樱花是世界闻名的花木，在植物学分类上属蔷薇科（Rosaceae）樱属（Cerasus Mill）落叶乔木。其实，中国也是樱花主要原产地之一。早在秦汉时期，樱花栽培已应用于宫苑之中，唐朝的老百姓已普遍栽培。李商隐的无题诗就有"何处哀筝随急管，樱花永巷垂杨岸"的句子。但尽管如此，樱花在中国文人的心目中不如牡丹和梅花

盛开的樱花

地位高，他们对樱花的歌颂咏叹远不如牡丹和梅花，因而，樱花在中国文化中也就没有什么地位。

然而，日本人却非常喜欢樱花。据说在平安幕府时代，日本武士常将樱花的瞬开瞬落视为他们崇尚的武士道精神的象征。他们认为人生犹如樱花般短暂，应在有生之年轰轰烈烈，像樱花一样豪爽，花开花落，毫不迟疑。一千多年的武士道传统使樱花在日本获得了崇高的地位。因而，樱花成了日本的国花，而日本也有"樱花之国"的称号。

任何物件，一旦被人们赋予一定的文化意义，就容易使人联想到它所象征的文化内涵。樱花也是如此。提起樱花，人们自然会想起日本。更甭说，华盛顿的樱花是日本人赠送的礼物。1941年，日本人偷袭了珍珠港。一些美国人气没处撒，拿着斧子来砍树。幸好警察及时制止，树只倒了几棵。后来，美国人想开了，砍树没用，咱抓紧造原子弹比什么都强。

现在，樱花已成华盛顿春天的一道亮丽风景。我们到达华盛顿的第二天，便前往杰弗逊纪念堂前的波特马克河潮汐湖（the Tidal Basin），俗称樱花湖的地界观赏樱花。

美国东部和中西部的气候多少有点儿像六方会谈，变化多端，令人捉摸不定。观花的当天，华盛顿晴空万里，艳阳高照，"暖风熏得游人醉"，全家老少笑开颜。

徜徉在樱花树下，玉树琼花，堆云叠雪，蔚为壮观；微风徐来，落英无数，亦生悲凉。望着远处的华盛顿纪念碑，令人徒生无限感慨。

美国人也都爱凑热闹。自打 1935 年华盛顿设立樱花节一来，每年此时，前来观赏樱花的人都络绎不绝。我岳父平常老觉得美国人少，见不到什么人。到这儿一看，好家伙，一点儿不比王府井差。要说樱花湖畔，游人比肩继踵的劲头儿有"连衽成帷，举袂成幕，挥汗成雨"之势，实在是不过分的。

美国的旅游景点儿人虽然多，秩序还是不错的。在公共场合，一般老百姓都比较讲究"五讲四美"。当然，也有个别人思想觉悟不是很高，自己合适就得。

您瞧这位，把车停在不该停的地方想照相，照相机刚端起来，骑警就跑过来开罚单了。车主怎么解释都没用，认倒霉吧，您呐。没有严格管理，哪来秩序？

骑警开罚单

樱花湖的服务设施也令人称道。您瞧入口处的这排厕所，要多方便有多方便。出门之前，西瓜，啤酒撒开了招乎都没事，内急的时候这么多厕所伺候着，您就放心玩吧。

杰佛逊纪念堂

坐落在樱花湖畔的杰佛逊纪念堂是吸引我们驻足的一个重要景点。

这座乳白色大理石建筑在蓝天白云的映衬下异常醒目。在华盛顿那种各种楼堂馆所争颜斗艳的地界，杰佛逊纪念堂说什么都算不上巍峨壮观，富丽堂皇，但它却不失古朴端庄，精致典雅，堪称楼堂馆所一类建筑的典范。

1934 年，为纪念杰佛逊诞辰二百周年，美国国会通过决议，决定在首都为杰佛逊建造纪念堂。1943 年完工，正式向公众开放。

　　杰佛逊纪念堂和林肯纪念堂，国会大厦，白宫一起，构成了一个以华盛顿纪念碑为中心各占一方的政府建筑群。

　　美国历史上杰出总统可谓不少，能在市中心这块风水宝地占一席地位，足以说明杰佛逊在美国历史上的重要地位。

　　杰佛逊在美国历史上是个非常重要的人物。这不仅仅因为他是美国第三任总统，在任时通过路易斯安那购买案把美国领土扩大了一倍，更重要的是，他是美国建国先贤中的杰出的政治哲学家，美国民主政治制度的首席设计师。举世闻名的《独立宣言》就是由他执笔起草的。他倡导的天赋人权，平等自由，政教分离的现代政治理念在美国历史上产生了深远影响。

　　设计杰佛逊纪念堂的光荣任务经过反复甄选，最终落到著名建筑师波普（John Russell Pope）的肩上。波普深知肩上的担子不轻，这不仅仅是因为全国人民的"殷切期望"，更重要的是杰佛逊这人太有才了。他本人就是个杰出的建筑学家，他自己的庄园及著名的佛吉尼亚大学校园的建筑都是他的手笔。给这么一个建筑师设计纪念堂，是不能掉以轻心的，弄不好会班门弄斧。

杰佛逊纪念堂

经过认真学习领会杰佛逊的光辉思想和审美情趣，波普不负众望，终于设计出这座颇具古典风格，与杰佛逊建筑艺术风格相符的纪念堂。

1938 年，在杰佛逊纪念堂的建设工地上冒出了"钉子户"，阻碍纪念堂的建设。 杰佛逊纪念堂开工之前，潮汐湖畔已然樱树成林，要建纪念堂，有些樱树就得砍掉。于是，就出现了保护樱花的团体，一些妇女跑到现场组成人墙，把自己绑在树上，誓与樱树共存亡，阻止纪念堂施工。这使我不由得想起当年全国人民万众一心为建设毛主席纪念堂添砖加瓦的情形。

环绕纪念堂一周，然后由北面的正门拾级而上，便进入纪念堂大厅。

杰佛逊雕像

纪念堂正中矗立着一座杰佛逊铜像。仔细端详了一阵，觉得和我印象中的杰佛逊还算吻合：目光炯炯，若有所思，一派生命不息，战斗不止的劲头儿。

周围的游人熙熙攘攘，照相的照相，闲逛的闲逛。想跟杰佛逊合个影，周围的人总是走来走去的，只好作罢，给他行个注目礼算了。

记得当年上大学的时候，学校团委学生会组织参观毛主席纪念堂。在门外排队等候进去瞻仰遗容的时候，人们还都有说有笑；一进门，立马都变得满脸悲哀。甭管外人怎么变脸，躺在水晶棺材里的毛主席闭着眼睛倒显得忒安详，连脸上的痦子老人斑都可以看得一清二楚。这时候的他已经不是在神坛上呼风唤雨的伟大领袖，却是个平躺在水晶棺中，和我们这些瞻仰者处于一个水平线上。更确切地说，处于瞻仰者平视的视线以下。

参观毛主席纪念堂时，总觉得把毛主席的尸体放在那儿，要是没打算让他老人家复活的话，坏了咋办呢？好像当时人们对保存尸体的技术问题心里都没底，都有种担心，但谁都不愿说什么。

看着杰佛逊的铜像，就没这种担心。黑色铜像矗立在明尼苏达州出产的白色大理石基座上，给人一种万年牢的感觉，不用担心它什么时候会坏。

人们提起杰佛逊，总是把他和《独立宣言》联系起来。在纪念堂内的大理石墙壁上，《独立宣言》中那些为世人传诵的文字赫然在目：

"我们认为下面这些真理是不言而喻的：人人生而平等，造物者赋予他们若干不可剥夺的权利，其中包括生命权、自由权和追求幸福的权利。为了保障这些权利，人类才在他们之间建立政府，而政府之正当权力，是经被治理者的同意而产生的。

美国宪法文字

为了支持这篇宣言，我们坚决信赖上帝的庇佑，以我们的生命、我们的财产和我们神圣的名誉，彼此宣誓。"

看了这些文字，才能理解为什么杰佛逊纪念堂工地上能出现钉子户，为什么外面的樱花分外妖娆。

杰佛逊纪念堂现在行政上隶属于美国国家公园系统，是美国 380 个国家公园中的一个，是华盛顿市民和旅游者观光游览举办各种娱乐活动的好去处。在樱花节期间，很多娱乐活动在这里举办。

我们刚到的时候，戏台子上有人正在唱歌，等在湖边看完樱花，回到纪念堂前的时候，又赶上一帮孩子表演跆拳道。看到这种情形，不由得又联想起毛主席纪念堂。要是毛

湖畔群众娱乐活动

主席纪念堂归园林局管了，老百姓随便进进出出，在门前搭台子唱戏，就显得很不严肃，气氛也不协调，毕竟主席还在里面躺着嘛，尽管他的眼睛是闭着的。

林肯纪念堂

从杰佛逊纪念堂出来，沿着波托马克河东岸，开车几分钟的功夫，就来到了林肯纪念堂。沿途春风送暖，樱花盛开。正赶上

从林肯纪念堂看华盛顿纪念碑

中小学放春假，林肯纪念堂一带的停车场，都被各种车辆塞得满满当当。纪念堂前，游人如织。

和杰佛逊纪念堂一样，林肯纪念堂也座落在波托马克河畔。以华盛顿纪念碑为中心，杰弗逊纪念堂和北面的白宫形成一条南北轴线，而林肯纪念堂和国会大厦东西相对。华盛顿纪念碑以东，密集排列着政府各部门的行政大楼和著名的国家博物馆群（the Smithsonian Museums），凸显出政治文化中心的庄重气氛；华盛顿纪念碑以西，则是开阔的草坪，林带和公园，尤其是华盛顿纪念碑和林肯纪念堂之间的倒影池（Reflecting Pool），使高耸入云的纪念碑和庄严肃穆的纪念堂交相辉映，令人流连忘返。

如此安排林肯纪念堂和华盛顿纪念碑，是颇见设计者匠心的。这两位总统在美国历史上占有特殊的重要地位。在美国历史上，如果说华盛顿是马上打天下的开国元勋，林肯则是下马治天下的总统。看到这两座建筑，您不仅会不由自主地感到震撼，而且能够掂量出两位总统在美国人民心中的分量。

林肯是美国南北战争时期的总统，因维护国家统一，废除奴隶制而成为美国人民心目中的伟人。

1809 年 2 月 12 日，亚伯拉罕·林肯诞生于肯塔基一个平民家庭，小时候吃过不少苦，就是没条件上学，是个典型的苦孩子出身。您甭看他总共只上过一年学，却勤奋好学，全凭自学，长大后成为一名出色的律师。

林肯虽然其貌不扬，但口才极佳，作为主持正义的律师，名声远播。1834 年，年仅 25 岁的林肯当选为伊利诺伊州议员，从而走上从政道路。不久，便脱颖而出成为州议会辉格党领袖。1846 年，他当选为美国众议员。

十九世纪上半叶的美国，工商业经济开始在北方出现大发展的趋势。然而，南方的大种植园经济依靠广大黑人奴隶的劳动和低廉的价格垄断了工农业原料市场，严重阻碍北方工业的发展。

奴隶制使整个美国社会存在着严重的社会危机。苦孩子出身的林肯早年当过水手，曾亲眼目睹过南方城市新奥尔良的奴隶拍卖市场黑人奴隶戴着脚镣手铐像骡马一样被人买卖。因此，他发誓，"等我有了机会，一定要把这奴隶制度彻底砸烂"。

1854 年，北方各州主张废奴和限制奴隶制的人士成立了共和党。两年后，林肯加入共和党并很快成为该党的一名政治新星。1858 年，他发表了著名演说《家庭纠纷》，并与道格拉斯（Douglas）在竞选伊利诺伊州国会参议员时就奴隶制问题进行了七次大辩论。一时间林肯在全国赢得了巨大声望。

1860 年 5 月，共和党全国代表大会在芝加哥召开，通过了限制奴隶制扩展的纲领，林肯作为废奴主义的领军人物被推选为总统候选人，并于 11 月 6 日成功地当选为美国第 16 任总统。

　　林肯当选总统后所面临的巨大挑战就是国家分裂。在林肯于 1861 年 3 月举行就职典礼时，南方七州已发动叛乱，脱离联邦，并组成南方联邦政府，企图分裂美国。尽管林肯在其就职演说中向南方提出和解，终无济于事。4 月 12 日，叛军挑起了内战。

　　美国内战是对年轻的合众国的一次严峻考验。战争初期，叛军攻势咄咄逼人，林肯面临巨大压力。然而，他以自己坚强的意志顶住了一切压力，决定用 武力维护联邦统一。作为战争的领导者，林肯殚精竭虑，一心为国，很快扭转劣势。

　　1863 年 1 月 1 日，林肯总统宣布了《解放宣言》，使美国所有的奴隶从法律上获得了自由，允许黑人参加联邦军队。由于林肯在维护国家统一，废除奴隶制方面的巨大贡献，1864 年 11 月，他战胜民主党候选人麦克雷伦（McClellan），第二次当选为总统。1865 年 4 月 9 日，叛军投降，美国内战终于结束，以林肯为首的北方获胜。它不仅标志着奴隶制在美国的最后灭亡，也预示着美国资本主义经济的快速发展。

　　内战结束后，战后重建尚未开始，悲剧就发生了。1865 年 4 月 14 日晚 10 时 15 分，林肯在华盛顿福特剧院遇刺。凶手是同情南方的精神错乱的演员约翰·威尔克斯·布斯（John Wilkes Booth）。

　　第二天早晨，林肯去世，时年 56 岁。林肯去世后，他的遗体经过解剖后，在 14 个城市供群众凭吊了两个多星期，先后有 150 万人瞻仰了他的遗容。最后，他的遗体被安葬在他的家乡伊利诺伊州的普林斯菲尔德（Springfield）。

　　林肯不仅在美国人民心目中占有崇高地位，也受到世界各国人民的敬仰。他的葛底斯堡演讲风靡世界。国父孙中山先生曾坦言，他的"三民主义"来自林肯"民有，民享，民治"的思想。马克思也曾评价他说："……在美国历史和人类历史上，林肯必将与华盛顿齐名"！

　　美国国会在南北战争结束不久的 1867 年，就成立了个专门机构--the Lincoln Monument Association，想给林肯造个碑纪念纪念。但是，给林肯造个什么样的碑，的确是件伤脑筋的事。美国人不会听马克思的话，说林肯和华盛顿齐名，在华盛顿纪念碑旁边再树个碑，那不像话。用什么方式纪念林肯，一直争论不休。最终，还是决定给林肯建座纪念堂，让华盛顿和林肯各得其所。

　　这么一耽误，林肯纪念堂拖到了 1914 年才正式施工。

　　林肯纪念堂是一座酷似巴特农神庙式的大理石建筑，三十六根大理石柱代表林肯遇难时联邦的三十六个州，建设纪念堂时美国四十八个州的州名则镌刻在顶部的外墙上。

　　林肯纪念堂给人的感觉很像林肯，朴实无华，历久弥坚。看着这些大理石柱，不禁联想起前几年在

林肯总统座像

希腊看到的巴特农神庙。两千多年了，还在那戳着，历经风雨，巍然屹立，向人们展示古希腊的灿烂文明。当时曾问导游，为什么那些大理石圆柱能够纹丝不动挺立两千多年？风吹日晒就不

用说了，地震呢？导游说因为石柱中心都灌了铅，内心比外表更结实。但是，二战时期，希腊军队制造枪弹，缺铅，曾经从石柱里弄出不少铅来。

进入林肯纪念堂，首先映入眼帘的是林肯总统的坐像。这座高 19 英尺宽 19 英尺的大理石雕像是由著名雕塑家 Daniel Chester French 设计，并由意大利移民到纽约的石匠皮西瑞里（the Piccirilli Brothers）兄弟亲自制作的。

林肯坐像上方的墙壁上镌刻着五行大字：

IN THIS TEMPLE

AS IN THE HEART OF THE PEOPLE

FOR WHOM HE SAVED THE UNION

THE MEMORY OF ABRAHAM LINCOLN

IS ENSHRINED FOREVER

在这座殿堂内

正如在人民心中

为了人民他拯救了联邦

亚伯拉罕.林肯

永垂不朽

坐在椅子上的林肯好像没有丝毫歇息的意思，俩眼盯着远处的华盛顿纪念碑，左手握拳，右手自然平放于椅子扶手之上，随时准备从座椅上站起来的劲头儿。从他用左手攥拳头的细节看，林肯可能是左撇子。美国人左撇子多，用左手写字的人尤其多。

看着林肯的坐像，不禁浮想联翩。我想起当年马丁路德金博士站在林肯像前发表"我有一个梦想"的演说时激动人心的场面，想起八十年代末那个阴凉的夏天，我和同学冒雨站在林肯纪念堂前台阶上的情形，……

纪念堂南面墙壁上刻有林肯第二次就职演说的文字。

纪念堂北面的墙壁上，则刻着林肯《葛底斯堡演说》全文，这是我上大学时反复背诵过的经典范文。今天，再一次认真通读一遍，依然朗朗上口，更觉字字珠玑。这不仅仅因为这篇演说稿文字简约，一气呵成，更重要的是林肯倡导的民主政治理念已经深入人心。

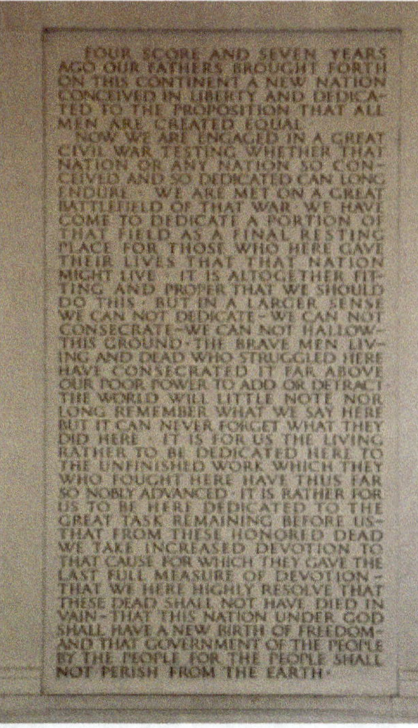

葛底斯堡讲演文字

韩战纪念碑

站在林肯纪念堂前的台阶上，高耸入云的华盛顿纪念碑和布满涟漪的倒影池浑然一体，在蓝天和绿地的衬托下，池边乳白色的路以笔直的线条勾勒出一座巨大的金字塔。

从这个角度欣赏华盛顿纪念碑，是极佳的选择。我喜欢远距离欣赏伟人，既不感到压抑，影响自己的视觉，也能比较清楚地看到局部在全体中的位置，领略伟人何以卓尔不群。

从林肯纪念堂拾级而下，沿着倒影池信步朝华盛顿纪念碑方向走着，脑子里一直在琢磨纪念性陵园建筑对人的感觉产生的影响。朋友提醒，韩战、越战纪念碑就在附近，无论如何得看看。

一听说韩战纪念碑，曾经是志愿军军官的老岳父立刻来了情绪：“先去韩战纪念碑”！一声令下，我们立马调转方向，先看韩战纪念碑。从昔日亲历两军鏖战到今天参观敌军陵园，能不激动吗？我非常理解老爷子的心情。

所谓的韩战纪念碑座落在林肯纪念堂前南侧的绿地之中，实际上是陵园区的园中之园。这里没有高耸云天庄严肃穆的纪念碑，有的只是由十九个真人大小的美国士兵在战地巡逻的一组不锈钢塑像，一堵一人来高的黑色大理石纪念墙，以及喷泉水池等建筑集中在一起的三角形花园。园中花木扶疏，错落有致。因此，我觉得把它叫作韩战纪念陵园更合适。

进入陵园，首先映入眼帘的就是那些头戴钢盔，全副武装的美国大兵塑像。据介绍，这组塑像是由参加过二次大战的老兵，雕塑家 Frank Gaylord 设计的。和我们常见的那些大义凛然，视死如归，洋溢着革命英雄主义精神的烈士塑像不同的是，这组塑像中的美国兵没有一个具备我们理

韩战中的美国士兵

312

想中的所谓英雄气质。从他们的脸上读不出任何"雄赳赳，气昂昂"来，看到的却是充满恐惧，紧张，焦虑，疑惑，无奈的面容。

站在一个士兵面前，我久久不能释怀。他可能家有妻儿老母，都盼着他回家呢。可能，这条路还没走到头，就踩上了地雷。大老远的，绕半个地球，跑到朝鲜来打仗，这是为哪齣啊？从他脸上，我瞧不出一点儿对"杜鲁门主义"的透彻理解和凯南"遏制"政策的自觉执行，也看不出丝毫保卫自由世界的使命感和战胜共产主义的坚定信念。尽管他身上缺少黄继光，邱少云等英雄人物所具有的光环，但他实实在在是一个普普通通的穿着军装带着枪的人。我想，这才是这些塑像震撼人心之处。

然而，此时此地的这个士兵又是战争机器中的一个部件，他可能被战争摧毁，他也可能摧毁其他人的生命，尽管战争机器不是操纵在他的手中。

韩战是东西方阵营之间在冷战期间爆发的一场局部战争。尽管它的起因至今众说纷纭，然而，它的结果却是令人遗憾的。

多年前，曾上过 Bruce Cumings 教授的课，他是研究韩战的著名学者。当时他正在修订他的成名作《韩战的起源》，*The Origins of the Korean War* (Grupo Ilhsa S.A., two volumes, 1981, 1990)，要我帮他查阅《人民日报》发表的所有中国政府有关朝鲜战争的声明和社论。经过一个夏天的折腾，天天泡在图书馆翻阅《人民日报》微缩胶卷，权当作政治学习了。通过如此"集中学习"，对党和政府的方针政策加深了理解，同时也对《人民日报》的宣传功效增加了一层认识。今天回过头来再看东北亚局势：朝核问题六方会谈，中韩两国经贸往来，朝鲜难民问题，……真是感慨良多，令人唏嘘不已。

如果说，打这场战争是为了攻城略地的话，战后双方又回到战前的三八线继续对峙。若说是因为意识形态冲突吧，这种意识形态分歧早已变得无足轻重了。这场战争是不是非打不可？是否达到战争发动者的政治目的？随着历史档案的逐渐公开，历史学家会做出公正的结论。

战争残酷性的最直接表现，就是对人的生命的摧毁。园中纪念喷泉的水池中，有记载美军及联合国军在韩战中伤亡人数的刻石。看到这些伤亡数字，上甘岭的镜头，王成"向我开炮"的英雄形象，一幕幕在眼前浮现。都是活生生的素不相识的人，一瞬间变成了炮灰。

在韩战中，美国和联合国军共计伤亡人数为：死亡 683079，受伤 1693286。由于众多原因，中国人民志愿军的伤亡人数还不能确定，但三十到五十万应该是不离谱的。伤亡人数的多少，对这场已经发生的战争已经没有什么特殊的重要意义了，但对死伤者的家属来说，依然是永久的悲伤和苦痛。

自由并非没有代价

韩战纪念陵园中的另一个主体建筑是一堵抛了光的黑色花岗岩纪念墙。纪念墙的起始部位镌刻着四个大写的英文字"FREEDOM IS NOT FREE"（自由并非没有代价）。看着墙上的战士头像，园中美国大兵塑像，以及园中游人的影像在镜子一样的纪念墙上重叠在一起，在这过去与现在交汇之际，我对自由的代价问题产生了多一层的思考。

正如卢梭所言："人生而自由，但又无往不在枷锁之中。"既然如此，人们争取自由需要付出什么样的代价才算合情合理呢？恐怕每个人都有不同的答案。

越战纪念碑

参观完韩战纪念碑，不到越战纪念碑看看怎么也说不过去。一个是唇齿相依，一个是同志加兄弟，不能厚此薄彼嘛。其实，越战纪念碑比韩战纪念碑的名气要大得多。早就听说过围绕建造越战纪念碑产生的风风雨雨，因而，我对观看越战纪念碑的兴趣就更大些。

以前，虽然也在电视或新闻图片上看到过越战纪念碑的局部，但对这座建筑的整体依然缺少感性认识。这回亲眼看到了摸到了，真真实实地感受到了它的震撼力量。

越战纪念碑的主体建筑是一面呈V形的沉入地面以下的黑色花岗岩石墙。不知为什么，第一眼看到它的时候，给我的感觉是一架坠毁的B-52轰炸机躺在地面供人瞻仰。

从某个角度来看，越战纪念碑还真有点儿像躺在地面的B-52轰炸机。当然，获得这种印象不仅仅是因为它的形似，更多的还是联想。联想勾起的记忆：越战后期大量B-52对越南的密集轰炸并被击落的新闻报道，多年前在一空军基地登上B-52轰炸机参观，刚来美国时我的教授赫尔登在课堂上张口闭口离不开越南，……等等记忆碎片的连缀，使越南，越战和B-52轰炸机与眼前的越战纪念碑产生了重叠。

越战作为美国对外战争史上的屈辱一页也比韩战这场被刻意遗忘的战争在美国社会中更有影响。且不说有多少美国人的家庭悲剧跟越战有着千丝万缕的联系，即使在当今的美国社会，越战仍是个挥之不去的阴影。美国人在各种不同场合辩论应否介入波黑战争时，在争论该不该向伊拉克增兵时，反对派都会拿越战说事儿。It's another Vietnam!（那是另一个越南！）已经成了美国的一句成语，相当于说那是一场噩梦。

既然越战是美国人的一块心病，对它的评价就呈现出颇为复杂的状况。不像中国政府脸皮薄，信仰"稳定压倒一切"，对反右文革一类的历史事件压着不评论；美国政府的脸皮厚，谁爱说啥说啥，所以，美国朝野对越战的评价一直众说纷纭。

如果说，越战是个沉重的话题，那么，建造越战纪念碑也不是一件轻松的事儿。同越战本身一样，越战纪念碑从一开始就引发颇多争议。给在这场旷日持久的战争中死亡的美国士兵建个纪念碑没的说，这符合美国的文化传统。但是，造个什么样的纪念碑以及通过这座碑向公众传达何种信息，则是个颇伤脑筋的问题。

建造越战纪念碑的想法应该归功于一个受伤的越战退伍军人简·斯克拉格斯（Jan Scrugs）。正是在他的推动下，1979年4月27日，一帮参加过越战的退伍军人在首都华盛顿成立了一个叫作"越战退伍军人纪念基金会"的社团，为在首都建造越战纪念碑筹措资金，游说国会，呼吁各方支持。

这个非盈利性质的基金会得到社会的大力支持，工作卓有成效。在没钱办不了事儿的美国，募捐是建造纪念碑的首要任务。据统计，基金会为建造纪念碑募到的私人捐款达840万美元之多。

在部分越战退伍军人议员的支持和配合下，游说国会的工作也很成功。

　　1980 年 7 月 1 日，美国国会通过决议批准了在林肯纪念堂东北角，国家大草坪（The National Mall）附近的宪法花园里划出三英亩地，作为纪念碑碑址，并且将纪念碑划归国家公园管理局管理。这样，一个由民间发起的建造越战纪念碑的项目便很快得到政府的认可。政府一介入，这事就好办多了，至少资金不成问题了。

　　记得早在八十年代巴金就提议建座文革纪念馆，不少人也都支持这个建议，可是，建造文革纪念馆的事儿至今仍然遥遥无期。都说民主制度办事拖拉，一点儿小事就能在议会里吵翻了天，我看也不尽然。在建造越战纪念碑这件事上，人家干事就挺麻利。

　　同年秋天，在美国建筑家学会主持下，在全国范围内悬赏征集纪念碑设计方案。到年底，共有 2573 人报名参加设计比赛。截至 1981 年 3 月 3 1 日，纪念碑设计甄选委员会共收到 1421 件作品。经过专家评选，时年 21 岁的耶鲁大学建筑系女学生林璎的设计作品荣膺榜首。

　　为什么林璎的作品能够独占鳌头呢？因为她的设计一反常规，没有传统的战争纪念碑的崇高形式和伟大内容，仅仅把两块长翼黑色花岗岩墙体折成 V 形嵌入地面，并把所有阵亡军人的名字按时间顺序刻在墙面，默默控诉战争的残酷，无言哀悼阵亡军人。这个挑战传统纪念性建筑的设计，以简洁的手法，抽象的形式表现出令人震撼的张力，难怪被甄选委员会的专家们一致看好。

　　当然，这样的作品能够被专家看好，与当时美国社会的大环境是不无关系的。越战时期的美国是个动荡变革的时代。民权运动，反战运动，女权运动如火如荼，激进主义，新左派思潮风靡大学校园，学生造反，示威游行此起彼伏，甲壳虫摇滚乐成了青年一代反叛传统的旗帜，吸毒，性革命如决堤之水，一场反正统文化的革命以雷霆万钧之势席卷北美大地。

传统与现代并存，保守与创新斗争，是很多社会的普遍现象，只不过这一现象在经历了越战后的美国显得更加突出。

林璎设计方案中选的消息在当时引起了轩然大波。尽管知识界对这一方案普遍赞赏，但是，保守势力的反对声浪也同样汹涌澎湃，而反对最为激烈的竟是发起建立越战纪念碑的越战退伍军人组织。

那些越战退伍军人倡议建立越战纪念碑的初衷是要纪念在越战中死亡和失踪的战友，虽然他们也要求纪念碑在设计上不要对越战的性质做任何评价，但传统的爱国主义精神则是不可或缺的。

那时候，还没流行政治正确性之风，林璎的亚裔身份一度也成了纪念碑设计的争议焦点之一。反对派怎么看这个亚裔女学生的作品怎么不顺眼，从哪儿都瞧不出来符合他们最初提出的设计

越战纪念碑，摄影 Dan Russell

要求，反倒像一只黑蝙蝠趴在宪法公园。这不是给俺们添恶心吗？于是，他们强烈要求甄选委员会更改设计方案。

为了使越战纪念碑的设计建造尽快完成，甄选委员会组织

专家对林璎的作品做了重新审查，结论如前。尽管如此，保守势力并不罢休，降格以求，提出在两堵墙的夹角之处增添一组美国大兵塑像并树立旗杆，让美国国旗高高在上迎风飘扬。

按说，越战退伍军人的要求也没啥不合理。从一些红色经典影片中，我们不是时常看到为了保卫国旗英勇献身的战士吗？军人的荣誉感总是和爱国主义互为依存，只不过在如何立碑的问题上过于直截了当了而已。

设计者林璎当时正是一个"初生牛犊不怕虎"的在校大学生，本来就心比天高，又经过反正统文化运动的洗礼，当然不买这个账，索性豁出去了，坚持跟反对派对抗到底。最后放出狠话，你们要是在纪念墙中间插国旗，立塑像，就甭打算让我署名。一看她这么死硬坚持，反对派也没什么辙，最后只好妥协，同意把美国国旗和大兵塑像挪到边上不碍眼的地界。

争论解决之后，纪念墙建造得倒挺顺利。作为纪念碑主体的黑色花岗岩是从印度的班加罗尔进口的上好石料，经过在美国国内切割加工后，将五万八千多名在越战中

越战纪念碑上密密麻麻的名字，
摄影：Dan Russell

阵亡和失踪的官兵的名字按时间顺序镌刻在光可鉴人的墙面。

纪念墙于 1982 年 10 月建成，并于 11 月 13 日举行了落成仪式。作为设计者，林璎没参加这个仪式，她的名字在仪式上也没被人提起。

然而，实践证明，林璎设计越战纪念墙获得了巨大成功。自越战纪念墙建成以来，这里成了美国的靖国神社，每年来此凭吊的人多于近在咫尺的华盛顿纪念碑和林肯纪念堂。

看着密密麻麻的名字，参观者无不动容。我默默走过时，看到一位女士蹲在墙边，独自饮泣。很可能看到了自己父亲的名字，或者其他什么亲人。

这几个中学生看来是有备而来，找到自己亲人的名字，一个劲儿猛拓，要把拓片带回去留个纪念。

瞧这帮学生的认真劲儿，我估摸着都是越战伤亡人员子弟，专程跑到首都来寻找自己死去的亲人。

如果说，高耸入云的纪念碑意在弘扬革命精神，彰显英雄业绩，那么，俯伏在地的越战纪念墙则架起了阴阳两界之间的桥梁。无论宗教，政治信仰如何，人们都可以在这面静谧的墙边同死者进行各种形式的交流。

想想看，二战结束后，美国一跃成了超级大国。战后国内经济形势大好，老百姓安居乐业。好好在自家过日子不就得了嘛。可是，为了所谓的"遏制共产主义扩张"，一百六十多万美国青年先后被送到越南打一场旷日持久的战争。从法国人在奠边府失败后，美国人就接手跟越共打，打了那么多年，也没打出什么名堂。还是尼克松心眼儿活泛，当上总统后，一看这形势，不对劲啊！赶紧派基辛格跟黎德寿谈判，给个台阶，咱就撤兵。

越战虽然结束了，五万八千多名美国军人却没能活着回家。

当您站在这堵黑墙面前，摸着墙上死者的名字，心里总会感到沉甸甸的。死了这么多人，战争的目的达到了吗？共产主义不但没被遏制住，还让越共把整个越南给统一了。那越共呢，建设共产主义天堂的工程还没大规模动工，又变主意了，实行改革开放，回过头搞起了资本主义，一觉回到解放前了。您说当初为意识形态而战，为劳什子主义献身，值当吗？

越战对美国朝野大多数人来说，无疑是一场灾难。越战纪念墙的主要功能是在提醒人们时刻不要忘记这场灾难。从这个意义上来说，越战纪念碑恰到好处地表达出大多数人的意愿。这里没有征服的荣耀，只有死难的悲哀。如果您有机会到纪念墙边站站，面对令人目眩的人名，感受一下那里的凝重气氛，我想，您会重新审视人类之间的战争。

2020 年 "抗疫" 西行日记 (一)

8 月 1 日 苏瀑

自今年三月新冠疫情在美国流行以来，已在家禁足数月，沉闷的空气伴随着疫情越来越浓。老这样下去，染不上病毒也能憋出病来。终于憋不住了，决定出来逛逛。

美国中西部的田园风光，恢弘辽阔，充满生机。大豆、玉米、向日葵一望无际，牛群、农舍、谷仓点缀其中。一路向西，心向诗和远方。在乡间公路上，一路狂奔，一路欢笑，心旷神怡。

经过十多个小时的长途旅行，黄昏时分，我们

苏瀑

抵达南达科达州的苏瀑（Sioux Falls）。

苏河在这里被乱石拦截，形成多级瀑布，有石上清流，有震耳欲聋。这里的瀑布虽说没有尼亚拉加瀑布那种震慑人心的气势，但显得更親民，因此，前来瀑布公园领略瀑布风光的游人很多。尽管最近美国疫情出现再次飙高的趋势，公园里的游人基本都不戴口罩。

落日的余晖给苏瀑涂上一层金色。徜徉在公园中，久久不愿离去。

8月2日 荒地国家公园

上午离开苏瀑，前往南达科他州西南部的荒地国家公园（Badlands National Park，下图）。这个州的田园风光别具一格。如果说印第安纳的玉米地是小家碧玉的话，那么，这里的庄稼地和大草原绝对称得上波澜壮阔。

荒地国家公园以其独特的地貌闻名于世。造型奇特的山峰，沟壑纵横的峡谷，引来无数人到此参观朝拜。公园内车水马龙，游人很多。大自然的魔力将这片荒凉的土地打磨得有棱有角，色彩斑斓。这里的山峰和峡谷，由于风和水的侵蚀，展示出不同颜色的沉积层，五彩缤纷，宛若仙境，令人叫绝。

荒地国家公园

我们随着人流沿着一条崎岖的步道，走到尽头。一路走来，处处风景。其实，走在这条小道上，就仿佛走入画中。

荒地国家公园不仅有斑斓的丹霞地貌，还有广阔的草原，许多野生动物以此为家。为了近距离探访一群美洲野牛，我们走入草原深处。一路上，土拨鼠一个个站起来，好像对我们这些不速之客表示欢迎，唯独一头庞大的美洲野牛，睁大了它那警惕的眼睛。

只有走进它的怀抱，才能体会草原的博大。风吹草低，天高云淡，真乃不虚此行。

8 月 3 日 总统山

总统山，摄影 李维华

上午游览拉什莫尔山，山上刻着华盛顿、杰斐逊、林肯和老罗斯福等四位总统的头像，是美国著名的人物历史景观。

虽然二十多年前来过这里，却无缘瞻仰这四位总统的尊容。那天，大雾迷漫，总统山关门谢客。我们只好临时改变行程到附近的风洞国家公园（Wind Cave National Park）打发时间。这次来总统山，天高气爽，游人如织，风洞国家公园却因疫情闭门谢客。山还是那座山，人间却发生了巨大变化，世事很难预测！

总统雕像庄严肃穆，高耸入云。据介绍，整个总统雕像群从1927 年 10 月 4 日开工，到 1941 年 10 月 31 日完成，经历了 14 年。雕刻家博格勒姆（Gutzon Borglum）担任主设计师，直到完工前 7 个多月去世为止。他的儿子，也是该项目的副手接任直至完工。共有 400 多人参与施工，他们在高空进行雕凿，工作既艰难又危险。

今天站在总统山下仰望这一举世闻名的总统群雕时，我由衷地向这一伟大工程的雕塑家表达了自己的敬意。

南达科他人民好像对摩托车情有独衷，骑摩托的或摩托车队不绝于途。今天，在黑山国家公园里，我们路遇一头野牛，它不紧不慢地在路上行走，与我们的车擦肩而过。透过车窗玻璃，我清晰地看到它的眼神，似乎可以用目空一切来形容。

下午参观了附近另一雕像----曾居住此地的原住民拉科塔部落酋长疯马（Crazy Horse）的纪念雕像。虽然这座雕像比拉什莫尔山的总统雕像还大，但其完工可能会遥遥无期。无论如何，我们还是乘车前往参观，并观看了原住民的歌舞表演。

晚上返回拉什莫尔山观看总统山激光表演。表演尚未开始，天气突变，电闪雷鸣，节目取消。板凳还没坐热，只好打道回府。不过，也为今后再来，增加了一个借口。

8 月 4 日 魔鬼塔国家纪念碑

今天继续西行。上午前往怀俄明州东北部的魔鬼塔国家纪念碑（Devils Tower National Monument）公园。车刚开到公园附近，远远便能看到一座擎天石柱在广阔的原野上傲然屹立。

魔鬼塔是印第安人心中的圣地。1906 年，西奥多·罗斯福（Theodore Roosevelt）总统宣布这里为美国第一座国家纪念碑。

魔鬼塔国家纪念碑

步入公园，凝视着魔鬼塔，令我肃然起敬。巨大的石柱，像燃烧半截的蜡烛，鬼使神差地来这里落户，使园林弥漫着一股神秘气息。走在环塔步道上，让我想起当年在西藏的转山之旅。难怪印第安人将这里视为"圣地"呢！

魔鬼塔也是攀岩者趋之若鹜的风水宝地。由于魔鬼塔独特的地理构造，每年大约有五、六千名登山者来魔鬼塔进行攀岩挑战。我们在步道上欣赏魔鬼塔时，就看到两拨攀岩者正在塔壁上顽强攀爬，衷心祝愿他们取得成功。

傍晚，沿着熊牙观景公路，追随着晚霞，登上蒙大拿州海拔 9190 英尺的 Rick Creek Vista 观景台，极目远眺，高山深谷，美景尽收。

8 月 5 日 平头湖

平头（Flathead）湖是蒙大拿州西北部的一个大型天然湖泊，是美国密苏里河以西的最大天然淡水湖。今天的行程是不紧不慢地向冰川国家公园靠拢，因此，我们就顺便到这个湖边来看看。

平头湖是个冰川堰塞湖，有漫长的不规则的湖岸线和十多个小岛，其中最大的名为野马岛。本想乘船上去看看，却没能在附近找到船码头。由于疫情的原因，有些饭馆和经营水上娱乐的店铺都处于关门状态。于是，便在湖边闲逛。今天云淡风轻，湖光山色，令人心旷神怡，登不登岛丝毫不影响心情。

晚上入住的林中小木屋味道浓郁，比住常规的旅店更有度假的感觉。然而，这里的 Wi-Fi 信号很弱，几乎等于没网。不能上网，可以远离尘世的纷扰，静下心来享受假期的宁静。

8 月 6 日 冰川公园

今天游览冰川国家公园。公园位于蒙大拿州并和加拿大哥伦比亚省与亚伯达省接壤的落基山脉中，山清水秀。虽然名为冰川国家公园，但在这里几乎见不到冰川，零星的冰盖散落在山峰上，像阳光下的残雪，算是和冰川沾上点儿边。1995 年冰川国家公园被联合国教科文组织列为世界自然遗产。

夏天是这里的旅游旺季，为了避免找不到停车位，我们今天起了一个大早儿，进入公园后直奔广为人知的太阳之路（Going-to-the-Sun Road）。近五十英里的盘山路上，山环水绕，景色非凡。在这条号称世界上风景最为优美的公路之一的

冰川国家公园

路上，翻山越岭，有一种找不着北的感觉。不多时，便到了令人

向往的野鹅岛(Wild Goose Island)。小岛像一颗璀璨的珍珠镶嵌在宁静的圣玛丽湖（St. Mary Lake）中。站在湖畔观赏小岛，久久不愿离去。

冰川国家公园的夏天，郁郁葱葱。漫山的野花，五彩缤纷。尽管冰川已成残雪，这个公园仍不失为美西的旅游圣地。与其他国家公园相比，这里的景观更加绚丽多姿。这里的山高，林密，水清，还有皑皑白雪。丰富的景色变化万千，是避暑和户外运动的不二之选。

通往圣玛丽瀑布的步道在密林中蜿蜒伸展，我们沿着步道走了没多久，便听到瀑布的咆哮之声，雾气迎面而来。瀑布前的木桥上，一群女大学生身穿游泳衣，正在玩跳水。山青，水秀，人美，引来游人纷纷拍照。

欣赏完美女跳水，我们在路上巧遇棕熊。据说，在这里看到熊是幸运的。我想，可能是人多的缘故，人类活动的范围越来越大，而动物不得不躲进深山更深处。在这个世界上，人和动物能否和谐相处，似乎越来越成问题。我们的运气真的挺好，在惊险的洛根(Logan

玛丽瀑布

Pass)步道上，一只山羊从容地跳到我们跟前，让我们尽情拍照。但愿今后几天在冰川国家公园能有更多的惊喜。

8月7日

冰川国家公园的一大特点是有许多精心修建的山间步道(trail)。沿着这些山间小路，您能登上山巅，下到谷底，钻进密林，徜徉湖畔，投入大自然的怀抱，体验与天地合一的乐趣。

我们在冰川国家公园的几天里，走了几条著名的步道，Highline Trail 的险峻雄伟尤其令人难忘。有些步道因狗熊和疫情的原因而关闭，小有遗憾。

冰川国家公园的另一个特点就是水多。这里的湖泊像一块块晶莹剔透的

Highline Trails

碧玉，散落在大山之中，使整个公园平添风彩。我们入住的小木屋就位于公园里面积最大的麦当劳湖畔。黄昏时分，在湖边散步。湖水似镜，映出叠翠山峦，晚霞如虹，撒下斑斓倒影。人在湖边走，宛若画中游。

8月8日

冰川国家公园的夏天总是人满为患。虽然今年疫情泛滥，公园内的游船及一些步道被关闭，但人们游山玩水的热情不减。可

能是与我们对抗疫持相同看法的大有人在，公园里登山的，骑车的，野营的游人之多，就好像疫情不存在一样。

公园里的奔向太阳之路附近的著名景点人气爆棚，连停车都很困难。为了避开人群，我们今天前往公园西北部的僻静地区。这里紧邻加拿大边境，据说游人较少，然风景奇佳。

反正是游山玩水，又有疫情，去这种地方当然是最好的选择。于是，我们今天便朝着加拿大边境方向轻松前进了。经过九曲十八弯的林间土路，终于来到 Bowman 湖，却发现油箱里的汽油已经不多了。大家都担心是否会出现困在半路回不了家的问题。刚到停车场，我们的领队便向停在旁边的一位卡车司机求助，人家二话没说，从车上拿下一桶自己储备的汽油就全都灌进我们的油箱。当我们要付钱给他并表示感谢时，他却坚辞不受。并告诉我们，如非要感谢他的话，不如去帮助那些更需要帮助的人。

这就是美国普通的老百姓！

8月9日 黄石公园

今天告别冰川国家公园。简单收拾好行李，便上了路。这几天在冰川公园一直上不了网，直到在前往黄石公园途中的一个小镇午岁，手机才有了信号。打开微信一看，感觉"国际国内形势一片大好"，大有"山中才数日，世上已千年"的感慨。

我们这一众驴友。都是比较关心时事的人，因而，对网络的依赖程度就比较高。由于保护自然环境的原因，美国的国家公园大都很少有商店和网络。因此，为了欣赏自然风光，就必须暂时牺牲互联网给您带来的乐趣。

进入黄石公园后，直奔老忠实间歇泉（Old Faithful）。老忠实喷泉是黄石最有名的景观。它每隔大约 90 分钟喷发一次，200 年来始终如一地有规律喷发，从不叫人失望，故名"老忠实"。

我们走到老忠实喷泉时，周围已坐满了观众。估计等不了多时就能喷发。果不其然，也就等了十几分钟，就见老忠实喷薄而出，有一柱冲天之势。在阳光辉映下，蔚为壮观。二十多年前，我们也曾在此观看过老忠实喷发的震撼场面。

寻找下榻旅店的路上，忽见彩霞满天，映照在黄石湖面。黄石的色彩令人心旌摇荡！

老忠实间歇喷泉

8 月 10 日

黄石公园面积巨大，优化行程是必须的。我们虽然住在公园内，但时间有限，要多看些景点就要合理安排游览路线，因为公园的面积太大。

黄石是世界上规模最大的温泉集中地，形态各异的温泉以各种形式分布在公园的各个角落，形成独特的温泉奇观。因此，观看这里的温泉就成了我们的首选。

住入黄石公园的第二天，我们从黄石湖的居住地由近及远地游览了西拇指间歇泉盆地（West Thumb Geyser Basin）、老忠实喷泉和上下间歇泉盆地。在黄石，再怎么走马，想"一日看尽长安花"也是做不到的。

牵牛花温泉

西拇指濒临黄石湖，地理位置极佳。这里的温泉不但形式多样，色彩丰富，而且有些喷泉的泉眼就在湖中。有一泉眼，形似火锅，锅沿高出湖面，锅内泉水沸腾。据说，以前的渔民在黄石湖抓到鱼后直接放入锅中就能煮熟。这种鬼斧神工的景观要是在中国，早就有了许多神话传说，不是太上老君在此"涮锅"，就是来此"吟诗赏月"了。但美国的自然景观，大都缺少这种人文色彩。

再度前往"老忠实"为的是观看附近的牵牛花温泉（Morning Glory Pool）。牵牛花温泉位于上间歇泉盆地（Upper Geyser Basin）。这里温泉众多，唯牵牛花的清新淡雅，显得与众不同，

大棱镜

就凭这一点，甭管走多远，也要看看它的真容。果不其然，这个名为牵牛花的温泉比花还美，尽管多走些路，但绝对值得。

大棱镜（Grand Prismatic）是美国最大的温泉，也是世界第三大温泉。和二十多年前相比，大棱镜显得更加艳丽，这是因为山坡上新建了一座观景台，可以爬到光景台上居高临下地看大棱镜的全景。站在上面，大棱镜像上帝手中的调色盘，赤橙黄绿青蓝紫，美得令人窒息。

下间歇泉盆地（Lower Geyser Basin）的温泉也很有特色，与其他雄伟壮观晶莹剔透的温泉相比，这里的温泉都很难称之为泉，很多泉眼冒出来的不是清水，而是粘稠的泥浆。最有代表性的是颜料锅喷泉（Fountain Paint Pot），喷出的是高温彩色的泥浆，有画家调色板的美誉。

几处温泉逛下来，一看手机，一天走了两万多步。游山逛水还真不是等闲的差事！

8 月 11 日

黄石大峡谷有两个瀑布，上段瀑布（Upper Falls）在山谷中一泻千里，如万马奔腾，气象非凡。走近瀑布，但见白练当空，飞流直下，聆听着大自然的欢歌，气爽心清。蒸腾的雾气中，艳阳高照，一道彩虹，为瀑布平添风彩。

下段瀑布（Lower Falls）更为壮观。V 形峡谷，像一幅山水佳作，浓墨重彩，气势磅礴。沿着大峡谷的步道拾级而下，便可抵达瀑布的最佳观赏点"艺术家之角"（Artist Point）。在黄石、绿树、白云、蓝天的映衬下，黄石河奔腾呼啸，气冲霄汉。如不亲临其境，很难感受到那种心灵的震撼和大自然的美感。

猛犸热泉（Mammoth Hot Spring）位于公园西北部，以石灰

猛犸温泉

岩台阶著称，有的台阶洁白似玉，有的台阶绚丽多彩。然而，这里的石灰岩质地较软，地下的热水很容易将之熔化。因此，这些色彩斑斓的台阶也在不断的改变自己的容颜。与我 20 多年前来这里时的印象不同的是，附近的服务区俨然变成了一个人多车多的小镇。

诺里斯间歇喷泉区（Norris Geyser Basin），位于公园西侧，是公园里最热、最活跃、也最不稳定的系列间歇泉，其中的汽船（Steamboat）号称是世界上最高的间歇喷泉。

可惜的是，我们在那里等了很久，也没任何动静，再等下去，不知要等到猴年马月。于是，在诺里斯盆地北区的瓷泉（Porcelain）徒步一圈，打道回府。尽管没能看到汽船的喷发，但还是足夠幸运，返回旅店的路上再次与美洲野牛擦肩而过。

8 月 12 日大提顿国家公园

大提顿国家公园（Grand Teton National Park，上图）紧挨着黄石公园，面积虽不如黄石大，却享有"最秀丽的国家公园"的称号，因为它浓缩了整条洛基山脉的景致。

大提顿国家公园以七座雪峰闻名于世，峰顶积雪，千年不化。七峰摩肩，挺拔险峻，气势非凡中透出亘古不变的宁静之美。

大提顿国家公园

我们一进公园大门，起初还以为这里比黄石公园人少，没承想，珍尼湖（Jenny Lake）的停车场已车满为患。由于园中热门景点信号山的盘山路也关闭了，便前往公园南门外的百年谷仓。

当年，三十多家摩门教徒曾在此定居，至今，还有几家的老屋和一座谷仓保留在这里，向游人诉说大提顿山区的历史传承。

下午重返珍尼湖，依然游人如织。出人意料的是，珍尼湖渡轮并未因疫情而关闭，只不过每艘船的乘客减半，以保持社交距离。乘船抵达提顿山脚下，沿着步道登山。一路上，茂密的森林，奔腾的瀑布，湖光山色，美不胜收。我们最终登上 Inspiration Point 观景台。登高望远，风光无限。

当晚入住大提顿公园附近的杰克逊洞（Jackson Hole）小镇。小镇充满西部风情，温馨舒适，且还有一家中餐馆开张营业，这在疫情之中，实属难得。

8 月 13 日 归途

度假的时光总是过得很快，游山玩水的好日子还没过够，就到了回家的时候。

回程途中，在怀俄明州的高速路边见一石山，在广袤的草原上突兀而起，原来是一个州立公园。于是，调转车头，开进公园。

公园地貌奇特，聚石成山，或巍然屹立，或危如累卵。石缝之中，聚木成林。一条步道，环山而建，名为乌龟小道（Turtle Rock）。徜徉其中，其乐无穷。

8 月 14 日

内布拉斯加州（Nebraska）有两个国家纪念碑公园，一是位于北普拉特河畔的史考特断崖（Scotts Bluff），一是烟囱岩（Chimney Rock）。因为顺路，我们分别游览了这两处具有历史意义的自然景观。

登上史考特断崖，隐约看到普拉特河蜿蜒流过，古道旁的大篷车队，再现了美国历史上长达一个多世纪的西进运动（Westward Movement）场景，早期开拓者、皮货商、淘金者、印第安人、摩门教徒都在此留下了他们的足迹。

烟囱岩在十九世纪中期成为成千上万向西旅行者的灯塔。可惜的是，由于疫情的关系，我们未能进入公园，只能遥望它的身影，想象着古往今来的旅行者从它身边走过。

历史的脚步匆匆而过，我们这次的西部旅行也见证了历史。

烟囱岩

"抗疫"西行日记（二）

10 月 6 日 启程

在家待久了就特想出门。

终于盼来了出发的日子，乘机前往德克萨斯州的边境城市埃尔帕索（El Paso）。这是疫情爆发后首次乘机旅行。准时赶到印第安纳波利斯机场，看到机场内冷冷清清，很多商店餐馆都闭门谢客，即使开门的店铺也是门可罗雀。疫情的阴霾依然笼罩着整个机场，几乎所有步履匆匆的旅客都戴着口罩。

可能很多人像我们一样，在家憋了好几个月，无论如何想出来转转。我们所乘的航班接近客满。保持社交距离是无法做到了。但人人都被要求戴上口罩才能登机。为了保险起见，除了口罩，我们还戴上了护目镜和透明塑料面罩，看起来挺滑稽的。

埃尔帕索是我们这次西部之行的第一站，办好租车手续出了机场已是万家灯火。中西部的秋意已然很浓，上午出门时还凉风飒飒，但这里却还保持着夏季的高温。取完车直奔城里，想先看看这座城的夜景。

从飞机上看，这个城市面积不小。其实，脚底下居然是两个国家的两个城市，即德克萨斯州的埃尔帕索和墨西哥的华雷斯（Ciudad de Juarez）。两座城由一条河隔开，但从空中看下来是浑然一体的。和美国其他城市一样，埃尔帕索的夜晚也是车水马龙，路边店铺密集，霓虹灯闪烁着掩盖不住的繁华。驱车来到半山腰的观景台，人还挺多，大多是当地人，尤其以年轻人为主。华雷斯那边呢，显得朦胧梦幻，让人感到扑朔迷离。

自川普总统上台后，埃尔帕索常出现在新闻报道中。他倡议建造的边境墙首先在加州的圣地亚哥和这个城市开工。据说边境墙已建起了一段，明天到城里逛街的时候一定过去看看。

10 月 7 日 埃尔帕索、白沙公园

我们在埃尔帕索下榻的旅店就在德克萨斯州大学埃尔帕索分校边上。每到一个新地方，我都喜欢逛逛大学校园，因为美国大学校园都很有特色，而且漂亮。既然住在大学校园边上，到校园里转转就很自然地成了我们去看边境墙之前的节目了。

德克萨斯大学在美国大学中的排名不是很靠前，但埃尔帕索校园的建筑却别具一格，很多建筑都有西藏特色。疑惑之间，恰好遇到一名警察，一打听，其中一座建筑还真是藏传佛教的寺庙。

上网一查，才得知这位警察叔叔的介绍并非那么准确。确切地说，埃尔帕索校园是不丹式建筑风格。这个学校怎么会和不丹扯上关系呢？原来，这所大学刚成立两年，就遭遇火灾，校园毁于一旦。灾后重建校园时，学校当局采纳了

德克萨斯州大学埃尔帕索校园，摄影 回玉华

首任校长史蒂夫·渥瑞（Steve H. Worrell）的夫人的建议，按照1914 年四月那期的国家地理杂志上刊登的一幅不丹建筑的图片来设计新的校园。渥瑞夫人认为不丹的地貌和埃尔帕索地形很相似，把国家地理杂志上的漂亮照片变成埃尔帕索的美丽校园，将是一件无比美妙的事情。

学校请来埃尔帕索建筑师 Henry Trost 按照不丹建筑风格设计了早期校园的建筑，从此，校园所有建筑都按照这个风格设计。2008 年，不丹国王 Jigme Khesar Namgyel Wangchuck 陛下还给这所大学捐了一座精美的藏传佛教寺庙，使校园内喜马拉雅气息变得更加浓烈。

离开校园后，去城里闲逛。当然，我最想看的还是川普总统上台后在这里建的边境墙。

在街上转转你就能切身感觉到埃尔帕索丰富而悠久的历史。这里曾经是美洲原住民、西班牙传教士活动的地区。高楼大厦之间，一些街区还保留着早年间的风貌，几座天主教堂，看起来都有几百年的历史了，依然挺立在玻璃大楼的夹缝中坚守着历史的传承。街上的行人，百分之八十以上都是拉美裔，包括那些边防巡逻的警察。这里的风土人情，流传的故事，一定很有魅力。对于我们这些来自玉米地的人来说，走在街上的感觉，就像出了一趟国。

站在大学校园的坡地上就能看到华雷斯那边的街景，与美国这边的差距一目了然。其实，华雷斯和埃尔帕索在美墨战争前是一个城市。在 1848 年的美墨战争中，墨西哥战败，不得不割让北部领土给美国。于是，流经城中的格兰德河就成了两国的界河，这座城市也被一分为二。然而，天不做美，格兰德河在汛期常常改道，造成两国边境模糊，于是，便常常产生边界争端。后来，两国政府通过谈判，于 1963 年签署了边境条约，最终解决了边界争议问题。

根据这个条约，美国将大部分有争议的土地归还给墨西哥后，还与墨西哥在格兰德河里共同建了一段混凝土通道作为固定的边界线。两国还分别在边界建立纪念馆，纪念边界争端得到和平解决。美国这边的就是 Chamizal 国家纪念公园。我们沿着边境的高速公路没开多远，便来到了这个公园。园内绿草茵茵，游人寥寥。由于疫情，纪念馆大门紧闭。但站在纪念馆外的草坪上，就能看到一段边境墙，高大雄伟。

据说华雷斯的贩毒和暴力犯罪在墨西哥名声远扬。这里还是非法移民进入美国的一个重要地点，怪不得川普总统把建边境墙选在了加州的圣地亚哥和这里呢！我一直觉得在边境建墙是个笑话。当然，建墙的人不会这么想。今天看到的边境墙的确难以翻越，肯定会给企图越境的人增加困难。从人人生而平等，都有追求幸福权利的角度来看，阻止人们越境追求幸福与这个理念背道而驰；可从民族国家的现实角度来看，建墙似乎又是必需的。理想与现实的碰撞，在这道墙面前显得更加明显。

因为是白天，能够比较清晰地看到墙那边华雷斯的破败景象。一片片低矮的房子拥挤在一起，说是贫民窟绝不为过。贫穷必然会驱赶着人们涌向经济发达的美国。为了阻挡这些人，川普总统在上次竞选时就提出建边境墙。虽然对不少总统候选人竞选时提出的口号都不能太当真，但谁承想，川普当上总统后还真把墙给建起来了。

埃尔帕索号称全美最安全的城市之一，这可能与全美最大的陆军基地驻扎在此有关。由于导航失误，我们在去白沙国家公园的路上，竟误打误撞地把车开到了这个军事基地。被门卫拦下后，人家并没有把我们当成国际间谍，反倒不厌其烦地给我们讲解去白沙公园应走哪条路，还安慰我们说他经常遇到像我们这样走错路的游人。看来，都是导航地图惹的祸。

白沙国家公园（右图）位于美国新墨西哥州，Chihuhuan 沙漠的最北部的 Tularosa 盆地，是世界上最著名的自然奇观之一，也是我们这次抗疫之行最重要的景点之一。

白沙公园与白沙导弹测试基地（White Sands Missile Range）相邻。世界上第一颗原子弹（Trinity）就是在白沙导弹试验场爆炸成功的。由于最近台海形势紧张，导弹成了热门话题，更由于前些年去了趟青海金银滩的中国原子弹研制基地，也想比较一下两国第一颗原子弹试验场地的异同，我就想在进入白沙公园前先参观这个导弹测试基地。尽管我们一众驴友中没有一个军迷，但大家都一致同意，这是个好主意。

白沙公园

导航这次终于准确无误地把我们带到了白沙导弹基地的正门。然而，因为疫情，基地关闭，谢绝参观。

带着些许惆怅，离开导弹基地，不一会儿，便进了白沙公园的大门。园内景象绝对令人震惊，好像刚从干旱的荒漠突然闯进一个雪霁初晴的公园，铲过雪的柏油路面雪迹犹存，好一个冰雪世界！似雪非雪，就是白沙公园的魅力。见此美景，大家赶紧下车拍照，车外仍然骄阳似火。极目远望，蓝天白沙，高远纯净，童话般的景色，特别迷人。于是，心情大好。

白沙公园是目前全球唯一由白石膏风化所形成的白色沙漠，景色与我曾走过的撒哈拉、腾格里等沙漠，以及宁夏沙湖、敦煌月牙泉等地完全不同，砂砾不仅颜色洁白，而且颗粒更为细密。赤着脚在沙丘上漫步，心旷神怡，骄阳暴晒下的白沙，却不烫脚，令人称奇。环顾四周，一望无际的白色沙丘跌宕起伏，深远辽阔，营造出一种神秘气氛。置身其中，感受最深的就是大自然的奇妙。

傍晚时分，夕阳西下，耀眼的白色沙漠变得柔和很多，晚霞把天空涂抹成五颜六色，真乃白沙魅力现，夕阳欲落时。此刻的白沙公园，绝对是个梦幻世界！

10 月 8 日 天空之城

今天计划去天空之城（Acoma Pueblo Sky City）。在前往天空之城的路上，有个世界闻名的景点，就是甚大天线阵（Very Large Array，缩写为 VLA）。从地图上看，去这个景点，离开高速路还有一个多小时的车程。

甚大天线阵是一组射电天文望远镜，属于国家射电天文台（National Radio Astronomy Observatory，NRAO）。这组望远镜共有 27 台，每台的口径为 25 米，分布在一个“Y”型的轨道上，其中每条轨道长 21 公里，望远镜可以在轨道上移动组成不同大小的阵列。天文学家已经用甚大天线阵做出了一系列重大发现。甚大天线阵曾在《威震太阳神》、《接触未来》等多部影视作品中出现过，场景非常科幻。就冲这，去现场看看也是值得的。

果然不出所料，甚大天线阵也由于疫情原因处于关闭状态，也就是说，它的展览馆及参观活动都停止了，只有一些维修设备的工人还在坚守岗位。其实，到这种地方参观，即使不能进去，开车在外面转转，仍然能够感受到天线阵的宏伟规模给人的巨大震撼。

下午在去阿尔伯克基市（Albuquerque）之前，我们先去参观印第安部落——天空之城（Acoma Pueblo Sky City），一个美洲原住民村庄。

在网上曾看过这个村庄的介绍和照片。这个村庄建造在 120 米高的山顶上，属于印第安人阿克玛族的部落，有 1100 多年的历史。当年，原住民把村子建在山顶，无疑是为了御敌，但在西班牙殖民者先进的武器面前，这座空中之城也难逃被征服的命运。现在，部落中大部分住户都已搬离，仅有十几户人家还坚守在这个没水没电的原始村落。

我对参观这个古老的村落，充满期待。然而，尚未到达村头，我们的车就被一辆警车截停。原来，为了防疫，天空之城已禁止外来游客入内。尽管我们要求只在山下看一眼，都未得到允许，只好原路返回。警车一路护送我们离开路口，进入高速公路才掉头离去。

甚大天线

阿尔伯克基市老城区

带着无奈和惋惜，我们提前来到今晚下榻的阿尔伯克基市，直奔老城区逛街。老城区是一个典型的西班牙式布局：两座老教堂，面对着一个绿地广场，中间一个八角亭，还架着两门铜炮。广场周围狭窄的街道和百年的土坯房弥漫着异域风情。鳞次栉比的小商店、小饭馆遍布街巷，出售珠宝，地毯和陶器的小型手工艺品商店色彩斑斓，弥漫着艺术气息。然而，绝大多数的店铺都门可罗雀。由此可见，疫情对这里的旅游业的伤害是相当严重的。

阿尔伯克基是一座以热气球闻名的城市。每年 10 月初这里都举办著名的国际热气球节（International Balloon Fiesta），但今年的热气球节也因为疫情被取消了。

10 月 9 日 荒地公园

新墨西哥州看起来荒凉，但其高科技产业在全美领先，据说博士、作家、艺术家占人口总数的比例高居全美第一。如此看来，这个州的高等教育也应该差不了。由于我们下榻的旅店就在新墨西哥大学（The University of New Mexico）附近，于是，我们便把参观校园放在今天的优先位置。

当年朗平退役后出国留学，上的就是这所大学，并在此获得体育管理硕士学位。校园很大，占了几条街，教学楼和学生宿舍都透着现代气息。疫情期间，大多数学生在上网课，校园的学生很少，显得安静祥和。我们特意找到了郎平在这里上学时的卫生运动和体育科学系的建筑。一只青铜孤狼昂首挺立于门外，不知当年在此求学的郎平是否还记得这座雕像？

新墨西哥大学校园

下午抵达必死台（Bisti-De-Na-Zin）。Bisti 在纳瓦霍语的意思是"土坯"的意思，De-Na-Zin 则是古纳瓦霍人在附近凿的岩画"鹤"。Bisti，据说是印第安语的 Bistahí，最后的音节不是通常英语发音的"提"或者"迪"，而是读"台"。于是，有网友将之翻译成必死台，不但读音相似，还情景交融，显得非常贴切。

必死台

必死台（左图）的位置在新墨西哥州西北角圣胡安盆地（San Juan Basin）蛮荒的戈壁滩上。在这片远离现代文明的荒蛮之地上，沟壑纵横，怪石嶙峋，展现出一派地质奇观，状似"火星表面"。奇形怪状的岩石，构成栩栩如生的物体，均为自然天成；色彩斑斓的岩层，绘出惟妙惟肖的画面，真乃出神入化。称之谓地质奇观，绝不为过。

这个荒地公园有两个入口，我们见到一个入口就迫不及待地走了进去，沿着干枯的河床，去寻找那些在驴友中疯传的"恐龙蛋"和石蘑菇。进到里面才发现，这里的地形极其复杂。山虽不高，但在山谷里走着走着，便峰回路转，让你无路可走。这里有的砂岩层面目狰狞，看一眼就能产生令人恐怖的效果。路上遇到俩中国女留学生，她们没走多远，就不敢往里走了。幸好与我们相遇，大家一起走，彼此壮胆。

这里景色虽美，但公园设施几近于无。园内没有任何路标，极易迷路。我们在公园连续走了两万多步，在天黑之前，仍未找到那些带着花纹的"恐龙蛋"，却让我们体验了一把洪荒年代的感觉。

10 月 10 日 化石林国家公园

上午前往位于新墨西哥州的舰船岩（Ship Rock）。这座兀然屹立在一片广阔平原上的陡峭山峰是当地纳瓦霍族原住民心目中的神山。我对民间传说中的神山，一直都很敬畏。还未下高速公路，舰船岩的身影老远便出现在眼前。这座神山的伟岸，绝对是鹤立鸡群。下了高速，经过一段颠簸的土路，仍然无法近前。土路在一个土坡前戛然而止，近在眼前的神山，在辽阔的平原衬托下，拔地而起，气势磅礴。

据说，像怀俄明州东北部的魔鬼塔一样，这座山峰也是攀岩者趋之若鹜的风水宝地。每年都有攀岩达人前来挑战他们心目中的神峰。

下午游览亚利桑那州的化石林国家公园(Petrified Forest National Park)。这个国家公园是世界上最大的化石林聚集地。

难以计数的树化石或成片倒卧在山坡，或零星散落于河床。在公园的各个角落，都能看到树化石的身影。这些石化的树木年轮清晰、纹理明显。有棵参天大树，至今还横卧在沟壑之上，宛若桥梁。有些树干，似被电锯切割，整齐地摆在地上。亿万年的风风雨雨，将这片树林羽化成仙，大自然的魔力，超乎想象。

上：舰船岩，下：化石林国家公园

化石林公园的规划设计堪称一流。园内一条 28 英里长的公路把北门到南门的众多景点连接起来，如彩色沙漠、印第安废墟、66 号公路遗迹和古代印第安人石刻岩画等景点，开车一个个看，很方便。有的景点修建了步道，在步道上转转会有很多收获。我们走过的被称为"蓝色台地"(Blue Mesa)的步道景色奇佳，蓝紫色的山丘高矮起伏，营造出一种身临外星球的奇异梦幻的色调，令人回味无穷。

据介绍，化石林国家公园于 1906 年 12 月 8 日经由当时的美国总统西奥多·罗斯福 (Theodore Roosevelt) 宣布成立为国家保护区 (National Monument)，这在当时是美国的第二个国家保护区。美国国会在 1962 年 12 月 9 日通过投票，决定将其升格为国家公园。

山区落日匆忙，刚出公园不久，夜幕就已降临，只好摸黑赶往塞多纳 (Sedona，AZ)，失去欣赏路边美景的机会，甚为可惜。

塞多纳是个旅游小镇，曾被主要的旅游杂志评为全美国最美丽的地方，也多次被国家地理杂志评为最适宜居住的小镇。一进这个小镇，就能感觉到它的不同凡响，街上灯红酒绿，餐馆酒吧熙熙攘攘。办好入住手续后，我们急不可待地出门逛街，融入欢乐的人群。

美酒飘香，音乐在街巷流淌，小镇的夜景令人难忘。

10 月 11 日 塞多纳

据说，塞多纳是个能量城，宇宙能量在这里形成"能量漩涡"(Energy Vortexes)后得到加强，从而产生某种医疗效果。这也是它吸引人的原因之一。这种说法正确与否，我也不得而知。

红岩小镇赛多纳

但有一点是肯定的，小城的风水很好，因而，人气极高。

塞多纳最吸引人的就是其独特的红砂岩山峰，形状各异，令人浮想联翩。在太阳刚刚升起时，色彩更加鲜艳，如诗如画。因为计划在这个小镇只逗留两天，所以只能择重点游览。

早就有朋友跟我说，到了赛多纳，一定要去圣十字架教堂看看。今天一出门，直奔这个教堂。

在一座雄伟的红岩山上，一个小教堂孤零零地镶嵌在石缝中间，这便是被人们誉为亚利桑那州最美建筑物之一的圣十字架教堂（Chapel of the Holy Cross）。我们到那里时，教堂尚未开门，在门外早已挤满了等候参观的游人，足见其受欢迎的程度。

教堂很小，却很精致，简约的线条，柔和的灯光，优雅的音乐，摇曳的蜡烛，气氛能让

圣十字架教堂

人心灵得到安静，感受到宗教的慰藉。

这座教堂是女建筑师马格瑞特（Marguerite）的杰作。据说，她为了建一座以十字架为骨架的教堂，走遍千山万水，直到见到赛多纳的红岩，才了了她的心愿。这座教堂于 1956 动工，用了 18 个月建成。为了保护环境，整个工程没使用炸药。这种施工方式就令人肃然起敬。

参观完圣十字架教堂，我们按图索骥，一一观赏了钟岩、法庭岩、教堂岩等地标后，前往塞多纳著名景点恶魔桥（Devil's

Bridge Trailhead）。这个“桥”是一座天然大桥，被列为世界上最恐怖的 20 座大桥之一。

要登上魔鬼桥，需要走一段山路，部分地段比较难走，需要手脚并用，可谓名副其实的爬山。尽管如此，颤颤悠悠地走上桥面时，多少还是获得了一种挑战成功的喜悦。

今天来魔鬼桥的人很多，登桥需要排队。排队等候登桥时，一对年轻人上演了魔鬼桥上求婚的桥段，引来人们的欢呼和祝福，小姑娘喜极而泣，场面令人感动。

11 月 12 日 图森

赛多纳的街上雕塑多，画廊多。这座只有一万多人的小镇，聚居着很多艺术家，他们的绘画和雕刻作品融汇了土著印地安人、墨西哥人、西班牙人及美国本土的艺术风格，成就了独特的西部艺术。镇上遍布艺术画廊，每年都有专门的艺术作品展示节，使这里成为一座艺术之城。

上午告别红岩山谷中的小镇塞多纳，一路南下，中午便抵达亚利桑那州的第二大城市图森（Tucson）。这里的航空航天博物馆(The Pima Air & Space Museum)是世界上最大的航空博物馆之一，藏有各类飞机 300 余架以及十二万余件相关物品。不仅如此，博物馆还包括一个世界闻名的“飞机坟场”，即戴维斯·蒙森空军基地（Davis-Monthan Air Force Base）。这个基地停有超过 1300 个型号共 1.2 万架退役飞机和 3000 枚左右的导弹。几乎所有美国制造的军机都能在这里看到。既然来了图森，参观这家飞机坟场便成了我们的首选。

到了购票处才得知，又是因为疫情，飞机坟场这部分暂停对公众开放。因此，我们只能进入博物馆内参观。

这家博物馆收藏的飞机比起俄亥俄州代顿空军博物馆的收藏应该说是略逊一筹，但也都很有价值，如世界上第一架波音 777 客机，世界上第二架波音 787 客机，肯尼迪总统时期的空军一号，以及多架在美国空军发展历史上产生重大影响的各种型号的军机均在此展示。

另一个在图森想看的地方当然是亚历桑那大学。这所大学是方励之教

PIMA 航空航天博物馆

亚利桑那大学

授生前任教的学校。方教授是中国大陆八十年代思想启蒙运动中的风云人物。与方教授虽仅数面之缘，但一直想看看他晚年工作生活过的学校。今天来到这里，也算满足了我的一个心愿。

亚利桑那大学校园堪称惊艳。校园内的棕榈大道比斯坦福大学和台湾大学显得更有气势。徜徉在林荫道下，触景生情，不禁想起求学的年代。不一会儿，来到学校的体育场。草坪上，一群大学生正在排练节目，啦啦队员动作优美，铜管乐队号声嘹

亮。看到他们，顿生羡慕之情。

巨型仙人掌是亚利桑那州的标志。来到图森，当然要去仙人掌国家公园（Saguaro National Park）。可能也是由于疫情的原

仙人掌国家公园

因，我们来到公园时，游客服务中心和沙漠博物馆均已关闭，但公园可以自由出入。园中各种形态的仙人掌和沙漠植物让人大开眼界，尤其是巨人柱仙人掌，漫山遍野，蔚然成林。这种植被，在其他地方是难得一见的。当落日的余晖为仙人掌镀上金装，一幅沙漠植物王国的美丽图画永远定格心中。

10 月 13 日 凤凰城

凤凰城（Phoenix）是我们这次抗疫西行之旅的最后一站。

昨晚到达市中心旅店时，感觉这个城市规模很大。上网一查，原来它是全美第五大城市，而且是最大的州府。由于这个城市在上世纪末和本世纪初发展迅速，所以，城市建筑透着时髦。

早晨在凤凰城市中心逛街，冷冷清清。如果不是疫情，这里应该和各地的大城市一样，熙熙攘攘，充满活力。平常活跃在市中心的白领们，现都在家上班，街上的商店索性都关门大吉。疫情的阴影无处不在。

"抗疫"西行，收获颇多。新墨西哥和亚利桑那，好山好水好阳光，除了游山玩水，我们一行驴友，都被晒成了"红脖子"。

凤凰城

封面设计：王一回 王一来

老王游记

美国　印第安纳　印第安纳波利斯
USA, Indiana, Indianapolis
www.yamei-today.com
IngramSpark
Amazon.com & aatoday@gmail.com
印张 5.5 X 8.5 英寸　字数 170,222
2021 年 5 月第一版　2021 年 5 月第一次印刷
ISBN：978-1-942038-13-9
LCCN: 2020925847

定价：$30 (USA)